亲历中国丛书 ｜ 李国庆　主编

北京来信

清末驻京英使见闻

[英] 密福特 ——————————— 著

温时幸　陆瑾　李国庆　译

九 州 出 版 社 ｜ 全国百佳图书出版单位
JIUZHOUPRESS

图书在版编目（CIP）数据

北京来信 ：清末驻京英使见闻 ／（英）密福特著 ；
温时幸，陆瑾，李国庆译. -- 北京 ：九州出版社，
2025. 4. --（亲历中国丛书 ／ 李国庆主编）. -- ISBN
978-7-5225-3925-6

Ⅰ. K291

中国国家版本馆CIP数据核字第20251457QY号

北京来信：清末驻京英使见闻

作　　　者	［英］密福特
译　　　者	温时幸　陆　瑾　李国庆
策　　　划	李黎明
责任编辑	张艳玲
出版发行	九州出版社
地　　　址	北京市西城区阜外大街甲 35 号（100037）
发行电话	（010）68992190/3/5/6
网　　　址	www.jiuzhoupress.com
印　　　刷	北京捷迅佳彩印刷有限公司
开　　　本	880 毫米 ×1230 毫米　32 开
印　　　张	10
字　　　数	170 千字
版　　　次	2025 年 7 月第 1 版
印　　　次	2025 年 7 月第 1 次印刷
书　　　号	ISBN 978-7-5225-3925-6
定　　　价	70.00 元

THE ATTACHE
AT PEKING

BY

A. B. FREEMAN-MITFORD, C.B.

AUTHOR OF 'TALES OF OLD JAPAN,' 'THE BAMBOO GARDEN,' ETC.

London

MACMILLAN AND CO., LIMITED

NEW YORK : THE MACMILLAN COMPANY

1900

1900 年英文版扉页

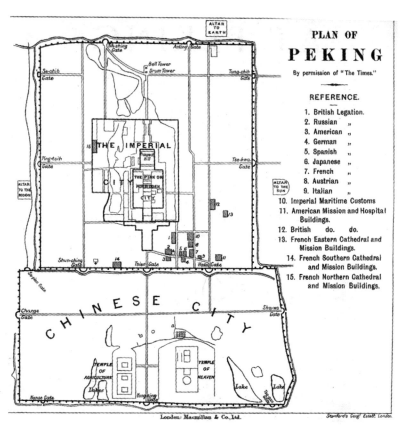

北京城平面图（19世纪末）

作者照

古北口长城

宣化通往张家口的途中

行走在张库大道上的商队

总　序

　　《亲历中国丛书》的策划始于 2002 年，那时国家图书馆出版社还叫北京图书馆出版社，时任社长郭又陵先生来我校访问，我带他浏览了本馆所藏的大批与中国有关的西文旧籍。其时自改革开放后兴起的又一次"西学东渐"热潮正盛，域外汉学和中国学的经典作品在被有系统、成体系地引进。我们觉得，东西方文化的接触和交流，离不开旅行家、探险家、传教士以及后来的外交、商务人士和学者。这些来华外国人的亲历纪实性著作，虽然不是域外汉学的主流，也是与汉学和中国学紧密相关的材料，值得翻译出版。郭社长回去后邀请中国中外关系史学会会长耿昇先生担任共同主编，获得首肯。耿先生并为丛书作序，确立宗旨如下："《亲历中国丛书》只收入来华外国人的亲历纪实性著作，包括探险记、笔记、考察报告、出使报告、书简等。内容力求客观、公允、真实，并兼顾其科学性和可读性。在允许的范围内，力求满足中国学术界的需要，填补空白和弥补不足之处。"也就是说，集中从一个方面配合方兴未艾的对西方汉学（中国学）的研究，提供国内难得一见的资料。

　　经过 2 年的运作，第一批 2 种译作于 2004 年面世，反响颇佳。至 2010 年，《丛书》出满 10 种，耿昇先生退出，改由郭又陵社长共同主编，笔者写了新序，装帧也更新了。接下来的 6 年又出版了 10 种，郭社长荣休，出版社领导更替，此后只履约出版了 3 种签了合同的书稿，《丛书》的出版于 2019 年告一段落。

　　回顾历程，必须感谢郭又陵社长作为出版家的远大眼光和胸襟。这部丛书的经济效益或许并没那么好，社会影响却出乎意料的好。《丛书》中的《一个传教士眼中的晚清社会》获 2012 年度引进版社科类优秀图书奖，《古老的农夫　不朽的智慧——中国、朝鲜和日本的可持续农业考察记》被评为第十三届引进版社科类优秀图书，于 2002 年正式启动的国家清史纂修工程曾有意把它纳入，因技术原因未果。学界热烈欢迎这类域外资料，从中发现不少有用的材料。比如《我看乾隆盛世》，书名几成口号，内容被多种著作引用。即便是民间，该书也引起一些有趣的反响。比如《我的北京花园》中立德夫人客居的到底是哪个王公的园子，一批网友曾热烈地探讨过。其作为史料的意义，更是突破了最初设想的汉学范畴，日益彰显丰富。简而言之，因为《丛书》所选的西文旧籍都是公版书，当初截止于晚清，目前已扩展至民初，差不多涵盖整个近代。

　　近代史料的形式多种多样，过去相当一段时期，学界对与政治史相关的档案文献关注较多，其他，尤其是与当时中国的地方政治、经济、社会、文化、人物等相关的记载被相对忽略。本丛书所收集的纪实性著作的作者包括政府官员、军人、商人、传教士、学者、旅行家等。他们游历经验丰富，受过良好教育，

在中国的时间少则半年，多则几十年，其中许多人还对中国社
会的发展产生过重要的影响。他们对在中国的所历、所见、所
闻做了细致深入的观察和记录。因为记录者是外来人，从而对
中国人习以为常的事物天然地怀着某种好奇，对中国人无意识
或不屑记录的内容的转述，到今天恰恰成为极为珍贵难得的史
料。又因为近代中国天翻地覆的变化，当年各地的山川风物和
社会百态多已烟消云散，却被凝固在这些西方人的著述当中了，
就像琥珀中的昆虫，历尽岁月，依然栩栩如生。它们不但是研
究中外关系、中外文化的互动等方面的极其重要的第一手资料，
还是研究中国近代社会生活史方面的重要资料，正可以补上述
之阙。换言之，这类旧籍有如一个包罗万象的宝库，不但人文
社会科学的不同学科都有可能从中发掘出有用的材料，一般读
者也可把他们当作 Citywalk 的指南，据以追怀各地的当年风貌，
得到有趣的阅读体验。

我们还要再次强调，整理、翻译、出版这一系列丛书的目
的，是为了保留历史资料，因而尽量少做删节，也不在文中横
加评论。但是这些书的原作者，都来自 100 多年前，那样的时
代，身份各异，立场多样，有些人免不了带有种族优越、文化
优越和宗教优越的心态，行文当中就表现出对当时的中国、中
国人、其他宗教、其他文化等的歧视。也许还有个别人是怀着
对中国进行宗教侵略、思想控制、殖民控制等目的来到中国的。
希望读者在阅读这些文字时，既有海纳百川的胸怀，也有清醒
的认识；既要尊重他人的善意旁观，也要站稳自己的立场；对
一些恶意的观点，坚持批判的态度。

因此，同样非常感谢九州出版社同仁的眼光和胸襟，愿意接过这套丛书继续出版。我们的计划是一边先再版早期的反响良好的译作，一边逐步翻译新书。再版的译文都请原译者修订一过，唯当初的翻译说明或序言之类一仍其旧，以存历史，特此说明。

李国庆

2023 年岁末于哥伦布市细叶巷

译者序

本书作者密福特（Algernon Bertram Freeman-Mitford，1837—1916）是英国外交官、古董收藏家、作家。

密福特1837年2月24日出生于英国伦敦，3岁随父母去欧洲大陆，定居德国法兰克福。1842年至1846年，主要在法国巴黎和特鲁维尔生活。1846年至1854年，就读于英国伊顿公学。1858年进入英国外交部，最初在圣彼得堡担任英国驻俄国大使馆二等秘书。1865年至1866年自愿到北京英国驻华使馆任职。1866年奉调去日本，任英国驻日本外交使团二等秘书，1870年由于健康原因离职，回到英国外交部。1873年正式辞去外交部工作。1874年担任英国公共建筑部大臣，同年结婚，夫人是埃尔利伯爵的二女儿克莱门蒂娜，育有五男四女。1866年5月，他的未婚堂兄约翰（瑞德斯戴尔伯爵一世）逝世，将大笔遗产赠予他。于是，他辞去公职，举家搬迁到位于格洛斯特郡的领地。1892年至1895年，担任国会保守党议员。1902年获得爵位，成为瑞德斯戴尔男爵一世，经常出席上议院会议，就有关远东问题发言。1906 年，伴随亚瑟亲王再度赴日，向明治天皇颁发嘉德勋位。

密福特的著作有:《旧日本故事》(1871)、《竹园》(1896)、《北京来信》(1900)、《赴日嘉德授勋使命》(1906)、《回忆录》(1915)、《回忆录续》(1917)。晚年，他把早期纳粹思想家张伯伦（Houston Stewart Chamberlain）的两部作品——《十九世纪之基础》(1910)和《康德：与歌德、达·芬奇、布鲁诺、柏拉图和笛卡尔之比较研究》(1914)译成英文。

参考书目:《英汉综合大词典》、《牛津英国传记大词典》英文版、维基百科英文版。

* * *

《北京来信：清末驻京英使见闻》以书信体裁，记录了19 世纪末作者在中国的所见所闻，为我们了解当时的社会生活、风土人情提供了宝贵的史料。作者对时弊亦有独到见解，值得我们反思。作者对八国联军侵华起因的分析，自然是站在侵略者一方，但清朝的误判与义和团的鲁莽，不无值得反省之处，对今后怎样与外国相处，会有所裨益。然而，作者受其世界观的局限，对中国的各种农民起义，持反对态度，称之为"暴民""叛乱"；又受其宗教信仰局限，对中国的佛教、道教等，不够尊敬。作者在对待中国疆域问题上，极不严肃，把长城以外地区说成是蒙古。总之，期望外国人对中国的所有事物都歌功颂德，都站在我们的立场上，既是一厢情愿，又有一叶障目之嫌，对客观看待中国事务，百无一用。正确阅读外国人撰写的有关中国的游记，当以开放的眼光、海纳百川的胸襟，方能剔除糟粕，汲取精华。

　　本书"前言"由陆瑾翻译、温时幸校核。信札部分及附录由温时幸翻译。全书由《亲历中国》丛书主编李国庆通校。

温时幸

2009 年 11 月 11 日

于美国苏必利尔湖畔

目　录

前　言

在中国，尤其是北京，传统旧制变更缓慢。这些书信，尽管写于多年之前，仍然忠实地记录了中国人称之为"京城"里的人们的生活。也仅此而已。想进一步了解中国及其习俗的读者，一定要读一读已辞世的卫三畏博士[①]的巨著《中国总论》、戴维斯爵士[②]引人入胜的《中国人》，或道格拉斯教授[③]关于中国社会的著作。

许多人可能会问，近年来英国对中国犯下如此暴行，我们怎么能够在华平安无事地生活这么多年，还赤手空拳到处

[①]　卫三畏（Samuel Wells Williams，1812—1884），美国公理会传教士，汉学家，语言学家。1833年来华，曾任美国驻华公使馆临时代办，1877年回美国任耶鲁大学汉学教授。其百科全书般的巨作《中国总论》被视为西方汉学研究的奠基之作。——译者注。下同，除非另有说明。

[②]　戴维斯爵士（Sir John Francis Davis，1795—1890），又译爹核士、德庇时和大卫斯，毕业于牛津大学。1813年来华，曾任东印度公司驻广州的大班以及英国政府驻华商务总监。1816年陪同阿美士德勋爵前往北京寻求觐见嘉庆帝。1844年出任香港总督，主要著作有《中国人：中华帝国及其居民概述》《中国见闻录》《交战时期及媾和以来的中国》等。

[③]　罗伯特·肯纳韦·道格拉斯爵士（Sir Robert Kennaway Douglas，1838—1913），英国学者，大英博物馆中文部专家。

旅行的？中国是世界上矛盾百出、令人费解的国家。读过这些书信后，人们会发现，由于不言自明的原因，这些信写得很乐观，但字里行间却隐藏着对时局倏忽即变的担忧。举例来说，倘若山东"叛乱"①未被平息，"叛民"按计划直入北京，1900 年的惨剧恐怕在 1865 年就发生了。此外，我们虽然在风平浪静的水面抛锚漂泊，但水下时有暗流涌动迹象，令人不安。记得不止一次接到过警告，说某年某月会对洋人来一次大屠杀。理由是老掉牙了的：洋人杀害婴儿，剜出其眼球用作照相。某些诡计多端的清朝官员编出的这些故事，竟连他们那些无知的同僚也深信不疑。

一天，名声显赫的曾国藩将军（即后任大清驻伦敦公使曾纪泽之父）同一位英国医生谈起关于婴儿眼球的这个传言，突然说道："你抵赖也没用，我这儿就有些风干的样本。"然后，他竟取出一袋用来装蓖麻油和其他头晕药的胶囊来！②

我们以前并不在意这些警示，但近来发生的种种事件证明，我们恐怕是低估了其含义。我们此刻正坐在火山口上。经验告诉我们，那些表面温和、近乎稚气的中国人，常常能在极短时间内被煽动起来，变成凶残暴虐的魔鬼军团。毫无疑问，暴乱一旦发生，我们无处逃生，只有死路一条。区区几十人（当时在北京的欧洲人总共只有七八十个）如何抵挡

① 应指捻军起义。
② 这是当时的民间传说，未必是史实。

得住杀气腾腾的众多暴徒？高大厚重的城门一关，营救亦不可能。多年之后，于1879年传来路易·卡瓦纳格里爵士[①]及全部随从在喀布尔遭杀害的惨讯，我情不自禁地想到北京各国公使馆的处境与他们是何其相似啊。

人们纷纷褒奖日本的进取精神，批评中国的因陋守旧。尽管日本取得的巨大进步确实令人瞩目，但上述看法极不公平。要知道，日本从未创造过什么。日本四十年前才开始真正同西方交流。在此之前，日本的一切都源自中国。佛教取代了日本固有的崇拜祖先的神道[②]，又在某种程度上与之共同兴旺。语言文字以及从音乐舞蹈到足球的各类艺术与技能，均是从中国经由朝鲜传至日本的。它们传播到日本的时间作为重要事实一丝不苟地记录在《王代一览》[③]一书中。立国之初即已借鉴，多借一次或少借一次也都无妨。所以当日本人意识到，若要跻身于强国之中，只有抛弃陈旧的汉制，接纳西方文明时，他们毫不犹豫地奔向光明，从13世纪一跃跨入了19世纪。某些热烈拥护者的言论几乎让人以为，是日本人发明了

①　路易·卡瓦纳格里爵士（Sir Pierre Louis Napoleon Cavagnari，1841—1879），1878年第二次英阿战争期间英军代表。1879年出任英属阿富汗首任总督，当年7月入驻喀布尔，9月即被阿富汗军民杀死。

②　神道（Shinto），又称神道教，日本的传统宗教，属于泛灵多神信仰，起初没有正式的名称，后因汉传佛教传入，为了与"佛法"一词分庭抗礼，创造了"神道"一词。

③　《王代一览》（O Dai Ichi Ran），共7册，江户时代的儒学大家林春斋编撰，1652年出版。

19 世纪。其实他们只是将现成的东西取为己用罢了。他们不可能再去经历中间那好几个世纪，只有全力跳过。这一转变突兀而彻底。放弃的均非本国所创，也就无损国家尊严了。

而中国是一个文明的发源地。中国人有理由为此骄傲。若传说属实的话，基督诞生前 500 年，英伦各岛上居住的还是些未开化的野蛮人，随季节交替，或以皮毛蔽体，或以菘蓝涂身。那时，中国的孔子已在教导弟子尊崇上古传下的礼仪。从那以后，中国历经三十个朝代的变迁，迁都十三次①。即便鞑靼皇帝坐上中国的龙椅，也不得不遵从汉制，中国的文化依然在孔圣人的庇荫之下。无怪乎，日本人可以不眨一眼抛弃过去，而中国人必定要三思而后行。

从某种意义上说，比起 1868 年参与倒幕运动的那些日本人，这一代的清朝官员要更明智些。像萨摩、土佐、长州这样的大名②及家老③，一心谋划推翻德川幕府的统治，却没有想到他们同德川一样依附于封建制度，这么做的同时也给自己的倒台埋下了伏笔。如今他们又在何处啊？正可谓"去年之雪，而今安在哉"④？他们已踪迹全无，取而代之的是如雨

---

① 历史上曾建有五个鞑靼王朝：辽（907—1125）、西辽（1125—1168）、金（止于 1234）、元（止于 1341）和现在的清朝（始于 1627）。为篇幅所限，未包括一些时期重叠的朝代。——作者原注
② "大名"这个称谓的意义相当于中国古代的诸侯。
③ 家老，即家族长辈或幕僚。
④ 原文在此引用法国中古诗人维庸（F. Villon）的一段名句：Où sont les neiges d'antan?

后春笋般冒出的公爵、侯爵、伯爵、子爵和男爵。因为日本人做事不遗余力，不满足于单纯地采用西方的三角帽[①]，所以又发明了一整套贵族体系。而三角帽正是一切优良政府的精华所在，是进入强国之列的通道。

大清官员就精明多了。李鸿章及其同僚，逆天行道，而又狡诈如狐。他们清楚地知道，在西方文明的照耀下，他们将冰消雪融，因而殊死抵抗，也就不足为奇了。大小官吏如蝼蚁般布满这个庞大的帝国。他们清醒地认识到，唯有不懈地与"红毛鬼子"为敌，方能赖以生存。这就是我一向认为的现今时局之关键所在。

中国人疯狂的反洋运动常被冠以各种理由：传教，通商，特别是鸦片贸易。这些活动在中国各地都不时造成死伤。我认为反洋真正的原因并非以上列举的理由本身，而是清朝官员满脑子对变革的惧怕。然而变革终究会实现。

中国人本性中既无强烈的宗教信仰，也不极度排斥某种宗教。如果不是这样，为何一个犹太人聚居地[②]能不受干扰，

---

① 三角帽发源于欧洲，自 17 世纪后期盛行至 18 世纪，不但是一般男性知识分子的标准行头，也是军人戎装的标准配件之一。1789 年法国大革命后为双角帽所取代。

② 芬恩先生认为，在华犹太人"属于卡尔迪亚王国复国行为，因为他们拥有《玛拉基书》和《撒迦利亚书》的部分章节，沿用西路库年代，并且遵循许多犹太教传统"。施美夫主教曾派遣两名中国基督徒前往了解那些犹太人的状况，发现他们一贫如洗，愚昧无知，情绪低落。他们根本不懂希伯来文，但却教过怎样抄写《圣经》中的文字。——摘自卫三畏的《中国总论》卷二，第 272 页。——作者原注

在中国存在了两千年？他们就在河南开封，虽人数日减，但仍然存在。为何某些省份的伊斯兰教徒能够极其兴盛，竟然危及帝国的安全？北京皇宫有座城楼，是专为纪念清朝某位皇帝宠爱的一位伊斯兰妃子所建，上面刻满阿拉伯文的可兰经文①。这一切都看不出有宗教迫害的迹象。再说佛教，近1900 年前，汉明帝做了个梦，即遣人将佛教经典与佛像运回中国②。自此之后，佛教一直是中国最流行的宗教，就像儒教在伦理学说中最为盛行一样。连本国老子所创的道教，也难与之匹敌。虽历经动荡，佛教依然流传至今，引用莫理循博士③的话："在中国，佛教为学者不齿，遭浪人耻笑，却为所有人信仰。"（欲知详情，请参阅前文提及的卫三畏的著作。）

那么，为什么中国对某些外来宗教如此宽容，而对基督教却极端排斥？如果不是因为宗教信仰，那就一定是政治方面的憎恶。这就是导致摩擦的缘由。中国人并非生来就憎恨

（接上）译者注：1. 此处的芬恩先生应该是詹姆斯·芬恩（James Finn），生卒年不详。英国外交官和希伯来文专家，伦敦犹太人基督教促进会会员。19 世纪 50 年代曾任英国驻耶路撒冷领事。著有《犹太人在中国：教堂、经文和历史》和《遗留在中国的犹太人聚居地》。2. 卡尔迪亚王国是古巴比伦人的一个王国。3. 施美夫主教（Bishop George Smith，1815—1871），著有《五口通商城市游记》。

　　①　应指中南海的南门——新华门，原为宝月楼，建于乾隆二十三年（1758），传说是乾隆皇帝为香妃所建。

　　②　即白马驮经的典故。

　　③　莫理循（George Ernest Morrison，1862—1920），又译莫里逊，澳大利亚出生的苏格兰人，一生与近代中国关系密切。详情可见福建教育出版社出版的《莫理循与清末民初的中国》。

基督教，很多例证表明，他们不无接受基督教义的意愿，或许还会因此得到更好的回报。但是对于清政府来说，基督教的传播将导致他们统治的终结。一旦奉行基督教，他们摇摇欲坠的政权必将轰然倒塌。因此，清朝官员播种仇恨，煽风点火，激化冲突。对他们来说，贫穷的犹太人数量有限，不足为患。尽管听说有则古老的预言，说将会发生一场伟大的伊斯兰革命，回回（伊斯兰教徒）皇朝将统治中国。但伊斯兰教义乃圣书所载，不得译成中文，因此对士大夫阶层并无多大威胁。再说佛教，它并不觊觎世俗权力。西藏是个例外，但就算在那儿，中国皇帝也是其宗主。基督教构成的威胁就极为现实了，因此不管如何血腥，也要全力镇压。但耐人寻味的是，曾有一段时期，基督教似乎会征服一切，成为中国的国教①。各个教派之间的内部权力纷争导致了这个过程的终止。

中国的早期传教史非常有意思。在这里无法详述，只略提一下。传说基督弟子"怀疑使徒"圣多马②是第一位到中国传布福音的人。撇开这一不太可信的说法不提，传教徒确实很早就到过中国。公元6世时，就有两位景教徒③把东方

① 应指太平天国运动时期。
② 圣多马（St. Thomas），天主教称圣多默，耶稣十二门徒之一。
③ 景教（Nestorian monks），又译作聂斯脱里派，为基督教一派别，叙利亚人聂斯脱里氏创立。8世纪前唐朝时期传入中国泉州后称景教。

的蚕种带给查士丁尼 ① （参见我的《竹园》一书，31—33 页）。

13 世纪末，教皇尼古拉四世派遣约翰·孟高维诺 ② 到大都（北京旧称）拜访忽必烈王。孟高维诺在大都受到款待，建造了一座"带尖塔和钟楼"的教堂，"每隔一个时辰，三座钟就敲响，召唤新皈依的信徒去祈祷"。孟高维诺在大都期间，为近六千人洗礼，并"买了 150 个孩童，教以希腊文和拉丁文，为他们编写几本祈祷书"。克雷芒五世 ③ 封孟高维诺为大主教，并派给他七位副主教。孟高维诺"使三万多异教徒皈依"，他终老于 1328 年，据说整个大都都哀悼他的去世。在孟高维诺的葬礼上，不管是基督教徒还是异教徒，都悲哀得把衣服扯破了。孟高维诺的墓地成了虔诚的朝圣者朝拜的圣地。现在读来，有些怪异。

《中国丛报》④ 第三卷中对此事有极其详细的描述，虽说多有夸张之处，但就算打掉许多折扣，一方的热忱与另一方的宽容，亦是极为显著。孟高维诺写道："上次听到有关西方的消息，已是 12 年前了。我已年迈，白发苍苍。但这并不是

---

① 查士丁尼（Justinian），6 世纪东罗马（拜占庭）帝国皇帝。

② 约翰·孟高维诺（John of Montecorvino，1247—1328），亦译若望·孟高维诺，意大利人，方济各会修士，是罗马天主教第一个取得中国传教认可的宣教士。

③ 教宗克雷芒五世（Pope Clement V，1264—1314），1305 年 6 月 5 日至1314 年 4 月 20 日在位。

④ 《中国丛报》（Chinese Repository），是西方传教士在清末中国创办的一份英文期刊。

因为年龄，因为我才58岁，而是辛劳和苦难的缘故。我研习鞑靼语言和文学，翻译了整部《新约》和《大卫赞美诗》，并命人用心誊写。我阅读、写作，公开而自由地传播上帝的福音。"据卫三畏博士的说法，在1368年元朝被汉人逐出中原、明朝（初建都于南京，后迁至北京）开始其统治之前，"毫无疑问，在中亚大部分地区及中国北部，活跃着许多基督教社团"。但此后两百多年以来，它们日益衰落，最后音信杳然。

直到16世纪末，耶稣会才首次开始对中国施加影响，其声势几乎超越所有其他教派。在印度和日本广传福音的沙勿略①将中国划为未来传教的特别区域，却不幸在澳门附近的上川岛死于热病，享年仅46岁。真是一位不平凡的人物呀！不过，继承他衣钵的人，才干都不低于他。

利玛窦②是著名的耶稣会神父，1552年生于教皇辖境内的马切拉塔城③，19岁时前往罗马学习法律。但让他父亲大为不悦的是，他很快放弃法律，加入了耶稣会。在那里，他师从耶稣会远东观察员范礼安④神父，还未结束见习期，便

---

① 圣方济各·沙勿略（St Francisco Javier，1506—1552）是第一个试图进入中国的耶稣会士。

② 利玛窦（Matteo Ricci，1552—1610），耶稣会意大利传教士、学者。

③ 马切拉塔（Macerata）是意大利马尔凯大区马切拉塔省的省会。

④ 范礼安（Alexandre Valignani，1538—1606），耶稣会意大利籍传教士。

随范神父到印度，在果阿^①继续学习，之后在当地教授哲学。1580 年，利玛窦随罗明坚^②神父到澳门，两人全心全意地学习汉语，并利用葡萄牙人的贸易特权访问了广州。两年后，历经不少困难和失望，他终于获得广东总督的批准，在肇庆府修建住所及一座教堂。利玛窦很快意识到，树立起博学的声望，无论在过去还是现在，都是获得士大夫阶层敬重的唯一途径。他印行了一幅中国地图，以及一册天主教的教理问答。他在教理问答中，讲述天主教的道德箴言，刻意避免一切流露宗教教旨的内容。这些努力很有效果，他声名远播，许多饱学之士前来讨教。

曾有一段时间，耶稣会神父身穿佛教僧侣的服饰，但发现并未因此受到尊重。在范礼安神父的建议下，他们脱下黄色僧袍，改穿儒服。毕竟士大夫才是神父们需要积极交往的阶层。

利玛窦曾三访南京，第二次遭驱逐，不得不去了南昌。他在那里兴建一所学校，并发表了两本著作：《西国记法》和《交友论》。后者因其"立意高尚，文笔纯净"而广受赞誉，获得巨大成功。在一个极为注重文字风格推敲的国度里，这是多么难得的成就！恐怕连本土学者都难以企及。

---

① 果阿（Goa），印度面积最小的一个邦。
② 罗明坚（Michele Ruggleri，1543—1607），字复初，耶稣会意大利籍传教士。

1600 年，利玛窦终于完成夙愿，满载澳门葡萄牙人的礼物进京觐见万历皇帝。行程可谓历经险阻。一个太监毛遂自荐做其随从，一同乘坐帆船启程。但太监觊觎随船携带的礼物，设计将他和同行的庞迪我神父[①]监禁在天津达 6 个月之久。好在这件事后来传到万历皇帝耳中，下令将他释放并护送到北京，待为上宾，并赐以宅第与俸禄。利玛窦很快结识了不少朋友，也劝服许多人入教。其中一位叫作徐光启[②]的还帮助他翻译了《几何原本》[③]。利玛窦的成功之处在于他八面玲珑。他别出心裁修饰基督教义，使之适合中国的风俗习惯，不致让人反感。例如，他容许中国人继续祭祖，有意把祭祖理解为民间习俗，没有宗教成分。简而言之，利玛窦遵从佛教体系包容的原则，不去谴责当地的风俗信仰。若是与之抗争，必将对他的传教事业造成致命的打击。利玛窦神父于 1610 年去世，终年 58 岁。

利玛窦对宗教教义的解释作了妥协，没有严格遵守。就此而言，他恐怕不能算是一位伟大的天主教传教士，但却是一位当之无愧的杰出的调和者。他当年成功播下的种子虽然未能开花结果，但那并非他的原因。利玛窦才华横溢，知识

[①] 庞迪我（Didaco de Pantoja，1571—1618），西班牙人，明代末年来到中国的天主教传教士。

[②] 徐光启（1562—1633），中国明末科学家、农学家、政治家，中西文化交流的先驱之一。

[③] 《几何原本》是古希腊数学家欧几里得所著的一部数学著作，共 13 卷。

渊博，待人接物温文尔雅，获得社会各阶层的赞誉。他恐怕是唯一能熟练运用文言文的欧洲人，以至于中国本土的文学评论家他都交口称赞。在他死后约150年，一位姓辛的朝廷官员将他的著作《天主实义》①改编后，收入乾隆皇帝下令编纂的汉语经典丛书②，由此可见对他成就的认可。

利玛窦如此博学多才、灵活变通，做他的继任人可不是件容易的事。不过，耶稣会从未缺少过具备灵活变通能力之人。接任利玛窦的龙华民神父③虽未能名垂青史，但也颇有实绩。对传教士来说，麻烦已经积累在那里。传教士的成功引起朝中侍臣和官员的嫉妒，促使朝廷下令禁止天主教的传教活动。不过，这道禁令从未真正实施过。许多皈依的天主教徒保护传教士，他们之中最著名的就是徐光启和他的女儿④。徐光启是利玛窦的至交，他的女儿的教名是甘第大⑤。这两位皈依天主教的信徒，品德高尚，善名远播，上海的百姓到今天还在纪念他们。位于市郊徐家汇的罗马天主教传道会所在地，就曾是教徒徐光启的产业。而甘第大名副其实是一

---

① 《天主实义》，亦名《天学实义》，西方人用汉语书写的第一部基督教神学著作。
② 应指《四库全书》。
③ 龙华民（Nicholas Longobardi，1559—1654），字精华，明朝末年来中国的耶稣会传教士。
④ 应为徐光启的孙女。
⑤ 徐光启孙女（1607—1680），自幼受洗，圣名甘第大（Candida），明清之际对中国天主教发展贡献最大的女性。

位圣女。她兴建了 39 座教堂，刊印了上百本书籍，还为那些遭父母习惯性遗弃的非婚生婴儿建立了育婴堂。她雇用街头说书的盲人，教他们不再讲那些粗俗下流的传说，改向世人讲述福音故事。皇帝授予她"贤德夫人"的称号，并赐予袍服与缀有珍珠的头饰。她却取下珍珠换钱以资助自己的传教事业。

17 世纪初，中国内乱频繁，起义不断，垂垂老矣的明王朝即将为现在的鞑靼王朝——清朝所代替。耶稣会在中国成了一支举足轻重的力量。当时明朝的王位继承人得到传教士的支持。统领军队的是两名信奉天主教的将军。邱将军教名为托马，秦将军教名为卢克。皇太后、皇后和太子均受过洗礼，他们的教名分别为海伦娜、玛丽亚和康斯坦丁。皇后海伦娜甚至给教皇亚历山大七世写过信，"表示自己献身基督教事业，并希望通过教皇，祈祷上帝保佑大明王朝！"（引自卫三畏）[1]

耶稣会在清朝统治早期拥有相当高的地位。这得归功于他们的领袖汤若望[2]的杰出才能。汤若望于 1591 年出生于科隆一个贵族家庭。1611 年在罗马加入耶稣会，学习神学与数

---

[1]　这里的明王朝继承人当指南明永历帝朱由榔（1623—1662），邱将军或为瞿式耜，圣名多默；太子朱慈煊，圣名共斯当丁；王太后，圣名列娜，即给教皇写信者；王太后之母，圣名朱利娅；余不详。

[2]　汤若望（Johann Adam Schall von Bell，1591—1666），字道未，德国人，耶稣会士，学者。1618 年来华，病死于北京。

学，1622 年来到中国。1631 年，皇帝①听闻他学识渊博，召他入京，御封为钦天监监正，负责修改历法。不用说，得到这个职位免不了招来中国天算学家的嫉妒。他们或公开或背后对他施以恶毒的攻击。但是汤若望对一次日食的精确计算完全挫败了他们的阴谋，因为中国天算学家的计算错得离奇。故此，崇祯皇帝（明朝最后一位皇帝）反而比从前更为器重他。崇祯惧怕满人入侵，令汤若望违背个人意愿建厂铸炮，作为嘉奖，还亲笔题词，盛赞他的学识与品行。在鞑靼人最终占领北京后，汤若望自己虽未脱离险境，却成功地保护了不少信徒。令人惊奇的是，汤若望如"布雷的神父"②一样，在局势稳定下来之后，从清朝顺治帝那里得到的恩宠竟胜于明崇祯帝。1662 年顺治帝去世时，汤若望正担任幼年康熙皇帝的老师。康熙后来成为中国历史上最杰出的帝王之一。耶稣会在当时大行其道，似乎势不可挡。

但有段时期，朝廷大权执掌在四位辅政大臣手中。他们反对天主教。此时，有人③上书朝廷，抨击耶稣会，称其威胁清朝统治。我该在这里说明一下，二十多年来，多明我会和方济各会一直在与耶稣会作对。各教派的内部冲突，使反

---

① 指崇祯帝朱由检（1611—1644）。

② "布雷的神父"（The Vicar of Bray），该典故来自 18 世纪英国的一首民歌，描述当时英国历经宗教巨变及数任国王的更替，伯克郡布雷镇的一位神父，不惜反复变更自己的原则，以保住神职。现多指见风使舵之人。

③ 此处应指杨光先（1597—1669）。

对传教者有机可乘，他们抓住时机，即刻行动。上面提到的那份奏章不同寻常，它提请朝廷注意各个教派关于"天"与"上帝"的争论，并称关于这个基本教义的纷争体现了各个敌对教派的政治野心。上书者由此引申到日本因天主教活动造成的分裂与内战，并指出若允许传教士继续留在中国，迟早会导致同样的恶果。几位辅政大臣顺水推舟，同意上书者的请求，于1665年宣布天主教传教士邪说惑众，让人误入歧途，因而下令禁止传教。汤若望神父，曾受5位皇帝恩宠，效力37年，却于78岁时凄惨去世。他的门徒遭贬斥，他的同人被逮捕入狱或放逐。

在一众遭囚禁、殴打和百般凌辱的教士中，有一位南怀仁神父 ①。他是佛兰德斯 ② 人，在塞尔维亚受过教育。南怀仁神父同利玛窦、汤若望两位神父一样，靠智慧、学识和品德几乎影响了中国历史前进的方向。有谁知道在漫长的6年监禁生活中，他遭受了何等的磨难？6年恐怖的中国牢狱之灾！幸而，康熙皇帝终于成年，他未忘汤若望之师恩。1671年康熙亲政后，最早发布的政令中，有一个就是释放以南怀仁为首的教士们。康熙不是基督教徒，尽管他禁止属下信教，却停止了对教士的迫害，承认西方知识的价值，不失为一位

---

① 南怀仁（Ferdinand Verbiest，1623—1688），字敦伯，一字勋卿，耶稣会传教士，比利时人。

② 佛兰德斯（Flanders），中世纪欧洲一伯爵领地，包括现比利时的东佛兰德省和西佛兰德省以及法国北部部分地区。

开明的君主。

有传闻说，一场地震是导致这次释放的直接原因。事实是，康熙帝需要南怀仁用其天文知识纠正中国天算学家的荒唐测算。南怀仁神父被任命为钦天监监正，掌管计算。同汤若望神父的经历类似，南怀仁也受命铸造火炮。火炮铸成后的仪式非常隆重。南怀仁身披做弥撒时穿的圣袍，当着朝廷大臣的面，给火炮洒了圣水，并用圣女的名字给每门炮命名，还亲自在后膛画上圣女像。教皇英诺森十一世①为此特意致信，褒奖他明智地用世俗的科学来拯救中国人的灵魂。那些青铜天文仪，精美如艺术品，都出自南怀仁神父之手，至今仍是北京一景。它们在位于北京内城南侧的观象台内，是耶稣会成就的最后见证。

南怀仁神父于1688年去世。康熙皇帝亲自撰写祭文，派大臣在他棺前隆重地宣读。除利玛窦、汤若望和南怀仁三位耶稣会神父之外，没有人在中国朝廷能获得此等殊荣。南怀仁神父去世之后，竟找不到一位学问相当之人来填补空缺，继续他的工作。

如果没有多明我会和方济各会的阻挠，耶稣会或许极有可能实现其抱负，使中国皈依天主教。但那两个教派有效地终止了耶稣会皈化中国的过程。那场争执的核心，就是所谓

---

① 教皇英诺森十一世（Pope Innocent XI, 1611—1689），意大利人，原名 Benedetto Odescalchi，1676年9月21日—1689年8月12日在位。

的祭祖敬孔。另一点则是将"God"译为"天"，还是"上帝"？"天"即天堂，"上帝"则无对应之词。这后一个争论本身幼稚至极，可谓吹毛求疵，不值一提。重要的是，译名要能让中国人明白。两种译名均可满足这一条件。至于前一个问题，我们已经看到利玛窦神父是如何来处理的。他明智地认为，仓促谴责中国人这一根深蒂固的传统，只会使他们厌恶；任何让中国人抛弃祭祖敬孔习俗的企图，只会彻底疏远所有人。于是，他身为一个真正的耶稣会教士，作了一个聪明的妥协，将祭祖敬孔看作是世俗活动，而非宗教仪式。我始终觉得，他的决定非常明智。要想让中国人来聆听天主教义，实在也别无他法。皈依的中国教徒可能会逐渐丢弃传统习俗，纯正的天主教会渐渐成为中国的主要宗教。当然，这些只是猜测而已。

　　多明我会和方济各会看到耶稣会的成功，也想分一杯羹，遂各自派遣传教团到中国。但是他们缺乏耶稣会兼容开明的特质，一味拒绝任何变通。他们指责耶稣会支持偶像崇拜和异教活动。一名姓莫拉莱斯的西班牙多明我会教士特此向天主教传教总会打小报告，导致教皇英诺森十世在 1645 年颁布谕令，责难耶稣会的行为，谴责他们的教条①。经过 11 年的努力，耶稣会才从教皇亚历山大七世处获得另一则训令，

---

　　①　应指"利玛窦规矩"。

虽不悖教皇英诺森十世的教谕，但也可解读为任凭他们权宜
行事。

但是在华教派之间的冲突并未终结。1693 年，中国教区
的代牧主教阎当①在教廷与教皇面前宣称，"天"的意思是苍
天，而非"天主"；祭祖是一种偶像崇拜。在这重重困难中，
耶稣会上书康熙皇帝以求出路，亦不足为怪。卫三畏从《圣
马丁生平》②一书中大段引用了这本奏折。我在此转录，不仅
因其饶有意味，更重要的是它全面而清晰地表述了这场大论
战的所有要点：

我们虽然来自遥远的国度，在此都是您忠实的臣民。恳
请圣上就下列问题予以明示。欧洲学者了解到，中国人有敬
天、祀孔、祭祖的传统仪式。他们相信这些祭祀习俗与礼仪
都有其来源，但对其真正目的却全然不知，迫切需要我们作
出解释。我们一直认为，中国人把孔夫子作为一位先贤来敬
重，别无他意，所有纪念他的仪式完全由此目的出发。我们
认为，中国人祭祖的习俗纯粹出自对祖先的敬爱，以及缅怀
他们生前的恩惠。我们认为，祭天用的牲畜并不是献给抬头

① 阎当（Charles Maigrot，1652—1730），巴黎外方传教会的主教。1681
年来华，1684 年任教宗驻福建代表，1687 年任宗座代牧，管理福建教务。
② 英文原文为 "Life of St. Martin"。此处有疑：1. 卫三畏未写过此书；
2. 确有书名为 "Life of St. Martin" 的英文书籍，但讲述的人和事与中国毫无
关系。

可见的苍天，而是敬献给至高无上的天主、造物主、天地的
守护神，以及他们所包含的一切。这就是我们对中国这些礼
仪的一贯的解释。但作为外国人，总不及中国人自己在这些
重要论点上更有发言权。因此，我们斗胆恳请圣上明示，请
不要拒绝我们的请求。敬候圣上复文。

　　康熙快刀斩乱麻，当即宣布："天即唯一真神，而中国的
礼仪具有政治性质。"① 但教皇克雷芒十一世② 无视康熙帝的
旨意，支持阎当主教，宣布造物主的译名必须是"天主"。
"天"与"上帝"均不可取。

　　安提阿③ 大主教铎罗④ 受派遣到北京。康熙帝在一次召见
时，命铎罗明确告知教皇的决定。当得知在一件纯粹的中国
事务上，并且在某种程度上纯属语言文字范畴，一个罗马教
皇居然敢与他的意见相悖，不禁龙颜大怒，下令保护耶稣会，

---

　　① 康熙的御批原文为："这所写甚好。有合大道。敬天及事君亲、敬师长
者，系天下通义，这就是无可改处。"
　　② 教皇克雷芒十一世（Pope Clement XI，1649—1721），又译为克里门特
十一世、克勉十一世、格勒门十一世，原名 Lorenzo Corsini，1700 年 11 月 23
日至 1721 年 3 月 19 日在位。
　　③ 安提阿（Antioch），又称安条克，是古代塞琉西帝国的都城，位于今
土耳其南部。
　　④ 铎罗（Charles-Thomas Maillard De Tournon，1668—1710），罗马教皇
派往大清帝国的特使，1705 年抵达北京，两次被康熙皇帝召见。1707 年抵达南
京，不顾耶稣会传教士的反对，发布南京教令，禁止中国天主教徒敬拜祖先，
因而被康熙皇帝下令驱逐出境，押送澳门关押。1710 年死于澳门。

惩罚阎当主教跟随者。铎罗大主教被驱逐至澳门。在那里，铎罗由于与辖区主教不和，竟被监禁在一所私宅中，直至去世。1715 年，教皇又派遣嘉乐①到北京觐见。康熙以礼相待，但拒不谈论礼仪问题。嘉乐在中国待了 6 年，一事无成，黯然返回欧洲。

18 世纪初，据说在两江地区就有上百座教堂、十万天主教徒。那是在华传教的鼎盛时期，但好景不长。传教士内讧，以及威胁到朝廷的政治野心，招致康熙皇帝厌恶。虽然他对耶稣会继续宽容有加，但禁止任何其他教士留在中国，除非他们遵从"利玛窦规矩"。1723 年，康熙帝驾崩，太子雍正继位。次年，雍正即颁布诏书，严禁天主教的传播。只有几位具有科学造诣的教士留在北京，大部分教士被驱逐到南方。北方的中国教徒成了失去牧羊人的羊群，遭到难以名状的敲诈勒索。虽然许多教徒坚持信仰，甚至想方设法为神父提供秘密避难所，但是雍正的禁令还是使 120 多年来卓有成就的传教事业受到了致命打击。

我对耶稣会传教团的介绍，主要根据卫三畏博士的著作②与《传记大全》（*Biographie Universelle*），下笔至此，已大大超出我的本意。但这个主题非常引人入胜。除了那些对中国感兴趣的人之外，很少有人知道天主教在中国曾一度几

---

① 嘉乐（Carlo Ambrogio Mezzabarba，1685—1741），意大利人。
② 应指卫三畏的《中国总论》。

乎达到辉煌。利玛窦、汤若望与南怀仁的故事告诉人们一个重要的事实，传教若要成功，必须凭借才华与学识。不管规模大小，都只能从士大夫阶层入手，而且必须能像老一辈耶稣会传教士那样，以卓越的造诣征服中国的士大夫。在华传教士大都具备胆识、热忱和自我牺牲精神，甚至不惜付出生命的代价。这些都是有目共睹的。但放在儒学大家眼中，这些都算不了什么。使徐光启（汤若望神父的朋友）[①]和他的女儿[②]甘第大皈依天主教，胜过为成千上万的农民洗礼。令这样的儒学大家皈依，需要罕见的才智。通晓汉语及其文理，至关紧要。我们的传教士中不乏学识渊博之人，但更多的则对汉语一窍不通，白白给自己及传播的天主教蒙受羞辱，给传教事业带来无可挽回的损失。想象一下，如果在查令十字街头[③]，有个中国和尚站在华丽的马车顶上，用洋泾浜英语向路人宣讲佛教，效果会如何？我曾亲眼见到，在北京内城的城门[④]外，有个传教士站在一架平板车上，操着一口浓重的阿伯丁[⑤]口音，用蹩脚的汉语向围观的人群慷慨陈词，听得那群黄皮肤的人们哈欠连连。耶稣会传教士就要明智得多了。

---

　　① 原文如此。徐光启应为利玛窦的朋友。

　　② 应为徐光启的孙女。

　　③ 查令十字（Charing Cross）是位于伦敦西敏市中的一个地区，向来以书店街而闻名。

　　④ 此处应指"前门"。

　　⑤ 阿伯丁（Aberdeen）是苏格兰的第三大城市，位于苏格兰东北部。

传教士的洁身自好也常常被用来证明基督教的真实性。我的日记中记录了与此相关的一段话。

一位颇有学问而又可敬的孔先生说："尊敬的先生，饺子的好坏不在于皮上的褶子。人不可貌相，海水不可斗量。表面上，你们传教士确实都很洁身自好，但我们的百姓又何尝不是如此？您看看街坊里的李先生和鲍先生，外表道貌岸然。但是大家都很清楚，李先生是个眠花宿柳之辈（比喻放荡的生活），而鲍先生呢，还是少说为妙。您怎么能保证，那些让您赞誉不已的传教士不是李鲍之流呢？我连亲眼见到的尚存疑虑，何况道听途说之事呢？俗话说，'打落门牙肚里吞'。见不得人的或是倒霉的事，没人愿意抖搂出来。"

中国人非常了解自己的国家。光有品德，没有科学与教育的伟大力量相辅，是不足以劝服儒士们皈依的。

不管怎样，耶稣会的这段传教历史证实了我的观点：将宗教排斥归咎于中国的老百姓并不公正，官员们对天主教势力的畏惧才是促成并助长这股风气的原因。贸易也是如此。所有障碍都来自统治者而非被统治者。

中国人生来就是生意人。生活的乐趣就在于买进卖出、讨价还价。只要生意划算，管他跟谁交易呢！老外或同胞，对他们来说都一样。

鸦片被认为是导致排外的第三个原因。最近成立的一个

皇家委员会 ① 对此问题多有陈述，在此就不赘言了。我只想说，在我认识的吸鸦片的中国人里，有那么几百个吧，三教九流都有，没有一个上了瘾的。他们把鸦片当作预防热病和疟疾最有效的药品，很不愿意失去它。其中既有从事高强度脑力劳动的读书人和官员，也有做高强度体力活的人，就像我在一次去蒙古的旅途中遇到的那个游走四方的小贩。照我看来，鸦片上瘾的说法完全是夸大其词。不可否认，大城市的鸦片馆里有那么几个可怜的家伙，因毫无节制让自己堕落到叫人鄙视的地步。但较之英国小镇上那些可耻的酒徒，中国鸦片鬼的比例其实很小。此外，根据人们暗中观察，鸦片鬼回家不会打老婆。

　　不让中国人获得质量上乘的印度鸦片，只会迫使他们使用本地种植的劣质代用品。就像禁止香槟酒和拉斐特红葡萄酒进口英国，只会让我们那些饕餮之徒与酒鬼沦落到依赖廉价劣质酒的地步。如果鸦片贸易明天就废止，我确信它会立即死灰复燃，只是会由中国人操纵，做些换汤不换药的改动罢了。假如认为我关于鸦片使用的说法是错的，不妨读读莫理循博士的《一个澳大利亚人在中国》，一本很有意思的书。这位杰出的医生自东至西游遍全中国，对鸦片问题作了极详尽的调查。他在书中的陈述来自独立观察。无人比他更有判

---

① 为回应各国对其通过东印度公司秘密进行大量鸦片贸易的指责，1893 年英国政府成立皇家鸦片问题委员会进行调查。

断的机会，没有谁的观点比他的更值得注意。[①]

因此，我的结论是，中国反洋运动兴起的真实原因，既不是传教士的宗教信仰，也不是商人的交易方式，甚至不是过度渲染的鸦片，尽管这些都曾被用来煽风点火。与外国人任何方式的交往都会引起清朝官员无端的恐惧，觉得是对他们的统治及特权的永久威胁。而在他们的特权中，巧取豪夺与残酷无情是最重要的两项。

不过，就算对清朝官员，我们也来说几句公道话。传教士周围经常聚集着一些品行不端的中国人，以获得庇荫。特别是某些罗马天主教士，总是千方百计为教徒争取"治外法权"，强求中国官方让他们享有同外国居民一样的豁免权，因此冒犯清朝官员显然也情有可原。狡猾的罪犯为了躲避杖刑，跑到牧师那里，赌咒发誓说被控罪行完全是借口，真正的原因是自己信仰基督教。而这点是该受到条约保护的。牧师听了，义愤填膺，相信自己教徒所说属实。不信基督徒还能去相信异教徒的指责？于是，牧师急匆匆跑到地方官那里去为自己的教徒争辩。地方官确认那个人有罪，并依法惩处。教士却坚持己见，继而上升到外事交涉，双方均恼羞成怒。横加干涉的传教士与被干涉的清廷命官，如何能和睦相处？更有甚者，有些传教士竟敦促教徒不要听从官方法令，而要

---

① 此处是为罪恶的鸦片贸易辩护，是极其荒谬的。

全力效忠于作为罗马教皇陛下代表的教士们。

与之相反，中国内地会的传教士却从不作这样的要求，因此不致招来仇恨。

基督教各派之间互相猜忌，使得今天的皈依活动，像康熙时期一样，进行得极为艰难。一位受过良好教育的中国绅士，以前曾探究过基督教义，那天就此向我讨教。他问道："我若同一个教士谈起从别的教士那里听来的东西，为什么他会回答我说，'那是错误的，是某某人宣讲的教义，你若是信了，是会下地狱的。'"在他看来，一个基督教派的传教士将同宗的另一个教派贬斥为异教徒，完全违反常理。这确实令人费解，不过与佛教各派相比，并不为过。

50 年代，在中国的欧洲人曾坚信，只要让北京的大门对各国洞开，便会万事大吉，所有弊病都会得到根治。我们应当与皇帝和朝廷保持联系，一定要成功劝服最顽固的清朝官员接受西方文明。或许，整个中国都会成为一个基督教国家。我们在北京已有 40 载了。在这 40 年里，各国公使换了一届又一届，都曾在总理衙门品茶，席间或劝诫，或奉承，或叱责，甚至还恐吓过。结果又如何？

真正需要的，不是我们进驻北京，而是把皇帝及其朝廷各部请出北京去。这并不是我的什么创新理论。我一直认为，不论从何种角度考虑，北京是最不适合做中国首都的地方。早在 30 年前，我在《麦克米兰杂志》(*Macmillan's Magazine*)

上写到 1870 年天津大屠杀时，就曾经说过："这一次，希望我们能以史为鉴，一定要定下具体条件，以确保我们的国民——传教士也好，普通人也好——免受暴乱的迫害，并防止中国成为世界文明与进步的绊脚石。受杂志篇幅所限，我没有提出应该定下什么条件。但我们不得不暗示的是，若条约各国像彼得大帝对待俄国那样，将中国的都城与朝廷自北京迁回南京（15 世纪初以永乐年号统治中国的明太宗，曾将都城自南京移至北京），必会一举摧毁清朝官僚体制的中心、扫除进步的障碍。地方总督的权力将受中央政府控制。一个既能促进中国百姓的民生幸福，又能保证欧洲商人的安全与利润的新纪元，很可能就会自此诞生。最重要的是，欧洲强国的代表，不能像笼中耗子似的被禁锢在北京，而应当以在当地驻军为后盾，不时向清朝政府提出要求。距离会减弱威慑，而东方人看见西方的武力，则会留下深刻印象。"

此后种种事件的发生，并没有影响我在多年之前就形成的看法。只要都城仍在北京，朝廷就不可能了解地方的某些实情。许多地方总督对事实了如指掌，却很少敢向朝廷上奏。想象一下，假如慈禧太后知道自己捅的是怎样一个马蜂窝，她还会去怂恿端亲王 ① 和义和团吗？但这与北京风马牛不相及。

---

① 端亲王载漪（1856—1922），慈禧侄子，光绪堂兄弟，主张用义和团抵抗洋人。八国联军入侵北京后，慈禧将载漪革爵发配新疆。

　　在华各国政府并没有精心策划其外交政策，以提升自己在中国人眼中的地位，那本来应该花大力气去做的。就拿迫害传教士和经常发生的谋杀来说，在德皇夺取胶州 ① 之前，我们一直满足于接受赔款了事。清朝地方官员也就理所当然地认为，死几个传教士，是用钱就能解决的问题。这样的礼物，一则最能博得慈禧及其太监们的欢心，二则也不必自掏腰包，全可以从老百姓那儿搜刮而来。如果哪几个倒霉蛋被砍了头，始作俑者，也就是真正的罪犯，倒可以满不在乎地坐堂审案，从牢房里随便抓一个替罪羊判处死刑，或者乘此机把旧仇报了。中国人在这方面一向很有创新。

　　至于与统治阶层的交往，或是在朝廷中谋取到一定的影响力，在这方面，我们驻京可以说是毫无作用。或许，不仅无用，反倒有害。城中有些地方，污秽不堪的乞丐都可以毫无约束、自由来去，而来自欧洲最高傲国度的公使的出现却被认为污人耳目。这样的状况，会令中国的绅士作何感想？我们在京，从未真正得到接纳，只是被视为一种无法避免的灾难而受到容忍。朝廷接见的机会十分稀少，得到接见，就像是给了天大的面子，实际只不过是一场闹剧而已。有几次还降了规格，公使夫人团觐见慈禧太后即为一例。英国驻京公使在街上被人辱骂、投石块，而无法得到保护或赔偿。与

──────────

　　①　1897 年 11 月 1 日"巨野教案"发生后，德皇威廉二世命令在上海的德国远东舰队司令棣利斯"立即开往胶州，占据该地，并威胁报复，积极行动"。

英国驻京公使的处境相比，李鸿章三年前出访欧洲得到的礼遇，简直是天壤之别。那个精明狡诈的老家伙，看到自己像王公贵族一样被娇宠奉承，一定在掩袖而笑呢！而不知就里的中国人，上至慈禧和那可怜的被夺去实权的光绪帝，下至天桥上最低贱的乞丐，会因此得出什么样的结论？事实一清二楚，那就是，天子是世界的统治者，而他国的帝王都不过是些诸侯，在玉阶之下朝拜。

北京对各国使臣像是施加了一种邪恶的魔力，把他们都蛊惑住了。有些人对其文化和历史传统佩服得五体投地，另一些人把这座伟大的城市及其统治者看作一种巨大的"古董"。人们认知的偏差，都源自盲目乐观。如果真有人试图让清朝官员具备治国之才，结果一定是很不成功。他们依然像从前一样，落后守旧、顽固不化。类似李鸿章之流，偶尔会耍点小聪明，蒙蔽一下洋人，仅此而已。除非有一场翻天覆地的变革，欧洲对华外交将继续流产。而完成变革最根本的前提，就是将朝廷搬出保守势力的中心，真正接触欧洲文明，了解西方强国的物质基础。欧洲对莫斯科素有成见，以致莫斯科成为彼得大帝的障碍。几个世纪以来，"公家"① 都葬在京都，成为日本维新派的绊脚石。日、俄两国均迁移了首都。这两起就是迁都策略很好的先例。

---

① "公家"是日本历史上为朝廷工作的贵族、官人的统称。

尽管众亲王及当权者频频抗议，瓜分中国这头巨兽的行动即将开始。为征服非洲而发明的外交辞令，诸如"势力范围"和"腹地"，在三四年前被应用于名义上还是友好邻邦的中国身上，下文如何就不难预料了。最近三个月发生的一连串事件加速了事情的进程。德国公使遇害，对一个大国来说是极大的差辱，必会促其采取报复行动。若德国有意占领山东，繁荣其殖民经济，将使山东成为华中地区与俄国之间的缓冲地带。而俄国实际早已占领满洲，并觊觎直隶多年。不管怎样，就算俄国将直隶与北京一同吞并，也没有什么值得特别惋惜的。别的不说，俄国在雅克萨人中发展了一批笃信东正教的教徒（第二十一封信对此有简略描述），在传教方面，没有一个国家或教派比他们更有经验。我认为，在北京的俄国人，或许是基督徒，远比在北京的中国人来得好，因为他们一定是异教徒。若德国反对别国在山东继续扩张的话，我们也没有什么损失。若法国意图更改其大亚洲地区殖民地的边界，我们为何要干涉呢？恢复缅甸殖民地，使长江地区可以自由贸易，对英国来说已经足够了。

至于像某些作者嚷嚷的那样，让中国改朝换代，那是不可能的，因为还没有一支中国人的力量可以取代清朝。现在改朝换代，只会造成前所未有的混乱。

若皇帝能够摆脱慈禧太后及其太监的压制，不受端亲王载漪及其他满手血腥的满洲达贵的羁绊，得到开明的朝廷大臣拥护，接纳有识之士的建议，是能够把一个泱泱大国治理得国泰民安的。将都城迁出北京，不必进行任何破坏，像某些人建议的那样毁坏皇陵，也能让中国汲取必不可少的教训，而 1860 年那场荒唐的报复性劫掠①，根本没有达到预期的效果。第二次占领北京之后，再也听不到所谓藩国诸侯向天子进贡这种事了。

对中国人来说，迁都这个概念本身并不陌生，也不反感。显然，慈禧太后也曾动过这个念头。她的选择自然是西安府。周朝（公元前 1122—781 年）都城镐京，秦朝（公元前 249—200 年）都城咸阳，隋朝（582—904 年）②都城长安，皆在西安附近。不过，在慈禧眼中，迁都至此，最大的好处莫过于交通闭塞，远离洋鬼子的骚扰。果真如此，西安府必将成为第二个北京，而且更糟，教化清廷的全部希望必将荡然无存。

我在 6 月 22 日的《泰晤士报》上发表了一封信，再次提倡将清政府迁都南京，认为这样的变动将会受到成千上万中国百姓的热烈欢迎。那封陈述我的观点的信发表之后，没过几天，即得到极大的肯定。一封来自横滨的电报称：旅居日本的中国有识之士已经向各国呈递请愿书，敦促其利用解决

---

① 应指英法联军于清咸丰十年（1860）第一次火烧圆明园。
② 根据中华书局《中国历史纪年表》，周朝（公元前 1027—前 771），秦朝（公元前 221—前 207），隋朝（581—618）。

当前纠纷的机会，坚持要清廷把都城从北京迁到南京。这些人皆受过高等教育、受人尊敬，且有一流的经商才能。他们很清楚自己在说什么。他们知道，建新都是催生新政的一剂灵丹妙药，会因此剥夺掌握在腐朽的朝廷手中的权力，会像日光一样令紫禁城里的蝙蝠与猫头鹰奄奄一息。秘密团伙将失去主要支柱。在智慧清明的新政府控制之下，各地总督及其所有下属官僚，再也无法巧取豪夺、榨取民脂民膏、迫害百姓、破坏商业，给文明进步设置难以跨越的障碍。

　　最近（1900 年 7 月 30 日）出版的《蓝皮书》[①]是官方对北京惨案[②]历史的首度记载，读来真的让人心情沉重！不过，在这惨痛的记录中也有亮点可寻。我国外交部在所有谈判中的态度颇值得褒奖。尽管索尔兹伯里勋爵[③]意图挽救局势的努力遭到各国因妒而生的冷嘲热讽，他还是坚持自己的立场，运用高明的手段，不给将来留下后患。日本将提供军队，但不能是空头支票，也不能助长其不切实际的野心，更不能寄予过多希望。如果让日本的野心得逞，或许会让我们陷入重重危机。与之相比，前几周发生的惨案，只不过是一场儿戏。索尔兹伯里勋爵大胆承诺提供资金，而大英帝国必将通过他的提议。"女王陛下政府认为，应当严格区分立刻援救各国

---

①　指《英国议会文书》，是英国议会的一种出版物，因封皮是蓝色，故名。
②　作者此处指的是 1900 年 5—6 义和团围攻各国驻京公使馆。
③　索尔兹伯里勋爵（Lord Salisbury，1830—1903），时任英国首相。

公使馆的行动和可能会采用的下一步行动。"没有比这更明确、更令人满意的言辞了。一旦此事得到解决，那些谋略家或许可以策划出一种方案，既不会危害到各国由于这次史无前例的暴行而形成的同仇敌忾的和谐关系，又能引导中国进入一个更为昌明的时代。这样的愿望也许并不为过吧？

除《蓝皮书》之外，报端亦频见有关当今时事的文章。许多作者都熟知中国事务，有独到见解。大多数人认为，先决条件是，废黜罪有应得的慈禧太后，让光绪重掌大权，建立一个由他所支持的革新派组成的政府。对此，我衷心同意。最常见的呼吁是："主谋端亲王必须判处死刑。"当然应该如此。但我们都知道，要烤兔子，首先要逮到兔子。端亲王不会比 1857 年的那那·萨希布①更容易捕获。北京是后宫阴谋与秘密社团的温床，光绪懦弱不堪，留在那里，如何保护得了？他的生命还有多大价值？革新派政府是否能够对势力强大的外省总督发号施令？历史在 10 年、20 年，或 30 年后又会重演，各国使节又会陷入同样危险的境地。处于这样的环境，公使团之神圣不可侵犯性，会成为极其可悲的笑话。

回到以前的状况，极可能悲剧重演。我们已让中国人习惯了这种残缺而无效的结局。在与我们的交往过程中，中国人期待我们节制，但又像所有的亚洲人一样，把我们的节制

---

① 那那·萨希布（Nana Sahib，约 1825—？），1857 年印度民族大起义领导人之一。1859 年失败后退入尼泊尔丛林，下落不明。

看作是惧怕，因此加以鄙视。1860 年那场征服毫无意义。事后，一切照旧。这令他们难以理解。李鸿章对拨哪根弦是最清楚不过的。他甜言蜜语地劝说我们放弃报复，让"百姓感恩戴德"，要我们确信，他能贯彻那仁慈的想法，使我们的宽宏大量得到好报。1860 年和 1870 年的错误，导致了今日的处境。希望 1900 年不会催生出比今日更不利的事件。

以下书籍对想要研究远东政治的读者必会大有裨益：吉尔乐先生 ① 的《远东问题》、柯乐洪先生 ② 的《由陆路去中国》，及他最近出版的《中英政策的问题》。

在此，我特别感谢《泰晤士报》允许我在本书中重印他们收藏的珍贵的北京地图。

---

① 吉尔乐（Sir Ignatius Valentine Chirol，1852—1929），又名稽洛尔。英国记者、多产作家、历史学家和外交官。著有《远东问题》《东方各国随笔》等。

② 柯乐洪（Archibald Ross Colquhoun，1848—1914），英国人，又名葛洪、高奋云。著有《通过华南边疆从广州到曼德勒旅行记事》《在掸人当中》《转变中的中国》《由陆路去中国》《中英政策的问题》等。

一 繁荣的港粤省城

1865 年 4 月 23 日，于香港。

海上的生活，对喜爱者来说，也许是种享受。但假如乘坐"半岛及东方航运公司"①的轮船，在海上漂泊一个半月，抵达旅程终点时，不会由衷地道声"谢天谢地"的人，恐怕为数不多。日复一日的单调生活，使人身心疲惫。

然而，常言道："日长疲身心，终究鸣晚钟。"即便是遥远的香港，也终于抵达了。

早餐后，匆匆上了甲板，一睹这个炎日之下的褐色岛屿。可惜整个岛笼罩在浓雾之中，看得见的并不多。尽管如此，大家依然十分兴奋与激动。经过漫长单调的海上生活，弃舟登陆竟然成了一种奢侈与幸福，心中不禁怀着对人类的仁爱，逐一向同船乘客亲切道别。

---

① 英国老牌航运公司。

不久，轮船进了港，这个小小的殖民地就在眼前展现开来。香港坐落在荒芜峻峭的山岭脚下，与对岸大陆的景色般配。

许多船只，竞相揽客。说句玩笑话，船上只有半个船员，因为划船的都是女人，常常还斜背着孩子，大声喊着："要船么？""要大船么？"

这些中国女船员，真的让人大开眼界。她们身强体健，刻苦耐劳，被太阳晒得黝黑，看上去就像男人。至少，我看到有个女人，把两三个棒小伙子打得东倒西歪。那是场可谓名副其实的恶斗。那些小伙子毫不手软，而她则叫着、骂着，把他们痛打了一顿。这种打法，会把比灵斯盖特^①的人吓得噤声失语。

那种船似乎承载了整个家庭，甚至包括幼儿室。幼小的男孩，身上绑着浮子或是空瓶，一旦失足掉到水里，可以让他们漂浮在水面上。而女孩则被当作没有价值的东西，没有救生器材保护，听天由命。

我们的船刚抛锚，各大商行的船只就靠拢过来，每个舵手或许都想打听最新消息，或是欢迎朋友。乘客一个一个走了。只要手持一封递交某位中国商业大亨的信函，就可期待豪华的住处，热情的接待。世界上没有其他地方可以比得上香港人的待客之道。

---

① 伦敦最古老的鱼市场，位于伦敦泰晤士河北岸，伦敦大桥与塔桥之间，于 1982 年关闭。

香港的房屋，大而通风。房间高挑宽敞，家具不多，为的是尽可能透气和阴凉。房间开向大阳台。阳台上挂着绿色蒲席，遮挡阳光。房间里摆着极其舒适的竹躺椅，伸出两边的扶手，邀请人们躺下打个盹儿，度过闷热的下午；或者坐下来抽支方头雪茄，喝上几口清凉饮料，慵慵懒懒地打发时光。

地板上铺着洁净的蒲席，主要房间里摆设了各色瓷瓶和古玩。男仆穿着蓝色的衣衫，迈着鼠步，悄无声息，或是进屋听令，或是用古怪的洋泾浜英语传递口信。这一切，给所有的东西都打上了奇特的烙印，让人耳目一新。一切东西都透露出安详、宁静。

这些屋子看起来像是懒神的城堡。然而，正是在这些似乎安宁与悠闲的屋子里，大脑在忙碌地运转，终日不停，计算物价的涨涨跌跌，观望日进斗金的机会。

过去，鸦片买卖属于非法。因此，在非法走私的高潮，相互竞争的商行都拥有快船，你追我赶，从孟买和加尔各答驶来。最先到的船会隐匿在湾口外，遣人上岸，翻山越岭，携来至关紧要的情报。有人付了钱后，才会出示情报。香港商人的生活必定是充满无法言传的刺激。

如今，人们通过邮政收信，鸦片买卖也合法了，不再需要以往那种发令冲刺行为。不过，茶叶投机买卖，价值上百万，若是赚、赔个百分之四十、五十，还是会让大多数人心跳不已的。

当前，英国对华贸易十分糟糕。茶叶投机，损失了大笔银两。几家大商行，受损严重，尚有充足资金支撑，还承受得住打击。然而，小一些的商行，没有同样的适应能力，倒闭了。到处是破产的消息，或是有关破产的谣传。唯一没有遭受损失的，是那些先知先觉的人。他们袖起手来，以无为应万变，静候佳期。

或许，香港是世界上最怪诞的市场，非驴非马，不伦不类。政府与要员都是英国的，大众是中国人，警察来自印度，语言是掺杂广东话的蹩脚英语，货币用的是墨西哥元，就像在色拉里倒上油和醋的大杂烩。

欧洲人仇视中国人，而后者加倍偿还。街上，中国人、印度警察、马来人、波斯人，混血儿与欧洲人、海陆军军官、水手、士兵，以及各种游手好闲的人，挤来挤去。

君士坦丁堡①、士麦那②，以及开罗的人群，更为生动别致，形形色色。但是，香港街上的生活则更为怪诞。

香港的出租车是种绿色的轿子③，前面敞开，顶上有盖，人朝前坐，两脚伸得比头还高。两个苦力，肩部肌肉发达，剃着光头，留着长辫，头戴雨伞般的大帽子，抬着轿子一路小跑。

街角巷口，有许多这样的人待雇。他们的收费固定，一

---

① 伊斯坦布尔的旧称，土耳其港口城市。
② 又称伊兹密尔，土耳其港口城市。
③ 那时，还没有发明黄包车。——作者原注

毛钱一趟。这些苦力使用竹制扁担，两头挑起的重量，着实让人吃惊。曾经见过土耳其搬运工，不堪重压，几乎弯下腰来。那种重量，伦敦的铁路搬运工没有一个会正眼瞧一下。看到中国人二话不说，挑起就走，自己的肩膀不禁感到酸痛。中国人不扶扁担，不用肩垫，就像从前英国乡下小镇抬老太太出去喝茶嚼舌头的轿夫。不过，这些竹制扁担两头固定，人们只需放到肩上，便可摇摇摆摆地起步。

社会底层的男男女女，在我们眼中，自然是不大顺眼，一脸流氓相。假若所有的传闻都属实，倒是与他们的性格相符。不过，偶尔也会遇到一个颇为标致的，或许是广东人，体态婀娜。海边驻军城镇的人们，通常都不会崇拜圣安东尼①的。

男人脑后编织的长辫，未及脚后跟之前，还得用绸带弥补长度。初来乍到者一直啧啧称奇，叹为观止。但是流行的剃头方式只有一种，东留一簇，西留一簇，像是鹅梅上的须毛，滑稽可笑。

中国人对辫子十分在意，一滴雨下到脑后的头发上，也会大惊小怪，比猫弄湿了皮毛还恐慌。剪发被看成是极端的侮辱。"半岛及东方航运公司"船上的中国水手，无法控制自己的手，到货舱中偷鸦片。抓住后，会被人用他们自己的辫子绑在绞盘上，鞭笞一顿。在这种情况下，辫子既是装饰

---

① 圣安东尼是第三至第四世纪最出名的沙漠隐士。

品，又成了有用的器具。

剃头匠干的是个轻快的行当，不只局限于剃发、修面、编辫子，还有精巧的工具，用来为客人洗眼睛、掏耳朵。后果是，客人的耳膜往往受损，不幸的还得了慢性耳聋。

在这个岛上，欧洲人与中国人居住的城区，对比极为显著。欧洲人住的城区里，房屋面积大，用灰石板色的砖与精细的花岗岩砌成。有些房屋还在建造，其中有几幢像是真正的宫殿。相形之下，在中国人的城区，房屋低矮简陋，通常都是两层。楼下开店，出售各种货物，还挂着奇特的长长的字幅和招贴。二楼伸出一楼之外，用木柱支撑，形成遮风避雨的走道。一家人都住在二楼。奇丑无比的老妇（中国的老妇比其他各地的更难看）和神经兮兮的黄色小孩，从他们的小屋里，偷窥过路的行人。临近夜晚，人们点上纸灯笼，关门打烊，不像我们那样关门关窗，而是用一种竹竿串起来的门，一眼就可以看到室内。中国人的房子，看上去离奇古怪。

外城名声很差，挤满声名狼藉的商号，以及贩卖掺水烈酒的低级店铺，来光顾的大都是海员。街上的苦力，看上去是最凶狠的一群暴徒。如果独自一人，又没有携带枪械，在偏僻的小路上碰到这种人，一定不是什么愉快的事。

确实，在这个殖民地，尽管驻扎着军队，生命与财产并没有得到应有的安全保障。不久之前，一位绅士于光天化日之下，在市中心遭到抢劫，被打倒在地。没有左轮手枪提供的道德影响，胆敢独自在山上走，那是绝对的危险。

有些中国人偷盗很有一套，甚至敢偷到兵营。他们进入军官住宅区，在某个贪睡的勇士鼻子底下烧上一点鸦片，一眨眼，就把屋里的手表、项链、现金及其他值钱的东西，一洗而空。不过，有时他们也会被捉住。几天前的一个夜晚，有个年轻的军官，动作比一个手指灵巧的梁上君子更快，在那人即将离开之际，把他逮了个正着。那个梁上君子被好好地教训了一顿。军官们打累了之后，满怀恶意地把他交给因酗酒而被关禁闭的士兵们。他那一晚是怎么度过的，可想而知。

据说，印度人可以抢劫一个在街上睡觉的人，而不会惊醒他。但我觉得，在主人的鼻子底下，还有警察的监视，能把一个大仓库洗劫一空，那才叫绝呢。事情是这样的。有个货栈，里面堆满值钱的货物，被人盯上了。一个晴朗的日子，几个苦力跟着一个"买办"① 进了货栈，一本正经地动手清仓，而那个冒充的买办，一副公事公办的样子，不停地做着笔记。那些大包被抬到码头，装上小船运走了。每个苦力看上去都差不多，难怪警察站在那里，还以为一切正常。如此胆大妄为的抢劫，使得那位警察毫不起疑。等到察觉被盗，货物、苦力以及那个买办都无处可寻了。主人看着空空如也的货栈，徒然悲叹。

---

① 工头、监工、管理员，或是总管。——作者原注

一个人初来乍到，要学习一种新的方言，确实不易。何况这种方言，比辽阔的萨默塞特郡^①更稀奇古怪，比丁尼生^②的《北部农夫》^③更晦涩难懂。这就是广东式英语，或称为洋泾浜英语。

"洋泾浜"的产生是为了进行贸易。不难看出，这是一个讹用词，是方言和标准语的混合语。它被发明出来的目的，是与当地人进行交易。如果对中国人说个纯粹的英语单词，他会茫然地望着你，不知所云。但只要把这个单词扭曲一下，加一两个音节，放在错误的位置上，简而言之，使那个单词变得面目全非，无法得知词根，那样的话，他就能立刻明白你的意思。把几个中文的单词、葡萄牙文的单词，以及来自其他晦涩词源的几个词，跟这种扭曲的英语混合起来，就形成了一种行话。它用的是中文的句法结构。刚开始接触这种洋泾浜时，人们会困惑不解。

这里有个例子。应当先告诉您，在洋泾浜里，bull（公牛）是"公的"，cow（母牛）是"母的"。有位英国绅士从上海来，去拜访香港一位朋友。中国男仆领班打开门，英国

① 萨默塞特是英国 34 个非都市郡之一，实际管辖 5 个非都市区，占地 3451 平方公里，人口有 518700；如视为 48 个名誉郡之一，占地增至 4171 平方公里，人口增至 895700。

② 阿尔弗雷德·丁尼生（Alfred Tennyson，1809—1892），英国 19 世纪著名诗人，代表作为《尤利西斯》。

③ 《北部农夫》（*The Northern Farmer*）是丁尼生方言研究的杰作。

绅士问道："太太得了？"男仆回答说："得了。但现在不能见。"英国绅士又问："为什么不能见？"男仆咧嘴笑道："昨晚得了一个'公牛'崽！"意思是，这家的女主人昨晚顺产，生了个胖嘟嘟的男孩。有时，男仆会在这个单词上加个音节，在那个单词上漏掉个音节。这些都跟主人或是女主人从事的职业有着明显的关联，不禁让人想起加瓦尔尼①的《可怕的儿童》②。苦力和家仆使用这种混合的语言不足为奇。不过，豪门富商家的管家，没有掌握更为规范一些的英语，就实在有点奇怪了。

在香港的生活，过得相当愉快。居民非常富裕，花起钱来就像王子。他们也十分好客，各家的门总是敞开着，这已经成了规矩。对于海军或是陆军军人，哪里去找比这里更好的驻地？

香港的气候跟以前大不相同，变得十分有利于健康。假如真的病了，可以北上北京，或者去日本，附近还有十几个地方可供选择。

一年中的这个季节，人们的日常生活通常是：早上6点，仆人叫醒你，奉上一杯茶。起来后，洗个澡，然后看看书报，或者写点东西。12点吃早餐（当然，商人得10点钟或更早

---

① 加瓦尔尼（Sulpice Guillaume Chevalier，1801—1866），法国画家。
② 《可怕的儿童》是加瓦尔尼的漫画作品，夸张地反映家庭生活中的怪异现象。

些去上班）。名为早餐，其实就是一顿正餐，上几道菜，还有香槟或者红葡萄酒。谁想来都可以，一定会受到热情欢迎，还可能被邀请再来共进晚餐。喝完咖啡和红酒后，一天的事务工作开始了，一直持续到下午5点左右。然后各自出去骑骑马、兜兜风、散散步。7点钟，人们到俱乐部喝雪莉酒、苦啤酒，聊聊天，谈谈八卦。俱乐部有一流的设施，陌生人可以作为客人接纳。假如愿意，还可以在俱乐部过夜。8点钟，晚餐开始。人们对晚餐非常认真，因为香港讲究吃喝，对佳酿情有独钟。

这条规定，不只适用于商行老板，因为职员的吃住标准跟他们完全一样。一个小职员，在伦敦时，去家小饭馆，花一个先令①吃顿晚餐，就心满意足了。但是在香港，他坐下来吃的晚餐，足以款待一位公爵，还要摆出一副鉴赏家的样子，对席上的香槟和红酒品头论足。他每年都要从口袋里拨弄出个三四百英镑，花在日常的娱乐消遣上。这一现象，显示出普通人的生活方式胜于拉丁或希腊式的文雅。

香港虽然几乎没有树木，与新加坡和槟城②形成鲜明对照，但骑马、开车，都十分舒服。另一方面，内地与香港的山脉都十分陡峭，轮廓分明，常常云雾缭绕，使人想起苏格兰和爱尔兰。巨石上长出各种赏心悦目的蕨类植物，郁郁葱

---

① 先令：原英国货币单位，值二十分之一英镑。
② 槟城：马来西亚城市。

葱，已分类的有 52 种。海湾中散布着贫瘠的荒岛。

香港与内地之间仅隔着三里宽的海面，东面是风景如画的九龙半岛。跑马地的赛马场，位置绝佳，三面环山，一面靠近海湾，抬头可见司各特[①]或许描述过的蓝色幽谷。山坡上是墓地，政府大楼附近种植了一些树木，最为醒目的是优雅的竹子。但受当地居民影响最多的是香港的西南部。

大约 13 里外，有个地方叫薄扶林，一些有钱的商人在那里建了有游廊的平房。夏天，在办公室里闷了一天后，下午他们常常会去那里，让清新的海风清洗一下被茶叶、鸦片、丝绸、涨价跌价搅成一团的脑子。晴朗的夜晚，在这些花园里散步，是一种享受。后面是 500 多米高的巨石构成的山峰，四周开放着芳香的热带花卉，色彩斑斓而奇特的昆虫和美丽的蝴蝶，在花丛中飞舞。前面，视野越过壮丽的大海，波浪丛中的小岛，众多的当地船只，一直延伸到对岸大陆的山岭。虽然眼前是一片太平的景象，但人们会做好准备，应对随时可能出现的海盗行踪。

离开中国南方前，很想看看广州。于是，4 月 28 日，我与朋友一起搭乘定期往返香港与广州之间的大汽轮。这种大汽轮本身就十分有趣。船舱被分隔成不同的区，分别给欧洲人、波斯人以及当地穷人使用。中国上流社会的家庭坐在没

---

① 司各特（Walter Scott，1771—1832），英国 19 世纪著名历史小说家和诗人。

有门的包厢里。知道这种汽轮有多大吗？三个星期前，时逢节假日，"金山"号载了 2063 个中国人去广东上坟。美国的汽船（我们搭乘的就是美国的发明），都极为注重速度，二百六七十里水路，花了不到 6 个小时。

出游的那天上午，阳光明媚。香港湾位置极佳，空中朵朵白云，向周围的山峦投下宜人的阴影。海面风平浪静，宛如清澈见底的湖泊。我们坐在矗立在前甲板像座大楼似的头等舱里，享受每一缕清风，欣赏着人间美景。起初，河岸就像香港一样，荒凉、贫瘠、多山。但再远处，可以看到开垦的迹象。大蕉和碧绿的水稻，在沼泽地里长得郁郁葱葱。竹子紧挨着水边茂密地生长。山岭低矮，看上去不像未开垦过，那里果实累累。

我们把贸易强加在极不情愿的中国人头上，为此而摧毁的要塞，不计其数的船只舢板，以及东一座西一座各层探出野草的宝塔，这一切显示，我们已接近了一个城镇。

经过 4 个半小时，我们抵达了黄埔。那是个悲惨的地方。居民就像其他地方一样，看上去肮脏而堕落。当地的生意，似乎只有几座石灰窑、几家大豆或者番茄加工厂，以及几个用来清除附在船底的贝壳和海底污物的干船坞。从今以后，我会一直把大豆看作黄埔污垢的主要因素。

广州本身也不怎么干净，腥臭的珠江怎能清洗它的面容？来人若期望看到一个码头众多、建筑豪华的城市，一定会大失所望。各式各样的小木屋，低矮肮脏，杂乱无章，拥挤不堪，几乎一直盖到水里。似乎这还嫌不够，大街小巷和船屋区，到处挤满了人，或许还有其他生物。河里停泊着许多舢板，都装备着枪炮自卫。假如机会来了，也可以进行攻击。这些船，样子奇特古怪，巨大的船头造得像海洋怪兽的头颅，两边都画着一只大眼。中国人把他们的船当作会思考的生灵。他们相信："没有眼就看不见，看不见就走不了。"这种想法，令人无言以对。甚至"金山"号也遵循着这种思路，每个明轮上都画着一个眼睛。

广州河上的景象，如同香港一样，最为显眼的，就是众多女人操纵的小船。母亲居中划桨，小姑在船头划，奶奶在船尾划。我确信，围绕在汽轮旁的黄种女人，总有好几百。相形之下，动物园的鹦鹉房要安静得多。艰苦的工作，用力划桨，使得她们的肺发达得像气囊一样。她们都自称是老主顾，凭此拉客。"我的船客，我的船客，好久没见你到中国来了。"然而，我们有自己的船，所以耐着性子清出一条路，上了岸。

对珠江的描写，假如不提到远近闻名的"花船"，则不会完整。"花船"是体型巨大的驳船，停泊在河边，船身上装饰着各种不值钱的镀金的纸灯笼，以及中国的能工巧匠所发明的奇奇怪怪的装饰品。这些花船就是维纳斯的殿堂。船主大都是身材矮小、皮肤焦黄、相貌丑陋的女人，穿着色泽暗淡的服装，扁平的黄脸上抹着桃红，比涂在欧洲人脸上更为难看。不过，也有几个姿色不错。她们的手脚都很美（脚被人为地弄成畸形的不在此列）。可以这么说，这是所有中国人唯一的天赋美。一旁伺候的男仆，个个双手洁净，纤细修长。对此，欧洲女士也大都会羡慕不已。他们不必在大拇指上缠餐巾，也不需戴白色棉质手套。他们的纤指玉甲，让人赏心悦目。晚上，灯笼点起，俗气的装饰不再那么令人恶心。花船显得华丽，成为广州一景。这个行业并不被人看不起，不至于使船上的姑娘以后无法风风光光地嫁人。至少人们是这么说的。

有幢空房子可供我们使用。于是，我们便带了一个仆人、一个苦力和一位当地厨师，住了进去。在这里，享受到了平生最丰盛的晚餐。抵达住宅时，发现管门小厮不在，回家上坟去了。在中国，清明上坟是人人都遵守的习俗。虽然通知过我们要来，管门小厮照去不误。这里说的"小厮"，就像《雾都孤儿》中的用词，也可指年岁已高的老人。

我们是下午3点半到的，房子里没有半点燃料，也无炉灶。尽管如此，到了8点，我们一行4人已围桌坐下，享用晚餐。晚餐内容丰盛，有咖喱浓汤、珠江出名的龙利鱼、三碟凉盘、炖得火候正好的牛脊肉、竹鸡和咖喱对虾。甜点有香蕉、广柑、口感像玫瑰花瓣似的玫瑰苹果，以及荔枝果脯。所有一切都装饰得极有品位，鲜花点缀，香气扑鼻。我们带了酒来。总体来说，从未吃过比这更好的晚餐。若是英国的仆人，来到伦敦的一幢空屋，能做出这样的晚餐吗？中国人学会我们的烹调方式后，就成为世界上最棒的厨师。烹调艺术，需要有一双灵巧的手和丰富的想象力，而并不要求了解事物之间的关系，因此适合他们才能的发挥。

我担心，向您介绍广州，无法尽善尽美，因为要介绍的内容太多，非一封信可以道尽。不论是莎拉^①先生，还是其他自称为文学鉴赏家的人，至少得用整整一个篇章，方能在臭气熏天的环境里，写得大致圆满。

广州的街道十分狭窄，三人或可并肩而行，或许还可塞进一个纤瘦的小孩。街道两旁，店铺矮小，还挂满灯笼，以及五颜六色状似旗帜的垂直条幅，看上去就像童话剧中一支肃穆行走的队伍，被小丑的魔杖一点，变成了街景和广告。

街道本就狭窄，然而，只要有一尺之地，就有小贩设摊，兜售各种物品，有肉、鱼、水果、甘蔗、糖果，以及只能称之为廉价品的东西。世界上肤色最黄的人群，慌慌张张地穿梭而过，每个人都显得忙忙碌碌，行色匆匆。苦力挑着各种货物，有整担的柴火，也有满箩的韭菜。行人需眼观六路，避开扁担。拐角处，转出一顶轿子，抬着一个中国达官贵人。他就像法国女人喜爱的那样，在轿上懒洋洋地打着盹儿。轿后跟着五六个头戴红缨白帽的警卫。一个小脚妇人，迈着抖

---

① 莎拉（George Augustus Henry Sala, 1828—1895），英国记者，以文笔华丽夸张著名。

抖索索的双腿让路，差点儿被撞倒。

若是有块空地，就有江湖郎中或者算命先生在那，让病人张开嘴探望，就像马夫查看马的牙口。不然，就是用一把扇子神神秘秘地敲着脑袋，看得一小群旁观者目瞪口呆。

难得见到一两条狗。这些小东西，机警得很，似乎知道不可走散，否则可能上了屠夫的砧板。其他动物，概莫能见。

在这里，负荷重担的生物是人，见不到拖拉东西的牲口。马车、平板车，或是小贩的独轮车，根本无法穿过这样狭窄的街道。

街上的忙碌程度，令人惊讶。木匠、皮匠、铁匠、雕刻工，简而言之，各行各业的技工，都在为生计操劳，没有空闲的人。

屠夫忙着分割好肉差肉。鱼贩子忙着刮鳞剖肚，掏出内脏，小心地搁在一边。不论是好肉、差肉，还是内脏、肠子，都会有买主。（我看到一条可爱的松狮幼犬，像是条褐色绒毛犬，正被人送去屠宰，差一点儿把它买下放生。）燕窝、禾花雀、中国莺①，各种山珍海味，应有尽有。紧挨着的，有各种令人反胃的东西，诸如老鼠、小鹿等。

蔬菜水果店铺最有吸引力，至少那里不会摆出令人望而生厌的东西。广柑、苹果、荔枝以及蔬菜，按十分新奇的条块摆设。香蕉、韭葱、莴苣和其他绿叶蔬菜，用绳子扎起，

---

① 原文是 "the beccafichil of China"。beccafico 是一种莺科鸣鸟，在意大利被视为美食。这里可能指黄莺或柳莺。

从天花板上垂挂下来。每样蔬果都摆得恰到好处。

竞争相当激烈。人们竭尽全力，还是难以维持生计。广州的内城与外城，以及郊区，居民众多，还有成千上万在船上出生、过活、老死的人。船民没有土地，只有死后才能得到两米长、一米宽的公用葬地。珠江两岸，总共大约有150万居民。其中，欧洲人不足100。

英国人回到广州之前，香港的中国人死要面子，总是对人说，1856年的炮轰并没有对广州造成多大损坏。若有人问起叶府①衙门是否受损，回答总是："没什么，我老公听说只打碎了些锅碗瓢盆，就这些。"但事实是，广州城至今仍可见受惩罚留下的痕迹：大火焚毁了成片的房屋街道，叶府衙门被夷为平地。法国人吞并了那块地，正在它的原址上建造大教堂和耶稣会学院。

尽管炮轰给广州造成严重破坏，但还是有许多值得一看的地方。总督府以及其他主要政府部门，依然矗立。我只看到这些宫殿式建筑的外部。这些建筑看上去都差不多，没什么区别。大门呈拱形，两旁墙壁上各画了个巨大的武士。大门正对着一堵空墙，墙上勾画出某种传说中的怪物的轮廓。这种墙好像是用来张贴告示的。门口摆设着大理石雕成的麒麟和怪兽，院内到处是官员和随扈。屋顶设计，千姿百态。

---

① 叶名琛（1807—1859），1857年12月英法联军进攻广州时任两广总督，城破被俘。

本人对它们的风格并不比读者更了解。此外，后面的书信也许会有机会谈及中国官府的内部设计，这里暂不赘论。

我们去看了"地藏王庙"和闻名遐迩的"五百罗汉堂"①。

地藏王庙里有众多中国天才发明的刑器，用来折磨犯奸作科之人。守护在大门两边的，是两尊高大的神像，赤面獠牙，肥得出奇。一张张纸条，有的上面书写着文字，更多的则是白纸一张，被虔诚的人们当作祭品，贴在神像上。这是中国人对死者和神灵表示尊敬的方式。

大门内，有个宽敞的院落，人头攒动。院内，四周摆着小桌子。算命先生，有的年纪尚轻，有的业已年迈，颌下几缕山羊胡须，鼻梁上架着厚如龟甲的眼镜，像法官那样，正襟危坐，挥毫写字。

竹子围栏里，展示着受刑的假人，场景恐怖，庙名即来源于此。穿过庭院，就是神殿。从神殿出来后，脑子一片混沌，只记得那里光线阴暗，有金箔、假花、纸条等。

五百罗汉堂要有趣得多。入口处，像地藏王庙一样，有两尊巨大的神像护卫。一尊神像代表安抚，怀中抱着一把曼陀林。贴在这尊神像身上的纸条，许多都剪成曼陀林的形状。

无人引领我们，也无人阻止。我们一路闲逛，穿过粉白洁净、迷宫般的回廊，来到膳房（这座寺庙里有个和尚居住

---

①　即华林寺。由于华林寺没有大雄宝殿，所以五百罗汉堂就成了主殿。

的内庙），看到许多和尚在用午膳。我们到的时候，听到一声悦耳的轻微铃声，只见用膳的和尚都站起身来，齐声背诵一段短短的经文。之后，一位高僧在弟子的引导下，先行离开膳房。这间膳房呈方形，里面摆着几张长桌，一头与回廊相连，由一道低矮的竹栏杆隔开。

高僧一走，其余的和尚立即拿起碗筷，继续用膳。和尚穿的是一套浅灰色长袍，剃光头。但在其他方面，他们的服装与俗人并无差异。

罗汉堂本身是个大厅，五百罗汉分行排列，对面而坐，庄严威仪。所有的罗汉身上都镀了金，身材像真人般大小，假如可以用这样的术语来描述神像的话。五百罗汉，千姿百态，表情迥异，职业不同。有的在弹乐器，面目和蔼。有的显然在宣讲，一副训导的模样。有的在惩戒或者打斗，凶神恶煞一般。有个罗汉骑着麒麟，表演高难度骑术。两只小麒麟在一旁观看，一脸钦佩的神情。每个罗汉看上去都体态丰满，大腹便便。它们的面前都放了只绿色的小瓷盆，积满供奉它们的香灰。

和尚对我们都很客气，无论是在这座寺庙，还是地藏王庙，都没有索讨或是期望得到钱财。若是欧洲人也能以这些异教徒为榜样，不在教堂里收取入场费，那该多好啊。

可想而知，首次访问中国的一座著名的大城市，所见所闻，自然显得神奇。不过，最令人称奇的是，我们可以随意四处游逛，冒昧进出寺庙，东打听西探究，就像黄鼠狼进了养兔场，挤进人堆里而不受骚扰。若在几年前，欧洲人胆敢越出商行一步，轻则会被抢劫、挨砖头，或许还可能遭受酷刑，千刀万剐，丧失生命。

以前，广州一直是对华贸易的总部。现在广州已经安全，居民性情平和。然而，扬子江的开放，为欧洲人与中国内地交易开辟了一个新的渠道，有点可谓造化弄人。

广州的繁荣，有目共睹，令人印象深刻。但这是一种本土的繁荣，自给自足的繁荣，不必依赖欧洲。广州的繁荣显示，中国人说的没错，没有我们，他们可以照样过得很好。

英国的主要商行觉得，在广州的生意不大，雇用代理人更为划算。只需给代理人小小的一个百分点，就可以打理那点生意。就在他们从广州撤出各自的代表之前，英国与当地政府达成一项协议，让我们租用一个小岛。那个小岛名叫"沙面"①，是个泥岛，得花很多钱去填平。那里将成为英国人的住宅区。沙面岛上已经建造了教堂和新的领馆。岛上还有几座平房，属于商人的，空闲着，没人住。但这个地方似乎不可能变得多么重要。商人在此看不到有什么可以吸引他们回来的东西。因此，到目前为止，租用沙面并不成功。

距沙面不远，有个私家园林，是中国商人潘庭官的。潘家园林中，避暑别墅、平台、石阶、吊桥、金鱼池、假山、

---

① 沙面岛曾是英、法两国的租界。

花卉，布置得错落有致，正是绅士淑女饮茶、散步的好去处。园林中的围墙上，镂出一个个门洞，形态新颖，如圆圈、如酒坛、如花瓶。现在正值雨季，潘家园林尚未显露出最佳状态，但已经非常美了。只不过按照我们的观念，园中死水多了一点。培根勋爵在《论花园》一文中写道："喷泉赏心悦目，给人清新的视觉，而水池则破坏景致，滋养蚊蝇、青蛙，致使花园不利于健康。"倘若此论在英国属实，那么搬到东方就更为适宜。中国园林没有花坛之类的东西。植物恣意生长，毫无秩序，缺乏条理，但照料得十分精心。事实上，整个园林维护得十分漂亮，似乎有许多园丁和工匠。中国式的花园，园丁和工匠的作用，极为显要。

您一定想知道一些有关中国的古玩店的事。我去过几家，但发现尽是些毫无价值的东西，还要价奇贵！只要东西好，中国人不在乎价格。古董商人会把最好的东西带到当地行家那里，而把不值钱的东西留在店里，发誓说每件都是老祖宗的古玩，卖给到店里来碰运气的顾客。我花了几个先令买了个小瓶，作为到广州的纪念。但即使我的钱堆积如山，也没有欲望花在那里。

我在广州遇到一位老朋友，那就是英国领事 R 先生。他和蔼可亲，是个很好的导游。R 先生在中国度过了大半辈子，在对华关系的方方面面都是个权威。他的住宅是个风景如画的衙门，花园颇大，值得一逛。白天，我俩大部分时间都在一起度过。晚上，不是在我的住所就是在他那美丽的阿拉丁宫殿共进晚餐。

5月1日，我们回到香港，发现"半岛及东方航运公司"从星期四（5月5日）开始增加一艘汽轮。我于是决定不再等邮件，而直接去上海。这一临时决定，导致我没能去澳门一游。澳门是香港郊游的最佳地点。但此时雨季正盛，没去澳门或许并没有多少损失。无论如何，我都将别离香港的朋友，心中依依不舍。香港的朋友，友善好客，无出其右。

二 待开发的上海

1865 年 5 月 10 日，于上海。

"恒河号"轮船直到 5 日中午才离开香港。

5 月 8 日，星期一。晚上，"恒河号"停靠在扬子江江口的灯标船旁。因为扬子江上航行不易，直到第二天早上才进入上海。

总体来说，这趟航行十分顺利，时间过得很快。广州一同来的 C 君和 R 君，成了旅途伴侣。船长学识渊博，一派绅士风度。他尽力安排，让大家过得舒适。因此，旅途很愉快。

乘客中有位年轻的法国炮兵军官，要去重访 1860 年参与的战役地点。此外，还有一些无法描绘的人，两三个中国家庭，以及一个印度祆教① 徒。当然，中国人另有他们的船舱，肮脏地挤在一起。而那个祆教徒，由于他所信奉的"令人作

---

① 祆教，又称拜火教，由波斯人琐罗亚斯德（Zoroaster）在公元前 1000 年左右创立。

呕的神学",被禁止与我们一起进餐,倒是对大家都方便,因为他绝不是我们愿意结交的同伴。

中国人在旅途中想出的坏点子,以及从他们未关的舱门飘出来的气味,简直令人难以相信。一天,我们正在玩十五子棋,有个中国绅士站到我和那位法国军官身后,显得对这个游戏很感兴趣。每当我们下了一步好棋,他都会惊叹,因为中国人生性好赌。可他太过吵闹,使我们不得不停止下棋,跑上甲板透气。那还是个绅士呢。若是前甲板下的110个苦力乘客都出现在面前,那还不臭气熏天?中国女人倒是从不现身,但常常让她们肮脏的小崽子上甲板玩,看了令人生厌。

且不说中国人有多肮脏,单是他们的外表就让人看了不舒服。男人剃光头,一个星期长出来的头发比下巴上的茬子还难看。辫子睡得蓬松凌乱。说到辫子,上海的男人流行用白丝带加长,而不是黑丝带,看上去还不如黑的。有个男人,用三尺蓝色亚麻绑在辫子上,像只小知更鸟(后来得知,这些白色、蓝色的辫子,是戴孝的标志)。

自香港北上的航行,基本上是沿着海岸。因此,与大海航行相比,没有那么枯燥乏味,一路上都看得见陆地。航线经过不计其数的海岬和岛屿。天气不好的时候,倒是有些危险。海上有许多船只。岩石磊磊的海岛周围,众多的小渔船给大海带来了生气。渔民在忙碌地捕鱼。

船上收不到邮件，也没有古板的官员执勤，所以船长曾停下船，以物易物，把船上的饼干付给渔民，买了许多新鲜的鱼。饼干之于渔民，就像鲜鱼之于我们，都是不同寻常的美味。那是些银色的鲳鱼，活蹦乱跳，鲜美无比。

船穿过岛屿之间一处狭窄的通道。那里风景秀丽，几乎听得到海浪拍打两岸玄武岩的声音。船从下风处超越了一艘大型帆船，很快就把它甩在后面。此处的大海，水色碧绿。可还没等到靠近扬子江口，水就变得浑浊，失去色泽。这是因为大量的黄色污水从扬子江流入大海，颜色像莱茵河水，污秽不堪。

5月9日，星期二。早晨天刚亮，船就开始溯江而上。江两岸，低洼平坦。若不是有几棵树，眼睛看到的就只有污水和平原，多么单调啊！欧洲式的房屋，东一群西一组，还有一两面旗帜，显示那里是租界。11点钟，船穿过迷宫似的航道，抵达上海。

我立即上了岸。听说下个星期五有去天津的机会，自然不可放过。顺便提一下，据我所知，天津与此地的通讯不怎么稳定。所以，假如没有收到我的信，不必替我担心。没有消息就是好消息。

香港得到的好居处和热情款待，似乎一路跟随着我。在这里，我又受到D先生最热情的欢迎。D先生是C君资历较低的同事。到天津，相信也会有此好运。如果在中国遇到的游客和驻扎的军官不曾告诉过我，这种好客哪里都一样，否则对这样的热忱，我一定会有所顾虑的。

关于上海，可以向您介绍一点。这座城市相当丑陋，毫无吸引力。河流污秽，周围一片平地。站在俱乐部的屋顶眺望，每个方向都是一样，土丘没有一座达到故乡盐山 ① 的高度。

就贸易而论，在我访问时，上海一片荒凉。以前曾对您说起过的那次危机，对上海的影响比其他地方更为显著。在我看来，这里的港口似乎够繁忙的，但人们告诉我说，现在的吞吐量还不到以前的三分之一。造成这样的结果原因种种，其中一个是对土地的投机买卖。那场反叛引起的恐慌，使得中国人大量涌入外国租界避难。当时土地价格飙涨，四面抢购一空。现在此地的骚乱已经平息，当地人搬回原来的住所，房地产自然就下跌了。那些来不及脱手的投机分子，资金被套牢，毫无希望。

中国人做事，一是采用联合的形式，与之相反，欧洲人实行竞争制度。这种联合使得"艰难时期"雪上加霜，导致上海经济低迷。简而言之，当今局势，无论在道德方面还是物质方面，均不景气。

我与驻上海领事巴夏礼 ② 爵士作过一席长谈。当年他和

---

① "盐山"（Salt Hill）位于英国伯克郡斯劳市。
② 巴夏礼（Sir Harry Smith Parkes，1825—1885），英国外交官。

洛奇^①在北京沦为阶下囚^②，那时表现出来的勇气，造就了他一世的英名。在中国事务上，他极具权威，为英国驻东方最杰出的一位官员。巴夏礼爵士对我说，以他之见，中国人与欧洲人之间的相互看法，在此地如同全国一样，都还令人满意。当地人已经开始接纳我们，把我们的贸易当作生活中不可或缺的一部分。他形容说，这种关系，如同包办婚姻中的夫妇，双方的脾气基本合拍，分歧很小。

巴夏礼爵士精力充沛，意志坚定，熟知中国的语言、习俗和特质，因此，对当地人颇具影响力。他在各个方面，都十分杰出，即使那些与他见解不同的人，也认为他大有作为。

可以这么说，上海有许多有识之士，并不同意巴夏礼爵士的看法，觉得英国对华贸易尚未打好牢固的基础。他们认为，当地人最初接受我们，十分勉强，这种情绪至今尚存。中国人了解我们的实力，因而总是用公平的、非暴力的方式，试图逐步把我们赶走，恢复他们保守的传统^③。或许，悲观者看事物就是这么悲观，但认同的人众多。

---

① 洛奇伯爵（Henry Brougham Loch，lst Baron Loch，1827—1900）是额尔金（1860 年第二次鸦片战争时的英国谈判代表，全权公使）的私人秘书。

② 1860 年 9 月，英国公使巴夏礼和洛奇前往通县和清廷谈判，被载垣、僧格林沁扣押，和此前被伏击活捉的一队英法联军士兵一起押到北京，监禁了一个多月。清朝皇帝和朝廷以为"擒贼先擒王"，英法联军群龙无首，必定自乱，然后乘机大举进剿，稳操胜券。

③ 提醒一下，这封信写于 1865 年。这里表达的观点，即使在那些最悲观的预言家看来，也是过于泄气。——作者原注

不管怎样，中国人想要赶走我们，并非轻而易举。这里每年能获得近六百万的收入，任何政府都不会拱手奉送。当前，英国人在上海是受欢迎的。太平天国的势力被逐出中国的这个地区，动乱程度急剧下降，其势已无关紧要。也许，中国人出自感激，从过去的好处展望将来的利益，觉得我们还有用处，因此仍然对我们曲意逢迎。一旦我们作用殆尽，中国朋友是否会试图把我们撇在一边，还得拭目以待。

当年阿礼国爵士①主政上海，曾建立了一套市政系统，繁荣时期，行之甚为有效。当然，上海是中国的领土，无法强行让市民接受他所建立的市政系统，即使颁布了，也没有约束力。但他的市政系统符合公众利益，受到当地所有头面人物的支持。现在人们指责这套系统，不足为怪。只有局势好起来，否则由于缺乏资金和力度，这套系统就会分崩离析。倘若真的如此，将会非常遗憾，因为上海需要改善的地方太多，尤其是瓦斯灯照明。时局已经相当糟糕，人们殷切盼望，不久会时来运转。

那天遇到一件很有趣的事，忍不住想要告诉您。R 君的中国男仆来见我，神情局促紧张，拿着自己的辫子拨弄了好一会儿，最后说："我的主人说我太笨，我觉得还是跟你去北京更好。"这个人直率得可爱，虽然不太聪明，但是个很好

---

① 阿礼国（Rutherford Alcock，1807—1897），又译阿利国，英国外交官。1846 年 8 月起任驻上海领事，后曾任驻华公使。

的仆人。我有点动心，想要雇用他。

5 月 11 日。刚去看了"燕子飞"（Yuen-tse-fee）号上的铺位。"燕子飞"号是艘私人汽船，将停靠芝罘。自加勒 [①] 以来，运气一直很好，这次更是获得了一间独用舱房。大约一个星期，就可以抵达北京。明天凌晨 3 点启航，所以今夜就得上船。"燕子飞"号很小，大了就无法驶入海河。若是船起火爆炸，大家都可从四面跳入水中。

大家时刻期望收到邮件，但我却希望能在邮件到达前就可抵达北京。

---

① 加勒（Galle），斯里兰卡的海滨城市。

三　途经芝罘津沽进京

1865 年 5 月 15 日，于渤海湾，"燕子飞"号船上。

离开上海，颇有些伤感，想来您应该能理解。一路走来，这还是第一回独行。上海的同人，虽然新近结识，对我都很好，感觉就像是离别多年的老朋友。

5 月 11 日，星期四。晚上 11 点半，与他们一一告别，因为船凌晨 3 点就要起锚，只好夜宿船上。

码头黑暗朦胧。我只能凭借各条船桅杆上的昏暗灯光，尽力而为，靠一只六桨轻舟辨认航向。简而言之，所有的一切都显得黯淡，令人沮丧，心情就像假期结束回到学校那样。但忧郁又有何益？上船后，我倒头便睡，酣睡如牛，成群结队的蚊子也奈何不了我。第二天醒来，船在港湾中搁浅，动弹不得。昨晚江上起了大雾，船长偏离了航线，撞上了水下浅滩。11 点左右，涨潮使船脱离浅滩，此后，未再出状况。

船上除我之外，只有一位乘客。他是个军需官，正在上京的路上，想到朝廷谋个一官半职。

5月12日，星期五。晚上，天气很糟。起初，顶头风强劲。尽管如此，小小的"燕子飞"号，名副其实，平均时速保持8.5海里。有个中国人告诉我，"燕子飞"，意即"疾步如飞"。

5月14日，星期天。上午，船到了山东半岛。海岬辽阔，轮廓崎岖。虽然雾蒙蒙的，海岸还是清晰可见。岩石磊磊的海岛，使得这片海域危机四伏。绕过"科德角"①，船向西行，经过"赛马"号不幸沉船的地点，下午5点左右抵达芝罘。

芝罘的商业价值确实不大，可说是我所见过的最无可取的一个小镇。镇上只有一条狭窄的长街，两边的房屋为砖石结构，参差不齐。奇特之处是，这些房屋看不出明显的前后。当地居民是怎样进出的，则是个谜。除此之外，镇上还有两三幢欧式房屋，中国海关官员的办事处，几家或多或少匮乏的货栈，以及零落各处用泥浆、海草和竹篾搭建的棚屋。英国领事馆和中国海关办事处楼上的旗帜，成了镇上唯一的装饰。

芝罘位置甚佳，坐落在一排小山脚下。山虽不高，却错落有致，风景如画。从镇上望过去，港湾中停泊的大小船只，颇为壮观。

这里的居民，与南方不同，鞑靼人的特性明显，似乎更

---

① 科德角（Cape Cod），美国马萨诸塞州东南部、向大西洋突出的科德角半岛的顶端。这里应指山东半岛顶端。

为魁梧健壮。那 6 个划船送我上岸的水手，无人能及。不敢说，他们是否有胆量与英国水手并驾齐驱，但他们的短途冲刺能力，确实令人赞叹。

芝罘尽管其貌不扬，其贸易还是吸引了七十几位欧洲人来此定居。假以时日，芝罘有可能成为一个海水浴疗养胜地。

从前，芝罘是个帆船云集的大港，至今仍有众多帆船来来往往。但是，中国的帆船贸易受到外国汽轮的直接冲击。虽然中国人继续制造自己那种笨拙的船只，但也看到租包外国汽船的优越性。

芝罘出口的，主要是豌豆和豆饼，还有一些人造丝。此外，也有小宗的衬衫料子和鸦片进口业务。

5 月 17 日，星期三。大部分时间都花在卸货上，直到下午 5 点才点火启航。此时，突然刮起了强劲的西北风，港湾的开口正好朝着那个方向，种种迹象显示，出港后，我们将面临风暴之夜。然而，劲风又突然停了，取而代之的是大雾。我们避过了海上的颠簸，却几次三番遇险，差点撞上礁石。这样的前景极不乐观。一旦撞上岩石，即使我们生命没有危险，所有的行李可能付诸东流。因此，这一夜过得提心吊胆。

芝罘又上了一位乘客，是个去天津的译员。这位绅士显然人缘很好，一大群朋友前来送行，还举办仪式，喝雪梨酒和白兰地，迟迟不愿离去，大大延误了预定启航的时间。最后，船长不得不下逐客令。

5月18日，星期四。早上，来了一位领航员，引导我们的船进入海河。据他说，来的路上看到一艘沉船，桅杆全没了，显然船上的人都遇难了。他用带钩的船篙伸进船舱探寻，希望能找到有关文件，却发现两三具已经严重腐烂的尸体。估计，那艘船个把月之前出的事。

这里的气温较低，大家深受其害。船舱的温度只有摄氏12度多。我习惯的温度是32至35度，反差甚大。厚衣服在货舱里，只好穿上大衣。希望到天津，气温会高些。

到达海河河口，已是星期四下午。

这里就是著名的大沽要塞。1859年，卜鲁斯爵士①北上签订条约，在此被打败，损失了两艘炮舰，均被击沉。两座炮台分设河口两岸。现在，北岸炮台为法军占领，南岸炮台被英军占领。一个连的步兵就足以卫戍一个炮台。两个炮台的守军都即将撤出。

英军炮台东边一点，依然躺着被击沉的一艘英军炮舰。中国人找到沉船，把舰上的炮拆走了。守卫塘沽的命运，一定十分凄惨。

除了毫无生气的炮台之外，只有几个中国人的泥墙小屋，还有一家旅馆，光顾的主要是领航员。法军甚至与这些都无

---

① 卜鲁斯爵士（Sir Frederick William Adolphus Wright-Bruce，1814—1867），又译布鲁士、卜鲁士、布鲁斯。英国外交官。1857年，其兄长额尔金伯爵被任命为英国谈判全权代表，卜鲁斯作为首席秘书伴随额尔金到中国，与清朝签订了《中英天津条约》。

缘，因为海河流向大海的浑浊溪流将他们隔开。

海河河口两岸，皆是大片的泥地，任凭水流冲刷。景色如此荒芜凄凉，不免令人突发奇想，把野鸟引进此地又会如何？泥垒的炮台，泥筑的房屋，泥泞的田野，泥浆般的河水，一切都是泥的。

上游地段，尽管两岸一样平坦无趣，却不乏绿色植被。树木并不多，但田野郁郁葱葱，园地里种满蔬菜和果树。天津附近被称作中国的菜园子。上市季节，三文钱就可买一个桃子。按照兑换率，一千多文钱才合一块大洋。

船进入海河不久，便遇到麻烦。海河不比伊顿段的泰晤士河宽，却像杜鹃溪①一样曲折。我们几次三番差点搁浅，有一回还真的搁了浅，费了好大周折方才脱离。一组船员上了岸，把绳子拴在岸边一棵大树上，大家一起用力往后推，方才使船浮了起来。上岸的水手，乘机在菜园里偷了一些洋葱和其他蔬菜。河水浅不是唯一的障碍。去天津的路上，与河上众多的帆船多次磕磕碰碰，曾把螺丝撞断过。

到达天津，心情非常激动。今天是赛马节的最后一天，而我又找到寓居在俄国领事馆的同事绍林。自然，我们愿意结伴一起去北京。俄国领事锦上添花，客气地让我留宿。

天津的赛马，确实是种极佳的运动，但与香港或上海相

① 杜鹃溪（Cuckoo Weir）是流经伊顿公学附近的泰晤士河的一段浅浅的回流水，上面架设了伊丽莎白女王大桥。

比，则有所逊色。香港和上海用的是英国良种赛马，如进口的"无金石"（已经作古）和"威廉爵士"。天津赛马用的是蒙古矮种马，是它们主人货真价实的坐骑。尽管如此，它们跑完3英里的赛程只用7分40秒。这些蒙古矮种马骁勇强健，可以一直跑到死。天津的赛马给我带来额外的好运，在当天赛马结束后，我只花了50块大洋就买到一匹好马。

中国观众对与赛马有关的所有事项都太感兴趣了，所以赛道得靠鞭打才能维持。在这方面，当地警察不遗余力。不然，他们担心会宠坏中国人，因为中国人是出了名的淘气。

5月19日。必须承认，我对天津既失望而又有所保留。许多游客把天津说得一无是处，对其肮脏的街道和乞丐般的人群大肆抨击，导致我以为处处都会触目惊心。

天津确实很脏，但并不比中国其他城市更脏。或者可以说，不比欧洲的许多城市脏。去过阳光明媚的南方的游客，谁没有见过衣衫褴褛、浑身虱子脓疮、奇形怪状的人沿街乞讨？但天津确有一个让人无法忍受的缺陷，即所有的井水都是咸的！居民只能饮用令人作呕的河水。为了净化，人们把河水先盛在大缸里，让杂质慢慢沉淀到缸底，然后把水滤出。缺乏真正的净化系统，不足以让人信服。但是，我们溯流而上所见到的水中那些令人作呕的物质，已经彻底清除了。

我们去看了几家古玩店，那里有大量的瓷器。店主和当地鉴赏家，为每件瓷器标明详尽的制作日期，还取了优雅的名称，而在英国则无人会对此感兴趣。那些瓷器的标价简直疯狂，因为不论无赖的店主出价多高，商人都会支付。我们见到一些非常精致的景泰蓝样品。但是，如果瓷器的价格算昂贵的，那么景泰蓝的价格就是十倍以上。

我见到不少中国的连环画册，虽然并不值得买，但有些展示了绘画的精妙。每一本连环画都讲述一个故事，通常是中国人眼中的《妓女生涯》①之类，情节粗糙，结尾缺乏霍加斯式的严厉报应②。既然这种绘画可以公开出售，在道德方面自然就没有较大的约束。即使在中国，天津的伤风败俗也是出了名的。

天津的欧洲人居住区，离城大约六里半。在江湾大道旁，有几栋相当不错的建筑，租金十分可观。这里也有上海那种市政系统。总的来说，整个社区显示出欣欣向荣的迹象。

不过，有些人对天津港还是失望，因为其重要性不足以抗衡上海以及其他对手，甚至不能从它们的贸易中分得较大的一杯羹。欧洲人居住区，刚建立的头一两年，生意红火，盈利巨大。有位商人刚从商界退休，自1861年以来积累的钱财，足以使他一年拥有5000英镑。

---

① 《妓女生涯》（*Harlot's Progress*）是英国现实主义画家威廉·霍加斯创作的一组六幅油画，描绘一个名为玛丽（又称"摩尔"）的姑娘，从乡村来到伦敦，最后沦为娼妓的故事。

② 威廉·霍加斯（William Hogarth，1697—1764），英国画家，艺术理论家，被称为"英国绘画之父"。

中国人做生意十分精明，他们很快就发现，与其从大商行代理人那里购买货物，不如自己租汽船直接托运更划算。结果，贸易变成了纯粹进口，欧洲人能干的事就越来越少了。

虽然"燕子飞"号汽船从格拉斯哥驶来，名义上属于一家名叫"特劳曼"（Messrs. Trautmann and Co.）的德国公司。实际上，其财产即使不是全部也是大部分都归一个中国买办所有。我见过那个人，个子矮小，脏兮兮的。"燕子飞"号整船托运的货物都是他的。

四　北京的门户通州

1865 年 5 月 23 日，于北京。

5 月 19 日，星期五。一早，乘涨潮离开天津，尽快摆脱穿城而过的海河，以及河中熏人的臭味和污秽景象。我们每个人都有一条船。我的船兼作餐厅，绍林的船兼作客厅，他的仆人占据第三条船。这些都是上好的船，舱内宽敞，舱顶与四周用竹子和藤条编织物覆盖。船上都有一个类似碗柜的东西，我们就在上面铺上被褥。每条船上各有三个水手。绍林的船最大，船上还有个男仆。

这些水手，个个勤劳开朗，一刻也没闲着。尽管刮的都是顺风，但河流多急弯。每当到了这些河段，便成了顶头风，不得不撑篙拉纤，艰难地前进。这些水手，似乎干得越累兴致越高，尤其是那个男仆，表现出来的热情，就像个不支薪金的领事馆人员。

水下浅滩不计其数，只能沿着插在淤泥上的树枝标出的航道，在河面上不断来回穿梭。沿途没有值得一看的风景，只有一望无际的小米地，偶尔有个小树丛，看不到一个小丘。幸而时间不长，不然旅途一定非常枯燥乏味。

5 月 21 日，星期天。下午 3 点，抵达通州。公使馆派人护送马匹到通州，接我们进京。

通州是个繁忙的城市。一队帆船载着谷物刚进港，码头上成群的苦力忙碌着。许多人一丝不挂，卸货，筛谷，挑到粮仓里去。我们的到来，引起了轰动，因为这么北的地方，"番鬼"还是难得一见的。

1860 年，正是在通州，英国军人不幸沦为阶下囚，而当威妥玛① 和克里洛克② 举着休战旗要求与当地中国统领谈判时，却遭到射击，险些送命。

通州和其他北方城市一样，都筑有城墙，但这种城墙只能防御本土军队。

这里的道路，状况差得出奇。当年的英国囚徒，手脚被浸过水的绳索绑到身后，坐在没有减震弹簧的车上，不难想象，他们所遭受的折磨。那时发生的事，使得这条进京之路，每一段都出了名。

---

① 威妥玛（Sir Thomas Francis Wade，1818—1895），英国外交官和汉语语言学家，发明了威妥玛式拼音法。1842 年跟随英军到中国后，留居中国长达 43 年之久。1869 年至 1882 年任英国驻华全权公使。著有《寻津录》等。

② 亨利·霍普·克里洛克（Henry Hope Crealock，1831—1891），英国远征军统帅额尔金的军事秘书。

出通州不远，我们经过一座桥，名为"八里桥"①。就是在这里，中国军队用长矛与法国人的刺刀交锋，坚守了半个小时。蒙托邦将军的头衔就是来自这座桥②。桥上的麒麟和石板依然留着枪弹的痕迹。

骑在马上，一步一颠，一步一蓬灰尘，乏味得紧。后来，我们一行下了大道，来到位于阴凉处的一家茶馆，停下稍事休息。接待我们的人极为殷勤，端上来香气扑鼻的茶，不加牛奶和糖，盛在碗里，还有茶叶蛋，以及一种扭起来的面粉卷，不是烤的，而是油炸的③。

不久，十来个黄肤色的绅士围了过来，七嘴八舌地问了各种问题，诸如我们的年龄，携带物品，等等。穆勒思④中文说得很流利，绍林也懂一些，所以我们相处得很好。中国人对我们的年龄总是困惑不解。他们不到40岁不留胡须，看到欧洲人都有胡须，以为都过了40岁。不过，最使他们惊奇的是单片眼镜。他们习惯看到双片眼镜，因为他们自己也戴厚厚的镜片，安装在粗大的黄铜或者龟壳制成的镜架上。

---

① 八里桥（一里大约为三分之一英里），此桥距离北京八里路，故此得名。——作者原注

② 库赞·蒙托邦（Charles Guillaume Marie Apollinaire Antoine Cousin-Montauban, comte de Palikao, 1796—1878），法国将军。1859年底，蒙托邦率领英法联军中的法国派遣军侵华。他在中国的所作所为曾引来众多批评，但拿破仑三世仍然于1862年授予他"八里桥伯爵"头衔。

③ 应该是麻花。

④ 穆勒思（John Gillespie Murray），英国外交官，即从北京带马匹到天津去接作者之人。

但单片眼镜确实神奇，引起大家一阵哄笑。

洋人的怪异之处让中国人觉得有趣，反之亦然。但值得一提的是，中国人与生俱来的谦恭，使他们的举止不至于出格，不会令英国人感受到在其他一些国度受到的那种冒犯。

本来以为，北京这边的乡下一定平坦无奇，贫瘠荒芜，丑陋不堪。平坦倒是不假，但不乏树木和稻田，也绝不丑陋。四处的村庄和坟地，证明此地人口众多。一直走到城墙底下，才幡然醒悟，这就是北京。

北京的城墙很高，呈深灰色。尽管受到风吹雨打，遭受战争创伤，依旧是一道风景。隔一段就有一座塔楼，建筑风格奇特，加上雄伟的城门，构成一幅新奇而耀眼的画卷。北京的城墙用来抵御现代火炮，或许是有些荒诞。不过，告诉您有关北京的事之前，最好还是我自己先了解一下。

此刻，我只知道，自己又热又累。

我们策马进入女王陛下的公使馆，受到临时代办威妥玛先生最热烈的欢迎。当时，我们身上的尘土，堪比英国皇家档案局陈旧报刊上堆积的灰尘。

我们得到一个有关中国的坏消息。僧格林沁[1]在距此640

---

① 僧格林沁（Sangkolinsin, 1811—1865），蒙古族，博尔济吉特氏，（今内蒙古）科尔沁左翼后旗人。

公里的山东省被捻军杀死 ①。1859 年,僧格林沁是驻守海河的蒙古族统帅,1860 年,因未能击败八国联军,一时失宠。僧格林沁以骁勇著称,为人坦诚。虽然中国方面对这一消息装聋作哑,但毋庸置疑,这是一件十分严重的事情。大火在四处燃烧,而清朝当局却无法或者无力采取有效措施去扑灭。

威妥玛爵士是本人在华第一任主管,特此赘言,聊表敬意,以资纪念。威妥玛爵士曾任克莱德勋爵 ②的副手,后来弃武从事外交。他孜孜好学,精通多种语言。他中文学识渊博,满腹经纶的清朝官员,与其打过交道,都甚为折服。他在两次对华战争中表现卓越,不仅体现在超强的谈判能力上,更在于其大无畏的精神。他慷慨大方,无私奉献,是本人迄今遇到的一位最崇高的绅士。——写于 1900 年

---

① 同治四年(1865)5 月,僧格林沁率万余清兵追击捻军赖文光、张崇禹部,在山东曹州菏泽县高楼寨附近的吴家店陷入捻军伏击包围圈,全军覆没。5 月 19 日,僧格林沁被捻军 16 岁少年张皮绠斩杀。

② 克莱德勋爵,即科林·坎贝尔(Lord Clyde,Colin Campbell,1792—1863),英国陆军元帅,1862 年获封勋爵。

五 初识北京的城墙，沙尘中阅兵

1865 年 6 月 1 日，于北京。

威妥玛去年在英国期间，斯坦利勋爵①曾对他说："北京是个巨大的失败，对吧？整个地方没有一幢二层楼的房子，嗯？"在斯坦利勋爵注重实际的眼中，北京或许是个失败的城市，但艺术家则会发现许多值得欣赏的地方，并记录下来。

北京，意即北方的京城，而南京则是南方的京城。北京由两座城池构成：外城和内城。紫禁城就在内城内。紫禁城包括皇宫和朝廷各部。两座城池都有暗灰色城墙围绕。内城的城墙高 15 米，顶端宽 12 米，墙底宽 18 米。外城的城墙不那么重要，只有 9 米高。城墙上筑有雉堞和枪眼。外城的城墙已然残垣颓壁，而内城的城墙维修得较好。城墙上每隔

---

① 爱德华·杰弗里·史密斯·斯坦利，第十四代德比伯爵（Edward George Geoffrey Smith-Stanley，14th Earl of Derby，1799—1869），英国保守党领袖和第 32、35、38 任英国首相。

一段就有一座高耸的瞭望塔，映衬在天空上。城门上亦有高塔。城门日落关闭，日落后，禁止进出。

北京的街道宽阔，大都是泥路，年久失修。街道两边是商店和低矮的房屋。形形色色的摊棚摊架，不计其数，常常多达四排，大大缩减了街面。这个地区充斥着灰尘。无论冬夏，街道都是一样肮脏。

外城和内城里，都有宽广的空地和独门独户的建筑，占地若干公顷。外城里有寺庙道观，内城里有皇宫和达官贵人的府邸。这些地方都种植高大的树木，给城市增色不少。两座城池的中心地带，常常可见田园生活的景致。

中国建筑的明亮色泽和巧妙构思，映衬在茂密的树丛中，取得赏心悦目的效果。紫禁城的城墙上，铺盖着黄色的琉璃瓦，四角建筑塔楼在阳光下金碧辉煌，尤为醒目。无论转向何处，都可看见一些怪诞或不规范的东西，而这些衰败腐朽的迹象，无损于整幅图画。其实，北京就像个奇大无比的古董店，形形色色的古玩之间，不乏灰尘污垢。

骑马进城本该是件乐事，一路可以观赏景致。可惜人山人海挡道，穿行不易。街上尽是板车、搬运工、骆驼、轿子、小贩、乞丐、喇嘛、骡夫、蒙古地区来的马贩子、骑马的弓箭手、带着随从的官员、小脚女人，还有乘车的贵妇遮掩得严严实实，以防市井小人窥视。简而言之，每时每刻都有黄褐色的人种挡道，更别提狗和猪了，弄得灰尘飞扬，沾满眼睛、耳朵、毛发、嘴巴和鼻子，所有感官顿失，只剩下触觉。仿佛德比马赛①有史以来掀起的所有灰尘，都被风吹到这里落户了。（说到德比马赛，我还真想知道，今年是哪匹马拔了头筹？）

在华北，沙尘暴是司空见惯的自然现象。天空乌云密布，仿佛暴风雨即将来临。头次见到，经验不足，还以为要下大雨了。然而，雨未下，却刮来了微小的尘埃，无处不钻，门窗都挡不住。这种扰人的东西，来自蒙古大沙漠，除了像一般的灰尘那样，往眼里揉沙，损伤眼睛，还具有某种化学成分，导致烧灼般的刺痛。有时，沙尘暴刮得天昏地暗，就像伦敦的大雾，使得人们迷失道路。称之为"触摸得到的黑暗"，并非言过其实。

北京的城墙，总长大约75里，其中48里属于内城。内城呈正方形，位于外城的北面。外城呈长方形。

传统说法，以及长久以来笼罩在京城上的神秘色彩，使人们对北京的人口数目过分夸大。中国人大都认为，北京有200万人口，世界上没有哪个国家的京城可以与之争雄。或许在乾隆盛世（1736—1795）确实如此，但到了今天，城里空地成片，达官贵人府邸又都带着花园和庭院，使得有些城

---

① 德比马赛（The Derby），又称"埃普瑟姆大赛马"（Epsom Derby），是世界上最著名的良种马越野赛，每年6月的第一个周末，在英国伦敦附近的埃普瑟姆丘陵草原（Epsom Downs）赛场举行。

区人烟稀少。据此判断，北京的人口很可能不上 100 万。然而，想精确估计"户口"是不可能的。众说纷纭。北京人给的数字是，从 60 万到 150 万不等。

北京对欧洲人开放之前，南方的中国人习惯于自欺欺人。举例为证。如果有人告诉他们西方诸如铁路和电报之类的伟大科学发明，他们会立刻平心静气地说："见过！见过！北京那边多的是！"至于北京的规模和人口，自然也是闭着眼睛说瞎话。

北京周围的乡下，看上去倒是人口密集。我本来就准备去瞧瞧，未料到竟看到那么多人和坟墓。坟墓通常不是人们喜闻乐见的，在中国尤其如此。

英国公使馆位于内城的南部，占据了一个风景如画的王府，人称"梁公府"①。"梁公府"像其他达官贵人的宅第一样，占地广阔。府内，庭院重重，红柱撑起巨大的空屋，用作遮风避雨的大院。一对汉白玉狮子护卫着正门入口。许多房屋只有一层，我们每人各居一栋。

公使团迁来之初，对整个地方作了修整，还按照中国传统，重新油漆彩瓦屋顶、木雕装饰、陶瓷麒麟，以及中国人

---

① 梁公府，即淳亲王府。原为康熙帝第七子淳亲王允佑的府邸，传至其重孙镇国公奕梁，故也叫梁公府。咸丰十一年（1861），英国通过清廷全权办理外交事务的恭亲王奕訢同意，以每年一千两白银的价格租下梁公府作使馆，并以"该府修理工程甚巨"为借口，未交前两年的租银。奕梁则被迫从淳亲王府迁出。该王府与邻近的翰林院、銮驾库、鸿胪寺的一部分，全被划作英国使馆与兵营。

用来装饰房屋的各种饰品。不幸的是，修整的质量很差，事后又没有补救，以至于本来应该富丽堂皇的公使馆，竟变得丢人现眼。花园杂草丛生，庭院地砖破裂，围墙残垣断壁，如此美宅行将坍塌。在这种烈寒酷热的气候下，及时修补，才能避免将来大费周章[1]。

想象一下吧，一所住宅，位于人口最多的大城市中心，却如同荒野，到处是狐狸、蛇蝎、臭鼬、黄鼠狼、喜鹊等。这可以让您了解，北京的土地浪费到什么程度。

公使馆最大的弊端在于其位置。要吸口新鲜空气，得骑一个多小时的马，才能出城，摆脱城里的臭气。为了到空地上策马小跑，要骑一小时马，穿过北京的街道，需花极大的精力。我几次三番想到卖马，解雇马夫，但那将等同于永远把自己关在公使馆里，因为在北京步行比骑马更难。

昨天，身负首席军机大臣、外务大臣、总理[2]及其他头衔的恭亲王[3]，派人送来名帖，通知威妥玛，将来作公事拜访。这里附上恭亲王的拜帖[4]。

恭亲王是已故皇帝[5]的弟弟，1860年授权与额尔金勋

---

① 后来的年月中，公使馆得到极大的修缮。——作者原注
② 应为首席总理衙门大臣。
③ 奕䜣（1833—1898），号乐道堂主人，满洲爱新觉罗氏、道光帝第六子，咸丰帝同父异母兄弟，道光帝遗诏封和硕恭亲王。
④ 原著中并没有恭亲王的拜帖，或许是作者忘了，或许是出版商没有采用。
⑤ 指清文宗咸丰皇帝（1831—1861）。

爵 ① 和葛罗男爵 ② 谈判。当今皇帝年方 12 岁时，由两位皇太后名义上摄政，而恭亲王负责皇帝的教育，因而实际上摄政。不久前，恭亲王差点遭遇汉普蒂·邓普蒂 ③ 的命运，因为有人控告他贩卖土地，滥用职权，目无圣上。据说，控告他的人是受一位敌视恭亲王的皇后唆使，被一项宫廷阴谋所利用。无论如何，两宫皇后确实下了一道懿旨，行文如《阿伽门农》④ 的叠句风格，说明功名怎样导致傲慢，而傲慢又怎样导致惩罚。恭亲王被剥夺了所有权责和荣誉。他受贬黜数日，后来他的兄弟们出来营救，召开了议政大会，念在恭亲王劳苦功高，让他重新总理各国事务。然而，这对于恭亲王并非幸事，因为总理衙门不受欢迎，单单总理各国事务并不被看作是件可喜之事。直到他原来的荣誉一项一项恢复，才可说重获朝廷恩宠。对他的指责均被宣告毫无根据，关于傲慢的

----

① 额尔金勋爵（Lord Elgin），为苏格兰的贵族爵位。此处指的是詹姆斯·布鲁斯，第八代额尔金伯爵与第十二代金卡丁伯爵（James Bruce, 8th Earl of Elgin and 12th Earl of Kincardine, 1811—1863）。中文文献中或称为伊利近或卜鲁斯。1857 年被委为驻中国高级专员。1860 年 10 月，在第二次鸦片战争时作为英国谈判全权代表，随英军攻陷北京，与恭亲王奕䜣谈判《北京条约》。

② 葛罗男爵（Jean-Baptiste Louis Gros, 1793—1870），1857 年作为法国特使率领一支法国远征军开赴中国。1858 年英法联军侵入天津城郊，迫使清政府签订《天津条约》。1860 年，英、法扩大战争，再度任命额尔金和葛罗为全权专使，8 月 24 日占领天津，10 月 13 日占领北京，火烧圆明园。

③ 汉普蒂·邓普蒂（Humpty-Dumpty）是一首古老的英国谜语童谣中的角色，谜底是鸡蛋，所以摔了就起不来（见《牛津童谣辞典》第 233 首）。另一种说法是，汉普蒂·邓普蒂暗指英王理查三世（Richard Ⅲ）。理查三世是个驼子，在战场上从马上摔下，被敌人砍死。

④ 《阿伽门农》是古希腊悲剧作家埃斯库罗斯写的一部悲剧。

问题也被认为是家事，不会影响到公务。与此同时，控告他的人仍四处逍遥，至于他个人的自由，如同猫爪让老鼠溜出一两秒钟那样。我是无论如何也不愿处于他的位置。

恭亲王即将来访，两位总理衙门的官员恒祺① 和董大人② 先行来此迎接。在 1860 年的战争中，以及巴夏礼和洛奇被囚期间，恒祺的大名在欧洲就有所闻。他是个干瘦的小老头，酷似公主剧场③ 的演员梅多斯先生，是个出名的纨绔子。他身上穿着一件蓝边的珠灰色绸衫，他的扇匣、筷匣以及挂在腰上的装饰品，都绣着花纹，镶着小珍珠和一种中国人称之为婴儿脸的粉红色云纹珊瑚。他的鼻烟壶用的是最上等的翡翠。翡翠在中国的价值堪比钻石。但他最中意的是块日内瓦制造的银质大挂表，得意地四处炫耀。一只黑缎子的靴子里，插着烟管。烟管上有个银质的小烟锅，一个华丽的翡翠烟嘴。靴子里还有蜜饯、药丸和其他小玩意儿。恒祺是个一品官员。他的官帽是白色的，四周垂挂着红缨子，帽顶上镶着一块粉红色的珊瑚，孔雀翎插在翡翠底座上。更奇特的是，他戴的一副眼镜，镜片大如小碟，镜框用宽边银条制成。从未见过一个小老头这么自得其乐，摆点儿架子，带点儿风度，还有

---

① 恒祺（约 1802—1866），满洲正白旗人，1839 年任粤海关监督，后任总理衙门大臣，内务府大臣衔武备院卿。
② 董恂（1810—1892），初名醇，后避同治帝讳改恂，字忱甫，号韫卿，江都县邵伯镇人。
③ "公主剧场"（Princesses' Theatre）位于英国克雷福。

些纨绔子的习气，非常滑稽。而董大人是个乐呵呵的胖老头，与恒祺恰好相反。他是个饱读诗书的文人，曾把朗费罗[①]的《人生颂》译成中文诗体。也就是，威妥玛按照字面解释那首英文诗，他把它变成了一首中文诗，据说很有文采。

恭亲王乘轿按时来到。除了几位步行家仆外，还有一队骑马的护卫。我和威妥玛一起迎接他。威妥玛向他介绍说我是"密大人"。这是我到来后，向总理衙门通报的官方名称。与中国人打交道，我们都得用单音节的姓。卜鲁斯爵士就是"卜大人"。中国人发不出"R"的音，就读成"卜鲁斯"了。威妥玛就成了"威大人"。从字面上讲，"大人"就是"伟大的人"，其实是个称呼，专指有官方职位的人，所有清朝官员都这么称呼。

从外表看，恭亲王是个年轻人，28岁左右，脸上有麻斑，我见过的中国人几乎都有麻斑。他眼睛高度近视，跟我一样，搞坏了视力。我不禁想到，若是我和他对面而坐，互做鬼脸，一定十分滑稽。

恭亲王一坐下，就从靴子里掏出烟管。一个侍从单腿跪下，为他点上火。茶端了上来。接着，会谈就开始了。这位官员，位高权重，性急草率。正是这种脾气，差点使他遭难。他对英式门铃的拉索和桌上摆着的贝壳裁纸刀大感兴趣。我

---

① 亨利·沃兹沃思·朗费罗（Henry Wadsworth Longfellow，1807—1884），美国诗人。代表作有《海华沙之歌》《基督》《路畔旅舍故事》等。

的单片眼镜成了他现成的借口。每当争辩不利，或是不知如何回答，他就会突然停下，惊讶地指着我喊道："单片眼镜！不可思议！"他把注意力引到我身上，借此给自己时间考虑怎样回答。他对威妥玛似乎十分友好，不断地开玩笑。当然，我是一个字也听不懂，就抽大雪茄掩饰，装作对客人的言谈很感兴趣的样子。我觉得，在他装出来的兴致背后，有种残酷狡诈的眼神。

恭亲王走后，恒祺邀请我们 6 月 3 日 6 点阅兵并共进早餐。恒祺身兼数职，除了兼管总理衙门之外，还是个将领。当时流行兼职。

我总觉得恒祺染过辫子，或许是有诽谤之嫌。

昨天天刚亮，男仆就来把我从床上拖起来。我当时真的很想让我的朋友恒祺将军和他的士兵走得远远的。

前天晚上刮沙尘暴，地上都是灰尘，但街上却是一片泥泞，有些地方水流成河。不得不趔趔趄趄往前走，坐骑每步都踩到坑里。花了几乎一个半小时，才走到位于安定平原上的阅兵场。

阅兵场用木杆和红绳圈起来，每根木杆旁站着一个士兵。我们被立刻带到一个蓝色的小帐篷去，恒祺将军客客气气地接待我们。喝完茶后，我们随 3 位将军和俄国公使走出帐篷，在一座小山坡上就座。我们一出现，军乐就奏了起来。军乐队由 12 个中国人组成。他们用的乐器是大海螺，吹出的声音很难听，就像一刻不停地号叫。从未听过这种乐曲，背运至极。不知可以拿什么声音与之相比。你应该听到过吹海螺的声音，就是那样，但放大了百万倍！

我们坐下后，一个站在我们前面的士兵就舞起一面巨大的旗帜。阅兵开始了。两千名左右士兵，不是用大刀、弓箭和盾牌操练，而是根据威妥玛翻译的英军操练手册，使用俄国人提供的来福枪，进行操练。据威妥玛说，他们的队形变换还可以。威妥玛本人是个老军人，操练一等。但我得说明，那些中国士兵走近前来，在我们前面齐射时，我觉得有支枪的通条好像遗忘在枪管里，如同我们的志愿兵阅兵那样，尽管这不太可能。不管怎样，没有发生事故。但有门大炮的火药箱炸开了，4个士兵严重烧伤，5个失去了战斗力。指挥那门炮的尉官当场被揪了过来，当着大家的面，一顿鞭笞，罪名是玩忽职守，火药箱尚未关上就下令开炮。军纪森严啊！

太阳开始炎热起来。听到宣告阅兵结束，我不禁大大地松了一口气。主持的将领宣布，当天在场的将士，表现好的，奖赏3个铜板。听到这个好消息，全体将士单腿跪下谢恩，尽管他们清楚地知道他们绝不会看到钱的。这些可怜的家伙！

早餐安排在附近的一座寺庙里。我们坐下后，发现恒祺将军不在。后来才知道，他是去看我们和俄国人的护卫是否得到照料。这种周到的考虑，使许多西方文明世界的主人为之汗颜。

中餐与欧洲习惯的程序，恰恰相反。先上茶，之后，在每个人面前摆上两只小碟。桌上放着水果和甜点：柑橘、苹果、核桃糖、各种蜜饯、粘棉糖的麻仁、油渍杏仁干，及其他小吃。接着端上来的是各种美味。最值得一提的菜肴有：海参（吃起来像甲鱼汤）、竹笋、鱼翅、鹿腱。所有含胶质的菜肴都价格昂贵。燕窝汤，极具盛名，其实就像未炖烂的鱼胶。最后上来的是种汤饭。我们刚开始时用筷子，觉得有难度。吃的方式是，把筷子伸到任何一只菜碗中，夹一口到自己的盘子里。在整个用餐过程中，盘子不更换，筷子也不擦。要想对某人表示敬意，就用自己的筷子夹一点东西，放到那个人的盘子里，而那个人也会回敬。大家你来我往，常常要探过两三个人去回敬，手忙脚乱，乱哄哄的，倒是十分有趣。

碗里的菜都很油腻，极不利于健康。桌上摆着六十几样食品。尽管筷子用得不好，但不得不承认，每道菜的味道皆佳。当地的酒斟在小酒杯里，尺寸和英国的烈酒杯一般大小。这种酒口感不错，没有甜味。

早餐一结束，中国人就从靴子里取出小张的纸，用来擦嘴、擦象牙筷。中国人的靴子像是取之不尽的储存箱，从烟草到公文，什么都有。接下去的一种中国礼节，令欧洲人十分厌恶。在中国，为了恭维主人，也是表示自己酒足饭饱，大家打起又长又响的饱嗝！在这方面，恒祺和其他两位将军堪称典范，显示出高度教养。

随后，大家坐在庙前的院子里，喝茶聊天。我在中国的第一次宴席就这样结束了。无法告诉您，先吃甜点而以喝汤结束，这种吃法对我来说是多么的奇怪！

资深的那位皇太后是咸丰帝的原配正宫，似乎或多或少无足轻重。真正的权力掌握在慈禧太后的手中。根据某些记载，这位非凡的贵妇原先是个奴婢。而另一些记载把她说成是某个皇亲国戚的女儿。在一个视收养为己生的国家，那两种说法并不怎么矛盾。皇帝想要抬高后宫某个宫女的身份，只需下令让某个皇亲国戚收养那个宫女，她就摇身一变成了公主，俨然出身紫衣，甚至黄衫（译者注：紫衣即贵族，黄衫即皇亲）。

资深的那位皇太后，或者称"东宫皇后"，死于1881年4月18日。此后，所有的权力完全集中在慈禧手中。慈禧的儿子，即同治帝，1875年无疾而终。继承龙位的是同治4岁的堂弟。摄政的依旧是那两位皇太后。

卫三畏的《中国总论》是部关于中国事务的完善的百科全书。他在书中写道："皇宫内，太后最为重要，皇帝定时前来请安，行三叩九拜大礼。1836年，嘉庆遗孀满60岁，皇帝赐予各种荣誉，并下诏庆贺。下面摘自诏文，皇帝对太后的崇敬由此可见一斑：

"圣慈垂裕，万方蒙乐利之庥；显号加崇，四海效尊亲之戴。币寰瀛而喜溢，瞻宫掖以欢腾。钦惟圣母恭慈康豫安成庄惠皇太后陛下，德协乾元，功符坤载。襄九重之宵旰，敦礼教而范著安贞；备百顺之尊荣，沛仁施而周遍覆。六旬初度，万福攸同。序启阳春，荷春晖之普照；筹征益寿，欣寿宇之宏开。嵩岳齐呼，捧霞觞而跪进；瑶池申祝，侍翠辇以扶趋。总百禄以承欢，太平有象；合九州而致养，盛德难名。祇上崇徽，肃稽经礼。谨告天地、宗庙、社稷，率诸王、贝勒、文武群臣，恭奉册宝，上徽号曰：'恭慈康豫安成庄惠寿禧皇太后'。伏愿琅函永焕，宝牒常辉。万寿无疆，本茂德而膺多福；重禧有庆，沴萱龄而集殊祥。锡羡延洪，亿万年升恒献祝：承天体撰，千百国舞蹈输忱。'"（译者注：此段录自《清实录》宣宗实录卷二十七。中华书局 1985 年版，第三十册，197—198 页。）

太后六十大寿那天，朝廷给将士发饷、授勋、提升、赦免等，以资庆祝。"凡确系孝子、贤孙、烈士、节妇，查有实据者，赐建牌坊、题名，以示褒奖。"将士年龄达到九十、一百的，拨款建造牌坊，还下令修缮坟墓、寺庙、桥梁。但是，正如卫三畏狡黠地记述的那样："这些极其荣誉之事，有多少真的付诸实施，谁也不敢断言。"

对于我们西方人来说，当今太后慈禧在当时（1900）的地位，难以理解。道光帝的这道诏书，生动地描绘出她的地位。那是个野心勃勃的女人，具有伊丽莎白（译者注：英国女王，1533—1603。她的统治期在英国历史上被称为"伊丽莎白时期"，亦称为"黄金时代"）或是凯瑟琳（译者注：法国王后，1519—1589。她是瓦卢瓦王朝国王亨利二世的妻子和随后三位国王的母亲）那样的杰出才智，不难看出，她会伺机而动，充分利用机遇，为自己牟利。——作者原注

六 北京走向世界

1865 年 6 月 23 日，于北京。

上次给您写信之后，没有见过一件值得一提的事，也没有做过一件值得一提的事。院子里的气温表一直在摄氏 35 度和 41 度之间移动，因此没有外出观光的欲望，连到公使馆外活动一下的念头都没有。公使馆内，度日如年。不过，今天有邮袋送出，所以得设法拼凑出封信来。

我们在酝酿着，下个星期一得出去走走，地点很可能是距此 40 里左右的碧云寺。我会欣然前往的，因为城里闷热异常，灰尘多得难以置信。很可能会在那里待上一个半月或两个月，只有在邮件投递的日子才会回趟北京。要去就得带上所有人员。因为，时间短了就不值得了。

我的随从逐渐增加，多了个教师。与欧洲不同，不是付费请个教师每天来讲授一个小时，而是个正式为我服务的人，随叫随到。我已经一头栽进中文，在困难的海洋里忙乱地划动四肢。最为不利的是，当地教师只会自己的母语，不懂一句洋文，又没有其他人可替代，学起来十分辛苦。刚开始时，我和顾老师相对而坐，呆呆地望着对方，谁也听不懂谁。最后，不是他觉得枯燥无味，作出胃疼的样子，起身离去，就是我再也忍受不了了，把他打发走。然而，奇怪的是，一个人学外国的语言很难，但若是得应付日常所需，可以很快就捡起当地流行的土话。教师、仆人、厨师以及马夫，都只接受中文指示。买东西和讨价还价，促进了词汇量增长。因此，不知怎么的，我和顾老师倒也能相处。他打算陪我爬山。希望您收到这封信时，我已经沿着小溪爬了有段路了。之所以这么说，是因为要费好大的劲儿才能到达那里。

我的随从中新增加的另一个成员，更讨人喜欢，也更可爱。它不吃大蒜，也不抽鸦片。那是我继承得到的一只小小的马尼拉卷毛狮子狗，名叫"闹闹"（Nou-nou）。"闹闹"在北京给一系列远离故乡的外交官带来欢乐，最后到了我手上。"闹闹"是只活泼的雄性小狗，很会讨人喜欢。虽然只比您那"小不点儿"大一丁点儿，却像汤姆·赛尔斯[①]那样勇敢，陌生狗和中国人都怕它。当然，它的勇敢与体格不成比例，因此常常遭遇不幸。多年以来，只要看到公使馆内有狗，无论在哪里，它都会扑过去，让其他狗给自己的主人让路。不

---

① 汤姆·赛尔斯（Thomas Sayers，1826—1865），是 19 世纪中叶英国著名的拳击手。他是第一位获得世界重量级的拳击冠军，一生只输过一场比赛。

过，现在它已不再年轻。幼小时受到"闹闹"恐吓的狗，长大后没有给它好日子过，尤其是一只黑色的大猎犬，容不得任何骚扰。"闹闹"占据公使馆的庭院，其他狗似乎默认它的权威。若是有只狗贸然来此探头探脑，"闹闹"就会像以前那样，竖起耳朵，卷起尾巴，向入侵者飞扑过去，而入侵者随即消失了。"闹闹"在这里过得很快活，大家都赞扬它。它唯一感到不满的是，一到星期一和星期四，一个大块头的中国人就来带它走，草草地给它冲洗一番。每当这种时候，"闹闹"脸上就会露出肃穆的表情，像前拉斐尔派①的一幅名为"使徒"的画像。

山东传来了较好的消息。朝廷的军队击溃了"叛军"。河北现在不存在被侵犯的危险，不然对我们来说会是件相当麻烦的事，而天津很可能会被洗劫。

花了那么多精力，诱导这个焦头烂额的政府自救，其实本来不需花多大力气就能轻易做到的。再看看城门外那五六个弓箭手，射 20 码处的靶也会不中，这在英国，射箭俱乐部 18 岁的女子都会感到羞耻。想想也真让人烦心，而清政府还满足于用这样的军人去扑灭反叛。

他们使用欧洲方式训练军队，只不过是给外国人的代表

---

① 前拉斐尔派（Pre-Raphaelite Brotherhood），又常译为前拉斐尔兄弟会，是 1848 年开始的一个艺术团体（也是艺术运动），主张画出大量细节并运用强烈色彩的画风。

看看而已，不是真正想要改进的凭证。这个佛教国度，习惯于懒散地轻轻拍着肚皮，自我拯救和自我改善，似乎与这种习性水火不容。

　　他们倒是乐意接受外国军官，尤其是英国军官，来操练他们的军队，带领他们的军队。戈登中校①的例子，让他们深信不疑。但是，他们自己却不做任何事。清朝有一批优秀的将官，例如江苏巡抚李将军②。他们已经在自己人中建立了骁勇善战的声誉，觉得在外国军官手下服役，有损尊严。正如戈登中校不止一次发现，这些人对外国军官造成的阻碍，加上无法确定能否为手下军队谋取装备和粮饷，使得他们处境维艰。英国军官被借来训练清朝军队，十有八九进展不顺，难以实行必要的措施。在这种情况下，不难想象，"叛军"得到土匪、秘密社团和拿不到军饷而叛变的士兵扩充，依然能够不时出没。

　　清政府受到这种内部的巨大压力，不停地破坏与英、法两国的条约③约定。假如较起真来，英、法都可乘机大闹一场。文祥④身为总理衙门大臣，是清朝政府中思想前卫的爱

---

　　①　查理·乔治·戈登（Charles George Gordon，1833—1885），英国军官，帮助过清廷镇压太平天国运动。

　　②　指李鸿章。

　　③　《北京条约》。

　　④　文祥（1818—1876），姓瓜尔佳，字博川，号子山，盛京正红旗人，1845 年中进士，1858 年升为内阁学士，次年正式升为军机大臣。

国者，对时局的险恶了如指掌。虽然恭亲王名义上是总理衙门的主管，实际工作由文祥操作。不幸的是，文祥生性拘谨，要说服一个中国人是一码事，而要诱使他去做则是另一码事。于是，条约继续被撕毁，中国当代皇朝的生存，维系在外国政府的耐心之上。而英、法两国政府在中国的利益实在太大，只要有一线希望能够让这条船浮着，就不会让它沉下去。

在另一方面，可以公正地说，过去的 4 年，各国代表居住北京还是颇有成效的。举例为证。美国传教士丁韪良 [①] 博士把惠顿 [②] 的《万国公法》译成中文。丁韪良在此书翻译过程中，得到恭亲王特别任命的一个委员会的协助，由总理衙门拨专款付印出版。上封信中提到的董大人，即把朗费罗的《人生颂》译成中文诗体之人，为此书写了序言。这篇序言出自都察院左都御史之手，又是清朝士大夫阶层的一个领军人物，自然为此书增添了权威性。《万国公法》的出版，是中国历史上一件意义重大的事件。

---

① 丁韪良（William Alexander Parsons Martin，1827—1916），字冠西，美北长老会派至中国的传教士，在中国生活了 62 年，曾任同文馆和京师大学堂总教习。

② 亨利·惠顿（Henry Wheaton，1785—1848），美国律师、外交官。

七 西山碧云寺

1865 年 7 月 7 日，于碧云寺。

您看到这封信的地址，一定会知道，我们已经撤离充满灰尘、污秽不洁、炎热难当的北京城，开始过着回归田园的生活。

确实如此，北京变得让人难以忍受。离城时，阴凉处的温度计一直指着摄氏 42 度，这是 3 年来最高的温度。离开公使馆，出门而去，心中感到由衷的欢欣。

山岭①与城镇之间的平原，景色秀丽。平原上点缀着农庄、树林和坟墓。在中国，坟墓总是建在最漂亮的地方。生前在泥堆里打滚，死后选择最怡人的地方安息，这是一种平衡。土壤肥沃，一年种两季庄稼。因此，平原上通常都是郁郁葱葱，生机盎然。

但今年不同。过度的炎热和干旱，使得田地龟裂。第一

---

① 应是西山。

季庄稼歉收。皇帝祈雨无果，只零星下了几场阵雨。骄阳将土地烤得板硬。粮荒造成涨价，乡下人苦不堪言。然而，他们看上去乐观知足。我问一个此地的和尚，有无粮荒暴动的危险，他回答说："没有！周围的人们傻得很，乱不起来。"那些生活最困难的，会卖女儿，事情到此也就为止了。

北京西面的山岭，像华北的瑞士。山岭不高，景色也不出奇。但有几条峡谷非常漂亮，绿树成荫，空气清新。每条峡谷里都隐蔽着寺庙群，由明朝和清朝初期那些孝顺的皇帝建造。对于他们的功德，各国驻京公使团自然感激不尽。说得合宜一点，根据佛规，和尚接待来客，不得接受钱财。于是，到庙里逗留的中国人，往往修缮寺庙作为报答。但我们还是愿意付几块大洋。尽管有佛规，这样的处置，对于我们和庙里的和尚，皆大欢喜。

我们去的寺庙，名为"碧云寺"，即"碧色云彩的寺庙"，多么罗曼蒂克的名字！而这所寺庙，却也名副其实。碧云寺依山而筑，长达一里半，每座平台上都建筑殿堂，一个胜过一个（如果可以用这样的文字来描述这个国家的奇妙建筑的话）。每走一步都可看见，黑白相间的大理石雕像和花瓶，黄铜雕刻的龙，刻画帝王将相、各路神仙和神话中怪兽的高凸浮雕和下凹浮雕，刻在大理石或石头上的铭文，木头上镶嵌着黄铜或镀金，件件精工细雕。所有的工艺品都安置在假山、喷泉、树林和花园之中。最高处是个小小的寺庙，建筑风格更像是印度的，里面有座稀奇古怪的神像，长着十个头，其中三个大头长在下面，从那三个大头里又长出三个小头，小头上又长出三个更小的头，顶上是个最小的头。手臂倒是成比例。这所小寺庙俯瞰平原全景，远处可见北京的城墙和塔楼。

我们的住处在碧云寺的一边，由几座小房子构成。吃饭在一个亭子里。亭子周围是池塘和假山。假山上长满蕨类和苔藓。高大的树木遮阳生阴，左近岩石中有股清凉的泉水流入池塘，用来冰镇葡萄酒正合适。我们到达时，池塘已枯竭，泉水改了道。我们找来几个劳工，不久池塘便恢复原状。

刚来时，人们告知，若再不下雨，将无水洗澡。在这种气候下，夜晚炎热，一觉醒来，洗个晨浴，实在是必不可少。和尚还没来得及说，山上就雷声大作，暴雨倾盆，令人欣慰。第二天早上，发现可以痛痛快快洗个自然浴。想象一下我们当时的感受吧！

这里生活简单，也十分单调。我和绍林俩每天睡到自然醒。八点早餐，三点正餐。正餐后，骑骑马，或者爬爬山。八九点钟回来喝茶。然后，坐着抽个把钟头的方头雪茄，一边聊着家里的事，一边观望着萤火虫。按照中国的传统说法，萤火虫为孔夫子和他的弟子们提灯夜读。

俄国公使团住的寺庙距此骑马约一个半小时。有时他们来拜访，有时我们去造访，唯有这种时候才打破日常生活的单调。

　　我的中文教师也在这里，每天早餐后至正餐，跟他学习汉语。那是一本正经的事，得全力以赴。一天中余下的时间，我都带着课文。课文写在纸扇上，这样就能随时放在眼前，真是妙不可言！

　　蚊子常常扰人。有一种有毒的小虫，名为白蛉①，淡黄色，比蠓②还小。幸亏如此，假如长得像矢车菊那么大，叮上一下可能致命。

　　蝎子很多。前几天，我们有人被蜇。有天晚上，听到大声的呻吟声和哭喊声，听起来就像爱尔兰式的丧事。次日早晨，仆人告诉我们，厨师的助手被蝎子蜇到手，一个小时就死了，但后来又活过来，慢慢好了起来。听着好像没有完全死透似的。

　　那个人来这所寺庙，正反映了这个国家的一种习俗。在东方国度，人没有一大队随从是无法走动的。每个人都得有自己的仆人，每匹马都得有它的马夫，还需两三个人看着他们做事。但除此之外，正像萨克雷③描述的爱尔兰人和他们的穷亲戚那样，每个中国人都可找到比他更贫穷、更低贱的

---

　　①　白蛉属双翅目毛蛉科白蛉亚科（Phlebotominae），是一类体小多毛的吸血昆虫，全世界已知 500 多种，我国已报告近 40 种。

　　②　蠓属双翅目蠓科（Ceratopogouidae），为一类体长 1—3 毫米的小型昆虫，成虫黑色或深褐色，俗称"小咬"或"墨蚊"。

　　③　萨克雷（1811—1863，William Makepeace Thackeray），19 世纪英国作家，代表作为《名利场》。

人来帮忙。一个每月挣三块大洋的苦力，会付一块大洋给另一个人，让他来帮忙干活，而那个得到一块大洋的人，又会花几个铜板找个男孩，这样他就可以舒舒服服地抽鸦片。

那个被蝎子蜇的人是厨师的穷亲戚。虽然他的兄弟和其他人以为他会死，最终还真的死了，但不会来告诉我们，也不会为他尽点力。我们是听到喧闹声，但有个仆人弹得一手好琵琶，哭喊的声音和他的琵琶声没有多大的区别，所以还以为那喧闹声只是琵琶变奏发出的忧郁的声音，没有加以理睬。

就中国的治疗方式而言，还不如不治疗。中国人对医药和手术一无所知，真是让人难以置信。中国的医生，从未做过解剖，根本不知道心脏、肺，以及其他主要器官在体内的位置。他们不知动脉与静脉的区别，也不懂血液循环。他们把人体的几种不同的脉搏看作是不同的原因所致。他们把所有的疾病都归于"寒、热"的影响。他们对怎样用药有所了解，尤其是怎样利用汞。但他们最有成效的治疗方式是针灸。

几天前，我的马夫得了痢疾，医生在他的舌头下扎针！戴维斯爵士曾讲过一个故事，说有人得了疝气，大夫要替他扎针治疗。假如扎针过程中，扎到动脉，那人就死定了。嘿，这是命中注定的。还不如不治呢。

占星术在他们的医术中起到很大的作用。他们认为，某些星座对身体的某些部位会产生影响。当前中国的许多现象，类似中世纪的欧洲，医药只是其中的一个例子。

八 天桥乞丐

1865年7月8日，于北京。

进城待了三天，一边誊写电讯，一边怀念"阴凉的洞穴"①。城里非常令人厌恶。骚塞②提到埃克塞特③时，曾把它形容为"古老而臭气熏天"，北京亦是如此。每次进出外城，都得经过"乞丐桥"④。"乞丐桥"一带臭气熏天，令人生厌。过"乞丐桥"乃是命中一劫。每天都有一两百个低贱的人，大都蓬头垢面，赤身裸体，长满各种疮癣，聚集在那里乞讨。有块破布的，也只够搭在肩上，衣不蔽体。虱子、癞疥、瘰疬、麻风、污秽，水洗不掉，药除不去。这些是生财

---

① 即"碧云寺"。
② 罗伯特·骚塞（Robert Southey，1774—1843），英国桂冠诗人，湖畔派诗人之一。
③ 埃克塞特（Exeter）是英国德文郡的首府，洋溢着多彩个性和古老文化的温馨小镇；拥有传统、艺术、文化、节日和各种活动，是令人心驰神往的旅游胜地。
④ 原文为 Beggar's Bridge，应指"天桥"。

之道，自然不会清除。看到这些人过来，趴在尘土、泥浆里磕头，恶心得很。他们的身体并不比尘土、泥浆干净。至于他们吃的东西，就不给您描述了。哪天真的回到欧洲，"乞丐桥"也会成为我余生的梦魇。

在乡下度过半个月，与山中皮肤晒黑的健康的当地人为伍之后，对比尤为强烈。请您务必相信，那些乡下人比黄皮肤的城里人要好看。

家乡的朋友，若看到我们被三四十个黄褐色的村民围在中央，一定会觉得有趣。在偏僻的山谷看到英国人，就像在约克郡看到中国人一样，十分稀罕。村民问了各种荒诞的问题，关于我们本人，我们的服饰，以及我们的狗。对他们来说，我们的狗也令他们啧啧称奇。他们坚信，"闹闹"一定是种什么羊。而绍林的指示犬是一条法国皇家纯种猎犬，非常漂亮，引来众多羡慕的目光。

女人都怕我们，避得远远的。我们看见她们从门后偷窥我们这些杀小孩、用小孩眼睛来拍照的"番鬼"。偶尔有个大胆的老妇会走近前来。人们渐渐消除了对我们的偏见，觉得我们没有伤害他们的意思。至少，他们显得相当友好，似乎觉得我们是些相貌丑陋、举止怪癖的人，但不构成危险。至于人身安全，我们谁都没想到要带枪，无论是白天还是夜晚，没人受到过攻击或是侮辱。

南方传来贸易前景不妙的消息。尽管上个季度受损严重，但各国商人投机心未减，反而更草率，相互竞争，抢购茶叶。中国人自有对策，联合起来抬价。英国商人通过新开港口到茶叶产地越近，茶叶价格就变得越贵。当年广州是唯一的茶叶市场销售点，价格非常便宜。听起来似乎自相矛盾，但不难解释。各国商人现场争购，使得中国茶农抬高价格，而把茶叶运到南方，外国人的运费要比当地人高得多。因此，付给茶农的价格和运费都提高了。各国商人渴望开辟新的市场，最终自食苦果。

作为一种抵消，我们也收到有关"叛军"的好消息。有迹象表明，山东一带的"叛军"正在散开，有的向南，有的往西。京城重归安全。这一次，中国人可以自我表扬一番，没有洋人的帮助，也能击溃"叛军"。

九 碧云寺和佛教概述

1865 年 7 月 21 日，于碧云寺。

我敢说，对于我们在碧云寺的生活，您一定会好奇，不满足于至今告诉您的那些，想要知道得更多。

我们一直在周围地区四处探访。可看的确实很多，但都是寺庙，无外乎佛教庙宇、道教道观，大同小异。最值得称道的，是距此四五里路的卧佛寺，即"睡觉菩萨的寺庙"。寺中有个巨大的呈睡眠状的神像，长达 6 米。起初以为是女的，看上去有些像木雕的"睡美人"。但陪同的僧人说，这就是菩萨的塑身。那个神像躺在一个巨大的神殿里，周围侍立着几个小一些的圣徒。菩萨的拖鞋，用最柔软的丝绒和绸缎制成，放在脚边，一旦起身，即可穿上。他的侍从也都穿着拖鞋。这尊菩萨已经睡了 700 多年，所以，没有为制鞋业带来什么利润。

神殿庄严肃穆，悬挂着乾隆皇帝的亲笔题词。乾隆皇帝似乎从不放过题词或建筑的机会。卧佛寺体现了乾隆皇帝的这两项嗜好。

这座寺庙有个院落，从那里延伸出去，是个极其精致的皇家小屋，以前一定尽善尽美，但现在与这里的一切一样，业已坍塌。寺内的亭台楼阁、假山庭院、殿堂圣祠，如今只有莲花池灿烂如故。

距卧佛寺不远，有个鹿场，用高墙圈起来，一直延伸到山顶。鹿场中央的皇家狩猎小屋，也成了废墟。这个鹿场也曾经是乾隆皇帝喜爱的一个地方，想必花了一笔巨款装饰。鹿场有一两个大门。鹿场内，不时可见避暑别墅，还有个黄绿两色琉璃瓦的宝塔，见证曾经的辉煌。但整个鹿场已经荒芜，曾经华丽的皇家寝宫，如今鹿和其他动物徜徉其间。此地用黄色琉璃瓦刻画龙、飞虎、雄狮及其他图腾，确是陶瓷工艺的杰作。整幅画用的都是小块琉璃，拼接得如此精巧，看上去就像是一整块琉璃。每年用不了多少钱，就可以把这个地方维护得尽善尽美，但亚洲人没有维修的概念。鹿场中有条小径，两旁布满小憩之处。从残留的遗迹来看，像是小商品市场里的货摊。经询问得知，原先确是宫中太监依仗特权开设的各色小店，皇帝和嫔妃们经过此地，可以兜售些小玩意儿。

乾隆恩赐给这些寺庙的有诸多事项，其中包括从满洲热河行宫引进的一种树蝉，为数众多。这种树蝉，欧洲人根据其发出的噪声称之为"嘘嘘"①，而中国人则称之为大翅知了。这种蝉很奇特，发出的声音，如同手风琴金属簧片发出的一般。它们从早到晚，吵个不停，让人心烦。有时吵得都听不清别人说话。但中国人却喜欢这种蝉声。我的教师讲过一个引进这种树蝉的故事，俨然就像讲述夜莺。令人欣慰的是，这种树蝉不愿在北京繁衍。北京有种体型小一些的蝉，声若钢琴。每年，人们手持长竹竿，顶上沾着胶，从树上捉蝉，成了皇室的一项乐趣。我们觉得难听的噪音，中国人却甚为欣赏。想象一下吧，一群飞鸽，尾上绑着风弦琴②！第一次听到头上的那种声音，还以为什么可怕的事即将发生了呢。话说回来，那种花哨的东西，也有实用的一面，使得北京众多的鹰隼无一胆敢靠近前来。

过去的两天，阴天有雨，我们尽情享受这难得的天气。烈日炎炎的气候中，西山如同苏格兰的荒野，庙宇亭阁仿佛即将消融，化作蓓尔美尔街③上林林总总的夜总会。此时淋漓酣畅地下了几场雨，多么令人欢畅啊！

雨天里，我们在住处西周闲逛。一座殿堂即可容纳如来佛和五百罗汉（即三等圣人），个个都比真人还高。借此，您可以想象得到有多大（以前曾提到的广州的那座庙宇，也

---

① 原文是"wee-wees"，即小便的意思。
② 应是鸽哨。
③ 蓓尔美尔街，原文是"Pall Mall"，指英国伦敦的一条时尚街，以众多的私人俱乐部和夜总会著称。

有众多的罗汉，但体型没有这里的高大）。一重重的庭院，殿堂环绕，成百上千的木雕神像，代表天堂和地狱。

根据这里的场景表述，佛教天堂是个古怪的地方，极乐之事不外乎骑老虎、骑麒麟，或其他不适合骑乘的东西。但是地狱却是非常怪诞，尤其是女人的部分。那些不幸的女人，在尘世犯下罪孽，到了此间，在一些青面獠牙的魔鬼手上，说得轻一点，遭受到的是毫无怜香惜玉的待遇。在地狱中男人的部分，常见的惩罚是砍头，然后逼着那些罪人把砍下的头夹在胳膊下，就像舞会中夹着帽子一样，四处走动。那些神像和木偶，荒诞怪异，丑陋无比，无论怎样描绘，也难以让您体会得到。或许不该这么说，但就我的观察，人们对他们毫无敬意。大家来这里，似乎想野餐，或是观光，而非拜神，就像国内有些人去大教堂，为的是看那里的华丽建筑以及艺术珍藏，而不是去礼拜。不过，中国人把去寺庙称作"逛庙"，带着某种顶礼膜拜的含义，所以，或许有些人上庙还真具虔诚之心。

碧云寺的僧侣，慵懒粗野，还带些傲慢的习性。相比之下，卧佛寺的僧侣，大可值得尊敬。一个在此暂居的人告诉我，寺里经常举行诵经活动，尤其在晚上。这里很少听到为求神拜佛者敲锣打鼓。为了公正起见，得向您说一件有关碧云寺的事。寺法规定僧侣戒酒，但他们的肠胃一定极为渴望。那天我邀请一个僧侣喝酒，虽然无人在旁，不会传出去，但他还是谢绝了。由此看来，他们还是有些自持，免受良心谴责。

　　遗憾的是，由于待在城外，错过了观看名将僧格林沁的国葬仪式。僧格林沁在山东战死，遗体从山东一路运到北京，沿途官员提供运送人员。同治皇帝出资办理丧事，礼葬于北京，还亲自在他灵柩前祭酒。僧格林沁身为采邑蒙古亲王，其子孙世袭亲王。许多人说，僧格林沁非"叛军"所杀，而是死于自己人之手。不过，关于他的死，记载详尽，因此，很可能是死于战场。每当一位名将战死沙场，中国人都会以形象的语言描绘道："万里长城，坍了一角。"

十　中医和颅相学

1865 年 7 月 24 日，于北京。

没有邮件。我们一直期待下一刻就到，但现在开始担心了，也许等不及邮件到达就得送出我们的邮袋。

过去几天下雨，整个乡下变了脸，以前从未见过这么奇特的变化。土地曾经干燥得如同沙漠，现在变成了郁郁葱葱的绿色玉米地。道路曾经像干枯的河床，地上堆积了 15 厘米的尘土，两旁尽是沙土，现在就像新修的英式车道。庄稼一下蹿得那么高，遮掩了我们熟悉的地标，以致使我们迷路。北京与西山之间的平原上，道路纵横交错，得盯着远处的某个点才能走直，不然就会晕头转向。所有的房屋和村落，看上去一模一样，无法凭借其指引方向。这种中国式拼图，甚为常见。

令人欣慰的是，阴凉处的温度，已经从摄氏 42 度降到23 度。但愿最热的日子业已过去！

　　顺便提一下，上封信说到中国的医生和处方，以及他们的寒热属性学说。我的教师一直在对我讲解他们的诊断原理，就是似乎特别看重对舌头的观察。病人舌头看上去发白，那是受寒了；舌头发黄，则是虚火上升。舌头中间发白，而舌边发黄，那是内寒表热，反之亦然。手相术和面相术也掺入到医学中，一个人的某些面貌特征，可以喻示将来发生的事。

　　我的教师说，担心自己命不长，因为他的耳垂很小。耳垂大，受人羡慕，更是智慧的象征。菩萨和其他偶像，都有极大的耳垂。手柔软，是长寿的象征。眼睛、鼻子、鼻孔以及下巴，在精于此道的人眼里，都可看出未来的含义。

　　我对教师讲颅相学，他对此很感兴趣。我触摸他头盖骨上隆起的部分时，他站在那里，张开着嘴巴。不过，他对性格不感兴趣，而急于想知道能活多久，有无官运。

　　今天没有任何新闻。

十一　秋天的圆明园

1865 年 8 月 7 日，于北京。

酷暑已过，秋天来临。秋天是北京最迷人的季节。秋天就像是第二个春天，但不是我们习惯的英国式的春天，不是炎热的太阳与凌厉的东风竞相比拼的季节，而是万物复苏的季节。

阵雨频频，气候温暖，树木抽枝，嫩叶翠绿。平原上，一望无际的粟，长到 3 米多高，穿行其间，如同格列佛行走在大人国①的农庄上。

频繁的阵雨，迫使我们离开山中的碧云寺。虽然不无遗憾，但近来过于潮湿，让人难以再住下去。蝎子也开始钻进屋来，数量甚多，惹人生厌。除了其他爬虫类之外，我两天内就在房间里打死了 5 只蝎子。屋里还有为数众多的蜥蜴。

①　出于英国小说家斯威夫特（Jonathan Swift）的代表作《格列佛游记》。

中国人对蜥蜴有独特的见解，称蜥蜴为"蝎子虎"，认为蜥蜴以诱使蝎子自杀的方式来捕食蝎子。具体方法是：蜥蜴用尾巴触及蝎子的背部，蝎子自然反螫，但蜥蜴闪得很快，蝎子蜇到自己，如此重复，直至蝎子毒液耗尽，于是蜥蜴就扑上去吞噬。

我们捕捉了两只蝎子、两只蜥蜴，把它们放在一个有玻璃盖的盒子里。结果是，大的那只蝎子把小的那只蝎子吃了，吃了 10 个小时，吃得只剩下尾刺，仅此而已。中国人的理论被戳穿了。后来，我们把蜥蜴放走，弄死蝎子。我们的仆人头小陶认为，这只蝎子一定毒性加倍，因为另一只蝎子的毒液也在它肚子里。

离开西山之前，我们走了好多路，登上所有的山峰，为的是对周围的乡间有个完整的概念。大海距此约 160 公里，但以前一定曾冲刷过这里的山脚，将海湾、海岬化作平原。因为这里的平原地貌，看上去就像特洛伊①那样，沉积而成。

平原上，河流沟渠不计其数，纵横交错。这种地形显示出，以前这里必定有大河通往大海，即便是现在雨水最多的季节也无法与之相比。站在最高山峰眺望，蔚为壮观，北京、

---

①　特洛伊，小亚细亚古城，位于小亚细亚半岛西端达达尼尔海峡东南，即今土耳其的希萨利克。这里山峦青翠，流水潺潺，柑桔树和橄榄树满山遍野，红瓦白墙的农舍点缀其间，是土耳其爱琴海地区典型的农村风光。

圆明园，以及周围村庄，尽收眼底。身后的山脉，更为荒芜，更为崎岖，也更具诗情画意。

天下起了小雨。一种最为奇特的大气现象，在眼前冉冉升起。在我们与北京之间，薄雾宛如轻纱。而在北京上方，浓云浮悬，一半乌黑，一半火红，像是地狱炫目的光焰，难以用任何言辞描绘。天色昏暗中，一种藏青色笼罩在我们四周。景色如此诡秘，唯有罗得夫人①或许目睹过。

前天，我们骑马进城，途中绕道去了趟著名的圆明园。对我来说，那是条未曾走过的路，旅途甚为愉快。一路上，经过几个村庄。那些村庄主要由兵营构成，而那些兵营就像是加长了的牛棚。此外，还经过一个小城。那个小城看上去相当繁荣。

走进皇家园地，风景越来越优美。最为怡人的，是阴凉的树林。早上灼热的太阳，火辣辣地照在身上，置身树荫之下，倍感舒畅。精致的汉白玉桥梁，横跨在沟渠之上。宝塔飞檐上装饰着瓦管滴水嘴，相隔不远就从树林里探出头来。

圆明园（即"圆形、明亮的花园"）为三处皇家园林之一，其中两处毁于 1860 年。第三处园林的一些建筑，位置偏僻，未被发现，幸免于难。欧洲人用"圆明园"来统称所有的三个园林，本已错误，而把仅存的一个称作"圆明园"，

———————

① 典出《圣经·创世记》19 章 26 节："罗得的妻子在后边回头一看，就变成了一根盐柱。"

则更加荒谬。第三个园林名为"玉泉山",即我们游览的那个园林。正确的名称是"万寿山",比喻皇帝或者太后万寿无疆。当然,让我们游览这个园林,是违反中国当局禁令的。但园林守护从中得益匪浅。万一被发现,总有现成的借口:"那些西方蛮夷硬闯进来,拦也拦不住。"

我们被引领着穿过几重院落。那里没有什么值得一看的,到处是断垣焦壁,松林鬼魂。我们沿着一条铺设精致的小径,走到湖边的一个亭子,在那里吃早餐①。那个地方景色极佳。湖上,荷叶盈盈,荷花正艳。湖心几座小岛,树木葱茏,建筑精美。几条小船,载着赤身裸体的渔人,给眼前的美景,增添了些许狂野与原始意蕴。

有趣的是,一个渔人上了岸,藏身废墟之中,搜寻遍地垃圾,期望找到天知道什么值钱的小东西。其实,那里就连一张完整的瓦片都没有。他被园林守护发现后,竟玩起了猫捉老鼠的游戏,互掷石块,互相谩骂。这不禁使我想起在伊顿的日子。有一天,在我家发现了一个别人家的男孩,支支吾吾解释不清为什么会在那里。

那些勇敢的园林守护回来时,个个气喘吁吁,自吹自擂,夸张地比画着,觉得干了一桩极其英勇的事。三打一,还带着武器!

---

① 根据第一封信,英国人中午 12 点吃早餐,晚上 8 点吃晚餐。

中国仆人张罗野餐或者出游，手脚麻利，任何事都难不倒他们。小陶从未让我们缺少过任何东西。即使是狩猎犬"丹"，也能吃到肉汤拌米饭，就像在家里一样。

早餐后，我们在一群中国人簇拥下，去废墟勘探。联军当年的破坏十分彻底，如今难以看出清漪园 [①] 的原貌。一路上，台阶相当高，上下行走颇为不易（那些可怜的缠足女人在此行走，一定相当困难）。我们一行走过台地，那里到处是野生藤蔓、匍匐植物、芳香的野花，纠结缠绕，乱成一团。大火之下，没有一块石头不裂开。两只巨大的汉白玉麒麟，精工雕琢，实为罕见，如今烧得遍体裂痕，几乎化作碎片，分崩离析。

大殿呈八角形，有楼三层，所有的石基都崩溃了，只有汉白玉栏杆，显示大殿原来的位置。再往高处去，那里有几座建筑，尚未被大火触及。幸免于难的，有一个小小的铜庙，如同无瑕的宝石。还有矗立在一座塔内的两个木质小塔，不停地旋转着，上面刻满小小的神仙菩萨。最为珍贵的，是一座较大的寺庙，全部用黄色和绿色的琉璃瓦建造，显示出昔日此地一定是金碧辉煌。

如今，辉煌已经逝去。由于这里的气候原因，一切坍塌

---

① 1860年的第二次鸦片战争中，清漪园被英法联军烧毁；1886年，清政府挪用海军军费等款项重修，并于两年后改名颐和园，作为慈禧太后晚年的颐养之地。

得很快。今天残存的最后一点建筑，不久也将消失殆尽。

中国有种非常奇特的装置，值得一提。湖畔台地边缘，建有一种码头，用的是巨大的石块，形状似下水的平底船，长41步，宽9步①。

有些假山，匪夷所思。中国人看到一块形态特异的石头，便会装个底座，当作装饰品。万寿山上，这类稀奇古怪的石头，数量众多。

我认为，从政治上说，毁坏颐和园是一个错误。中国人犯下的暴行，确有必要得到严厉的惩罚。但应当在城里破坏，而不是在离城20公里的清漪园。因为绝大多数中国人对屋外之事所知甚少。在北京，至今仍有许多人认为，我们付了赔款才得以撤军，我们是得到允许才待在这里的。若在北京尚且如此，那么外省人们的看法，必将更为荒谬。清政府的政策，自然是让民众保持那种错觉。倘若被摧毁的是北京的紫禁城，那丑事就会传遍天下，世人皆知。中国人对紫禁城的记忆，便不会像圆明园最后一股烟雾那样，风吹烟消。

这里再向您讲些有关中国医疗的事，以博一笑。那天，一个稍许有些发烧症状的男孩被送到伦敦传道会医院。医生不在。于是，男孩的父母带他去看中国医生。那位中国医生

---

①　应为颐和园石舫，在颐和园万寿山西麓岸边，船体乃用巨石雕成，全长36米。石舫建于清乾隆二十年（1755），舫上的中式舱楼在英法联军入侵时被焚毁，作者所见只是船体，故误以为是码头。光绪十九年（1893），按慈禧意图，又将原来的中式舱楼改建成西式舱楼，并取河清海晏之义，取名清晏舫。

开的药方是：三只蝎子，煎熬，内服！那个男孩第二天还真的好了。

北京的城墙上，贴着一个治疗结膜炎的方子，全文如下：取三枚道光年间铸造的新铜板，放水沸煮，用此水涂抹患处。英国有则古谚叫"咬你的狗身上的一根毛"，在中国还真的用上了。治疗被狗咬伤，先要抓住那条狗，拔下几根毛，加一点石灰和油，拌在一起，然后敷在伤口上。自然，石灰具有苛性碱，起到真正的治疗作用，而狗毛则是人们所信赖的东西。

目前，英国公使团在款待某位绅士。他受某个小国委派，前来与中国签订条约，冠冕堂皇地说，是"为了中国本身的利益"。若非在总理衙门如此高谈阔论，中国人绝不会像他想象的那样温顺。中国人不会傻到相信，来此谈判条约的人，是为了中国的利益，而没有自己更大的好处。对于清朝官员来说，他们宁愿回归旧制，不与我们打交道，没有与我们的条约，牺牲关税收入也在所不惜。外国施加的压力，以及大清皇家海关总税务司赫德①先生的忠告，使清朝官员不致偏离轨道，并且迫使中央政府担起责任，而不是把责任留在省一级。在一个信奉菩萨和罗汉的国度，人们的极度快乐，就在于沉思冥想如何填饱自己的肚子。想象一下吧，要让这样的人行动起来，该有多么困难！

---

① 罗伯特·赫德（Robert Hart，1835—1911），英国人，字鹭宾，曾担任大清海关总税务司整整半个世纪（1861—1911），著有《中国论集》等。

作为我们的译员，着实不易，除了为我们服务，还得干其他事。其他国家的使节来中国，不带自己的随员。于是，他们整个事务就落在了英国公使团身上。或许是他们信赖我们的服务吧。

十二　走街串巷看集市

1865 年 8 月 22 日，于北京。

上次给您写信之后，日子过得平淡无奇，国内也没有令人鼓舞的消息传来。偶尔有些零星访客，凑巧来此小住。其中有个 R 先生，是军需部的一名军官，为人风趣，不失为好伴侣。R 先生刚从日本来，有一肚子关于横滨和东京的故事，但我们在这里更想听的是有关伦敦的消息。

现在这里确实没有什么可以吸引游客的东西。由于我国的一些同胞举止粗鲁，中国人关闭了城里的主要景点。即使是公使团的成员，也不让参观天坛和孔庙。我也在其列。大喇嘛庙①依然可以参观。没见过中国寺庙的人，大喇嘛庙很值得一看。不过，中国寺庙大同小异，主要区别仅仅在于大小。想想真气人，那些来此游玩的国人，蛮横无理，硬闯无

---

① 即现在的雍和宫。

权进入的地方，害得真正吸引人的景点都被关闭了。

现在来的访客，唯一能为他们做的，就是带他们上城墙，观看双城①全景。城墙顶上可以骑马，或者步行，绕城一周。以前耶稣会神父建造的神奇的观星台②，以及精美的铜铸天文仪器，依然矗立在那里。

此外，还可带领客人走街串巷，逛逛古玩店，看看触目惊心之物，闻闻刺鼻的气味。古玩店尤其值得逛上一天。我常找个借口去那里。外城内还有个集市，类似劳瑟拱廊市场③，只是规模略小，出售玩具、香水、假首饰、廉价刺绣，及其他不值钱的东西，不过值得一看。蒙古人喜爱这里出售的华丽而不值钱的玩意儿，常来光顾。北京人眼中的蒙古人，如同巴黎人眼中的奥弗涅人④，或者伦敦出租车或公共汽车司机眼中的进城看家畜展览会的乡下人。一有机会，蒙古人就会被嘲笑，被欺骗。

那座集市通往乞丐桥。那里遍地是低贱的人种，想起来就让人发抖。过了乞丐桥，就到了外城闹市区，车水马龙，交通繁忙。街上挤满骡子、板车、马匹、行人，穿行不易。

---

①　即外城和内城。

②　指汤若望和南怀仁。

③　劳瑟拱廊市场（Lowther Arcade）是伦敦的一处集市，位于查令十字火车站对面，主要贩卖玩具、镶花首饰等。

④　奥弗涅人（Auvergnat）是法国中部山区人的统称。称谁为奥弗涅人，就是形容谁小气、吝啬。

最糟糕的是，我们身不由己，不断地被挤到一些避之唯恐不及的人身上。那些人身上除了泥垢和疥疮，别无其他。

店铺内整洁适宜，与街上的污秽和肮脏形成强烈的对照。店内的一切都很干净，像水洗过的一样，而店外则像个垃圾堆，乞丐与猪狗争抢西瓜皮、烂菜和死动物的腐肉。

街上叫卖的小贩颇具特色。像欧洲一样，这里的小贩自有他们独特的叫卖法。但除此之外，每个行当喊叫时都借助不同的乐器。有的行当的小贩手中拿着的东西像犹太人巨大的竖琴，有的行当的小贩手中拿着一面小锣，有的行当的小贩敲鼓，有的行当的小贩打两块竹板，等等。这些夹杂在一起，造成刺耳的噪声。乞丐的乞讨声更是烦人。乞丐们站在某些店铺对面（饭馆自然是他们的首选之地），让人看着惊心，听着烦心，闻着恶心，逼得老板再也忍受不了了，给个铜板或者给块食物，把他们打发走。

街上，最具中国特色的，是耍把戏的人。中国耍把戏的人，像意大利的同伙一样，嗓门大，口才好，浑身更有使不完的劲儿。耍把戏的人一般自己给自己伴奏，但也常带个小孩敲锣打鼓。他疯狂地耍着把戏，像着了魔似的奔来跳去，手舞足蹈，大声叫喊，汗流满面，却不知疲倦，从不中途停歇，也不暂停喊叫。这些人，口若悬河，满口方言，外国人大都听不懂一个字。但我想，他们的言辞一定很风趣、逗人，不然不会有那么多中国人目不转睛地围观，为他们的俏皮话喝彩。中国耍把戏的人，像意大利人一样，一旦吊起了观众胃口，便会停下来，不给铜板就不接下去表演。他们见到外国蛮夷，会打趣几句，恭维你。是否真的是恭维，您自个儿判断吧。不过，这些都是"取悦他人，不损自己"的言辞，没有什么特别意义。

或许，街上叫卖的小贩，其兜售的货物，最吸引欧洲人的，是蛐蛐儿和知了。他们把蛐蛐儿盛在小木匣中，把知了绑在竹竿上。中国人买来当宠物养，有的使蛐蛐儿像鹌鹑和斗鸡那样打斗。

较为体面的人们，常常会跟我们打招呼，第一句话总是："吃过饭了吗？"这是中国式的问候语，相当于"你好"。接着的交谈通常如下：

"您贵姓？"

"我姓密。您贵姓？"

"贱姓黄。您高寿？"

"28。"（大吃一惊，因为我看上去有 45 岁。）

"到京城多久了？"

"4 个月左右。"

"您属于大英（英国），还是大法（法国）？"

接着就是一连串有关英国的最荒唐的问题。一天，有个人问道，欧洲是否有人真的胸口有洞，从前胸通到后背，仆人把竹竿伸进洞里，然后抬在肩上？中国的教育就是如此。

有个中国学者，精通伦理、孔孟之道，提出的问题，居然如同上述那人一样的荒诞不经。

走进店铺，将街上的闹闹哄哄、尘土泥浆抛弃身后，令人顿然神清气爽。即使什么都不买，也总是受到殷勤的欢迎。几乎每家店铺的主人都会亲自奉茶。虽然中国的茶不加糖和牛奶，却是清香沁鼻，口感绝佳。茶水盛在一个有盖的小碗里，几乎没见到过茶壶。店外的部分，通常只是用作招揽，除了些不值钱的东西之外，别无他物。

一家十分考究的店铺，临街部分展示的物品，与一般集市的廉价品别无二致。但走进店里，穿过一个小小的庭院，来到内堂，那里出售的装饰物品，精致美观，让人眼花缭乱。有个陈设装饰品的黑色架子，用乌檀木制作，雕刻成许多纤细的竹竿，支撑高低无序的平台，上面摆着天青石、玉石、红玉髓、玛瑙，以及其他珍贵宝石的雕刻。真想整个儿捧走！

这里出售的每一件物品都是杰作，价格自然贵得出奇，但可以还价。一件物品，假如他们要价30元，我们常还价15元，最初他们会愤慨地拒绝。但与之讨价还价3个月后，卖主或许会接受我们的出价。如此一来，他不就有3个月得不到利息了吗？一个做买卖精明无比的民族，为什么会这么做，让人难以理解。

那里有件精美的瓷器，价格不菲。在英国，从未见过背面为玫瑰图案的杯盏碟盘，而且价格如此昂贵。我问过国内的两三个经销商，都没听说过这种瓷器。景泰蓝的烧瓷瑕疵不少，但这些物品来自圆明园，所以中国人得尽快出手，以免被官府抓获。据此，我认为，洗劫圆明园一事，本地人一定也大有染指。

有两件确为上品，而店家出价 1000 英镑！也许 300 英镑就可能出手。倘若果真如此，将会非常值得。那是两个有盖的大钵，没有一点瑕疵，摆在温莎宫①或其他名宅，必将增色生辉。我已经写信给一位朋友，告诉他这两件珍宝。

若要淘得一两件古玩，小店里机会最大。大店也从小店进货。北京有条街，叫琉璃厂，街上旧书店（类似祷文街②）和古玩店众多。有些只不过是地摊货。在那里，有时花不了几个钱就可以买到一件精致的瓷器，或者其他艺术品。

后天，我们将去古北口观看长城，归程将取道明十三陵。至少不用整天念叨着"北京脏来兮"了。

此去大约 8 天。最初的安排是与俄国公使一起去的，但他后来有事不能前往。于是，我和默里一起去。我俩陪伴绍林

---

① 温莎宫，即温莎城堡（Windsor Castle），位于伦敦西部 32 公里的郊区，在泰晤士河上游的一个山头上，是英女王的一座行宫。

② 祷文街（Paternoster Row），曾是伦敦的一条街道。中世纪时，圣保罗大教堂的僧侣常在这条街上行走，一边走一边唱着主祷文。主祷文的首句为拉丁文"Pater Noster"，即"我们在天上的父"，故此得名。祷文街曾经是伦敦出版业的中心，1942 年，德国空袭伦敦，祷文街被炸毁。战后重建，更名为祷文广场（Paternoster Square）。

走到古北口。然后,绍林从那里取道去蒙古,我和默里折回。

关于乞丐桥,还有一点得讲一下。那些可怜的乞丐,常死在当街。我亲眼见到尸体在那里躺了两三天,身上只有一片烂草席。他的烦恼和悲惨,一死百了。

人们告诉我,乞丐属于某种帮会,有自己的头领。人们通常每年给乞丐头领一些钱财,或许可以避免乞丐们纠缠不休。例如,有些乞丐会站在某人的住宅或者店铺门口不走,口中不停地喊着"可怜!可怜!"

在亚洲各国,乞讨是门精细的艺术。

十三　古北口长城

1865 年 9 月 5 日，于北京。

星期六，由长城回来。这里给您作一介绍。

上封信告诉过您，我们 8 月 25 日启的程。绍林和一个名叫傅雷特的见习翻译取道去蒙古，而我和默里陪他们到古北口。

两队各有三个仆人：一个厨师，一个马夫，还有一个人照管衣服、被褥及其他东西。除此之外，我们的仆人把他们自己的仆人也带来了。那是个古怪的中国人，个子瘦小，邋里邋遢，穿一件英国水手的粗呢旧上装，像苍蝇套在豆壳里，因此得了个绰号叫"水蝇"。从未见过如此欢快而乐于干活的小东西。他一刻不停地工作着、欢笑着，仿佛所干的一切都是个天大的笑话，而他来到世上也是个荒诞不经的事，无论怎样都无法摆脱。

让我向您描绘一下第一天旅程所见到的风景。在此之前，我尚未到过位于北京东北的这片平原。不过，此地与以前常向您描述过的其他平原别无二致。我们走了40里路，在一个叫作"孙河"（Sun-Ho）的地方吃早餐。此后不久，乡间的景色亮丽起来。

沿途经过的一些村庄，长着古老的柳树，看上去适宜居住。其中有个村子叫"枯柳树"。烈日炎炎之际，我们在那里的茶馆歇脚。照例，人们都非常客气，也十分健谈。有位老人姓马，是个回回，显然是村里的政治人物，善于交际。他是个坚定的保守党，赞美旧时代，攻击当今皇朝，怀念明朝的好时光。我递了根雪茄给他，他高兴地接了过去，然后跳上一堵矮墙，脚后跟垫在屁股底下，像鸟那样蹲在墙上，开始大肆抨击满洲鞑子。"咄！满洲官员没有一个好东西。把我们卷入跟洋人的战争，可是见到洋人人高马大，听到洋炮砰砰砰，你道他们干了什么？嘿，扭头就跑，把我们落下受罪。"

我们在一个叫作"牛栏山"的地方过夜。牛栏山附近有些沼泽，那里栖息着苍鹭和其他野生禽鸟。

中国的客栈与我们概念中的客栈完全不同。中国的客栈，通常中间是个庭院，四周建房。客房在底层，朝南或朝北，东西两边为驴棚马圈，剩下的一边是主人的居处。院子里熙熙攘攘，除了贫穷的旅人，马车、马、骡、猪、狗、成群的鸽子和鸡鸭，也都乱哄哄地挤在一起。此外，通常还有个走江湖的剃头匠，在一个角落里忙活着。另一个角落里，一个货郎正为了几个铜板在讨价还价。华北各地，游手好闲的人占了人口的一大半，他们也来这里消磨时光，对外国人品头论足。这种二流子，到处都一样，没有什么区别。总是有个领头的说句什么，于是人群就异口同声地跟着喊。

以下便是他们评论我们的例句：

领头人："那些靴子！香牛皮做的^①。"

人群："那些靴子！香牛皮做的。"

领头人："那些靴子！穿了不怕水。"

人群（颇为羡慕地）："那些靴子！穿了不怕水。"

领头人（问我们）："那些靴子！花多少钱买的？"

英国人："14 两银子。"

领头人："那些靴子！花 14 两银子买的。他会说官话。"

人群："那些靴子！花 14 两银子买的。他会说官话。"

如此这般，会无穷无尽地继续下去。

我们心情好的话，会给领头的一支雪茄。他猛吸几口，郑重其事地说："又香又烈。"但他剧烈地咳嗽起来，于是把雪茄传给旁边的人，直到所有的人都咳嗽起来，一边说着"又香又烈"，一边退到角落里去。不时，还会从那里传来"那些靴子"的喊声。

客栈的房间空荡荡的，家具只有一张桌子、两把椅子，

---

① 俄罗斯皮革。——作者原注

提供的餐具仅有一把茶壶、几只碗。所有的客人都得自己带被褥、食物和日用品。每扇门上都贴着一张色彩浓郁的神像图画。门内的梁柱上，贴满红纸大字，通常都是反映儒家著作中的道德教诲，如："喜从天降。""君子爱财，取之有道。"墙上通常挂着一幅画。我见过的画，有一幅画的是个圣人，额头像个畸形的梨，正在为两个武士讲解阴阳，即自然的普遍规律。另一幅画中，是头黄色的大象，戴着眼镜。它的身体、四肢和象鼻上，都贴着汉字。大象肚子底下，两个穿蓝衫的绅士正安闲地吃着饭，而第三个人把一捆黍递给一位穿粉红色衣服的女人。那女人接受礼物时，谦恭地侧过头去。这种画，是中国农民的一种历本，类似摩尔历本①，标明播种、收获等的吉时。

除了正中的图画，四面墙上还常贴着旅经此地的穷画家画的画。他们以书画技艺来换取一宿住宿。有些画，只要不画人或野兽，还相当不错。在偏僻的客栈，我们曾见过竹子、花草、禽鸟的素描，寥寥几笔，堪比名家大师。

如果旅客是个穷书生，通常对自己的书法甚为得意，便会挥毫书写哲人名言或是诗人名句，抑或作首小诗，赞誉房东以及自己的正直，声称与房东神交之际，他的（穷书生的）心中暗笑。

---

① 摩尔历本，指《老摩尔历本》(*Old Moore's Almanack*)，由英国人佛朗西斯·摩尔编辑出版。1697 年的第一版包括天气预报，18—19 世纪非常流行。

每个房间都有个炕。那是个大炉子，高约 76 厘米，上面铺着草席或者毛毡，占据房间的整个一边，用作床铺。冬天，中国人像俄国人一样，每天睡觉都把自己烤上一通。

晚上，雷声大作，暴雨倾盆，令我们有些不安，因为前面要经过几条河，担心过不去。后来证实果然如此。不过，唯一的不便是损失了一些时间。次日早上到达第一条河时，看到那里有大渡船，由赤身裸体的中国人拉纤。把马车、骡和坐骑渡过河，花了将近两个小时。

渡河期间，看到一桩有趣的事。一个赶猪的人，千方百计想让猪群游过河去，却不能遂愿，领头抗命的是头倔强的小猪，蜷曲着尾巴，大多数猪都跟随着它。

北京每天消费的猪肉数量一定十分惊人。街上挤满猪，还有大群的猪从各个方向赶进城来。吃得起的中国人，几乎每顿都吃猪肉。

岸边有个蒙古人的营地。他们在北京卖了马之后，正在回家的路上。他们看上去脾气很好，为人诚实，只是有点过于单纯，像小孩似的惊奇地看着我们的手表、服饰、马鞍以及其他随身物品。

奇怪的是，离京城越远，一切就显得越好。田野耕种得更精细，房屋修建得更适宜居住，村庄比城镇更干净。离开北京 50 里外，那种京城特有的污秽不雅的景象一扫而光。若有人胆敢像京城的人们那样作出不雅之举，当地人可能会用石头砸他。尽管外国人很少出现在他们中间，但贫穷的农民对我们更为客气，也不会追根刨底。这不仅让人想到，打破砂锅问到底，有时是一种蓄意的无理之举。

不少农家，园地美观，外屋整洁，如同建在英国的某个郡，没有一丝中国的烙印。人们看上去富足，地主则显然相当富裕。我们见到一位女子，正出门去聊天打发日子。她穿着新衣，抱着孩子，骑着驴。这时，被我们的一头蒙古小种马看见了，起了邪念，冲着驴屁股跑了过去。驴受到惊吓，把那女子和孩子摔到垄上。幸而没有掉在泥泞的道上，否则一身新衣服全完了。即便如此，她还是吓得不轻，挣扎着用那双小羊脚站起来，一边愤愤地喊道："哎呀！什么德性！什么德性哪！"自然，我们一个劲儿地道歉。她多多少少镇定了下来，拍拍屁股，骑着驴走了。

那天（8月26日）经过的主要地方是密云县。那是座有城墙围起来的城镇。我们没有进城，而是绕着城墙外围走。城门口有个警卫室，旁边有棵枯死的大树。树上没有树叶，也没有嫩芽，发白的横枝上悬挂着几个小木笼。每个木笼里都盛着一颗人头。食尸鸟正在那里啄食。多么可怕的果实！

有个小地方，名叫"石岭"（Shi-ling）。我在那里看到一个最漂亮的汉族女人。她是个寡妇，穿着丧服，白色的衣衫，白色的飘带，美若天仙。她的皮肤是清晰的橄榄色，一头茂密的黑发，乌黑的眼睛，面貌端正。此地乡间，女人的服饰不显露身材。但我们大家一致认为，她的身材一定非常苗条。遗憾的是，她的脚受到折磨，变得畸形了。这是通常用来区分纯正汉族女人和鞑靼女人的标志。事实上，这是个家庭习俗的问题，有的鞑靼家庭采纳缠脚习俗，有的汉族家庭并不缠脚。贫穷的女佣，脚畸形了，一定会严重影响工作。

我们在穆家峪过的夜。

次日（8月27日），一早出发，希望早一些到达古北口。虽然昨天一路骑来，风景秀丽，越靠近山越美，但还是没有想到，那天经过的地方，风景会如此壮观。

路向前延伸，小丘与岩石之间，长满蕨类、苔藓和野花。远处，青山峥嵘，风景画家见了，一定会如痴如醉。最高的山脊上，中国的长城"之"字形地盘旋着，远远望去，宛如长链。山谷中、平原上，黍和玉蜀黍长得郁郁葱葱，下面种植大豆、荞麦，边上种着蓖麻。各个村庄里的住宅，具有舒适和整洁的外观。这在中国十分罕见。几乎每家都有一个小花园，用玉米秆围起来，上面爬满葫芦、旋花植物和藤蔓。有些地方，人们采集一种矮小的黍，就像园丁摘一盘水果和蔬菜那样，然后用小刀把谷穗切下。

当地人对外国人显示敌意，我只遇到过一次，就发生在那天。我和傅雷特骑着马，在大伙前面约200米。到了一个十字路口，不确定该走哪条道。这时，一群中国人，约十来个，簇拥着一辆马车过来了。按照礼节，我们向他们"借光"

问路。他们指了路，还客气地问我们吃过饭了吗，记得以前曾告诉过您，中国人常用的问候语是："吃过饭了吗？"直译的话，就是："你吃过米饭①了吗？"米饭被笼统地用来泛指一日三餐。"早饭"即早餐，"晚饭"即晚餐。"饭好了"相当于贝利先生的"食物已经摆上桌了"②。简而言之，他们谦恭有礼，举止文明，无以复加。令我们吃惊的是，过了一会儿，绍林和默里骑马赶上来，脸红耳赤，怒气冲冲，问我们与那些人是否有过麻烦。事情的经过似乎是，绍林骑马经过那辆马车时，车上的人毫无由来地用铜烟管砸他的胸。默里骑在后面，看到烟管砸绍林。从他俩的描述来看，我想那个人以后再也不会侮辱外国人了。那人的朋友都谴责他的举止，但又替他求情："稍安毋躁，稍安毋躁，他已经受到教训了。"无论如何，那人已经受到一顿大大的训斥。

炎炎烈日之下，来到一个村庄的一处绿茵茵的草地，感到格外惬意。草地边上有个小茶馆。茶馆顶上覆盖着一层黍秆。一棵阔叶大树，撑开枝叶，遮蔽茶馆。不仅我们，马也得休息。成群的蝇子骚扰，几乎让马匹发疯，尤其是一种有

---

① 这种用法非常奇怪，因为中国这部分地方的主食不是米饭。这里的稻米质量差而且价钱贵，人们通常吃的主食是小米。小米不是一种好的食物，人们得用许多大蒜来增加营养成分。——作者原注

② 典出狄更斯小说《马丁·翟述伟》(*The Life and Adventures of Martin Chuzzlewit*)。年轻的仆人贝利对来访陶杰太太寄宿学校的客人宣布："食物已经摆上桌了。"于是，人群蜂拥而下，跑向楼下的餐厅。

毒的小虫，一定是那种曾经迫害过伊俄的牛虻①。这种牛虻，尾上长着一个长刺囊，从中射出刺，穿透马皮。它们显然是恶作剧，因为从来不吸血，而且一直会跟上几里路。如果牛虻叮我们的马，唯一的办法就是下马，把它打死。牛虻的刺那么锋利，每次刺到马，马都会跳起来，就像被枪打中一样。到了这个舒适的庇护所，人马都感到宽慰。

一群中国人在打骨牌，玩法类似我们的纸牌，但看不懂他们的牌理。茶馆老板身材魁梧，性格开朗。主人这副模样，想必万事兴隆。然而他一定很穷，因为他喝的不是茶，而是用山上常见的枣树干叶子泡出来的水。有些地方没有茶叶，人们喝一种大麦水，味道不错。在这些茶馆里，茶客得自带茶叶。茶馆只提供茶壶和开水。

我们在山谷这块地方遇到的男男女女，几乎个个都患甲状腺炎，虽然没有像瑞士山谷里那么严重，但人数更多。有个村子里，87 个人患甲状腺炎，只有 8 个成年男女正常。

前面提到的那块村庄绿地，山顶有座要塞，控制山下平原。要塞的一边，硬生生地从坚硬的岩石中凿出一条路，然

---

① 伊俄，希腊神话中一个重要的女性人物，主神宙斯最著名的情人之一。根据古希腊神话，伊俄之父伊那科斯是将对赫拉的崇拜引入阿耳戈斯地区的人。由于父亲的缘故，伊俄在赫拉的神庙中担任女祭司。宙斯诱奸了伊俄，之后为使她免于受赫拉迫害，又把她变成了一头小母牛。但赫拉仍不放心，遂派遣百眼巨人阿耳戈斯看守变成牛的伊俄。赫耳墨斯受宙斯之命将阿耳戈斯杀死，并将伊俄放走。赫拉又派了一只牛虻来不停地叮伊俄。母牛被叮得到处奔逃，最后逃到了埃及，在那里宙斯将她变回人形。

后用砖石在路上砌了一个拱形，权作大门，上面书写着"南天门"三个大字。透过这座门，可以看到层层山峦、长城以及古北口的通道，漂亮极了。

古北口风景独特，蔚为壮观。通往古北口的山谷，像块宝石。一路上，到处可见岩石、蕨类、苔藓、园地，还有一条小河在阳光下闪烁。古北口镇，群山环绕，与世隔绝。镇边有条河，河对岸有片树林，提督（管辖此地的统领）的衙门就建在林中。

整个古北口，目光所及，没有一处不引人入胜。街道整洁，房屋坚固，店铺生意兴隆。古北口镇的另一边，就是中国的前门，那里有重兵驻防，没有护照，严禁出入。城墙是防御蒙古游牧部落的屏障。城墙外，小河旁，有两道小沟，可以轻易越过。还有两门小炮，看上去只能吓唬朋友而吓不倒敌人。

我们走出城门，站在城门之外。守城门的卫兵格外客气，请我们进警卫室喝茶。

古北口是边疆堡垒。因此，中国人对它极为重视，在此驻扎了两千人马，其中十分之一是鞑靼人，余下的是汉人。

古北口的客栈，是我迄今为止见到的最大的客栈。经过该镇的旅客很多，因此生意兴隆。店主是个天津人，通文识字，获得过相当于我们的学士学位。

在中国，获得学位需通过极具竞争性的考试，每次只有一定数量的考生获得学位。考试在北京举行，人们从四面八方进京赶考。以前，曾经有位百岁老人从南方进京应试，蒙圣眷顾，获得学士学位，并获赠两斤人参。人参具有极强的滋补壮阳的功效。

朝廷从顺利通过考试的考生中选录官员。以前，中国人最大的志向就是通过考试，以期获得为官的资格。不过，现在有些人对功名不感兴趣，宁愿在民间一展身手。我们的店主即是一例。他的理论是，为何非得在那些学识浅陋的官员手下忍气吞声？与其那样去博得晋升机会，还不如自由自在地经商。尽管许多人否认文人普遍存在着这种想法，但事实上这种想法确实存在。文官武将的职位，也可以用钱购买。

那天，我坐在门外，一边抽烟一边翻阅一本过期的杂志。店主走过来，问我在看什么，为什么从左到右地看，而不是从右到左、从上到下地看？半个小时之后，我听见他在院子里演讲，说英文写作与满族一样，从左写到右！听众是些马夫、赶骡的、地痞流氓之类，一脸敬仰的神情。他见我走来，向我借了那本杂志，然后颠倒地举着，向他的听众证明他所说的。他这样展示学识，让听众目瞪口呆，心存敬畏。这个店主确实是个人物，既是个瘾君子，又是个文人。欧洲注重出身，而中国更看重文人的身份。店主朋友众多，颇具声望，常引以为豪。他带我走进他自己的小屋，墙上贴满圈内好友送来的红色请柬。

我们在古北口的首要目的是取得提督的官印，盖在护照上，权作签证。在中国各省，中央的权威远远不及地方。一名小官，或许会嘲讽总理衙门的印戳，但见到顶头上司一定会俯身叩拜。

我们到达古北口的那天，派遣小陶带着我们的名片去衙门，请求提督盖印。他回来时，一副狼狈的样子，什么官员都未见着。第二天早上，他自告奋勇再去，这回打扮得整整洁洁，剃了个头，重新编了辫子，叫了一辆马车，还让"水蝇"跟着。问题来了。所有的仆人都说，"水蝇"那件粗呢旧上衣上不了台面，必须脱下，而"水蝇"则坚持要穿。但大家的意见非常强烈，最后"水蝇"不得不脱下心爱的服装，穿上一件肮脏的土布上衣。尽管这番出使增添了显赫声威，但依然无功而返。提督衙门声称，没有收到京城的特别指示，因此不能盖印。这实在让人恼火。我们必须得到提督的印戳，我们有权提出要求，而且我们决心不拿到印戳决不罢休。我们在中国有官方职位，如果连我们都放弃应有的权利，那么将来其他旅行者就更难得到签证。

默里决定自己出马，求见提督。他被带到一个凌乱的房间，里面挤满士兵。中国人试图用个帽子上镶嵌白色顶珠的官员来冒充提督，默里自然不会被这种孩子似的诡计所蒙骗。当他们明白他知道这是怎么回事，便打开大门，静肃地把他带到提督面前。提督一再表示歉意，说让他久等了，客客气气地接待他。那个试图冒充提督的家伙，亲自给默里奉上茶水、蜜饯，让默里颇感满意。关于加盖印戳之事，提督搪塞了许久，说他没有接到命令，可能会招致麻烦，又问我们凭什么要他盖印，默里向他解释了条约^①的有关内容，提督认可了我们的要求。但默里把我们的护照递给他时，他又提出另一个问题。英国公使馆的印戳在中间，总理衙门的印戳在左边，左边没有地方可加盖他的印戳。这该怎么办？他的职位很高，不可能把他的印戳盖在下面。默里说："那么，把你的印戳盖在我们的右边。这样，如同我们在中国文武双方的保护之中。"这种无稽之谈，恰恰是取悦中国人自大心理的妙方。于是，印戳马上就盖好了。默里向提督解释北京发生的事，提督说："我知道你们会那么做的，因为英国人言出必行。"

向您讲这些，是为了让您知道，在中国是怎样办事的。最重要的事办得像儿戏。让古北口提督为我们的护照盖印，哄一下，困难就克服了。还记得吗？提督可是最高级的将官。

下午在长城上度过。这个最神奇的东西，中文名字是"万里长城"，字面的意思是"一万里长的墙"。按一里等于三分之一英里来计算，根据名称，万里长城的长度应该将近 3400 英里，但英文书籍估算为 1250 英里。长城始建于公元前约

---

① 应指 1860 年英国强迫清政府订立的关于结束第二次鸦片战争的不平等条约《中英北京条约》。

230 年，由秦始皇下令建造的 [①]，作为抵御北方部落的屏障，或许更确切地说，是显示力量。秦始皇正是那位焚烧圣人书籍的皇帝，因而以两件事闻名于世：一是建设，二是毁灭。

古北口段长城，总体来说，维修得很好，但也有些地方只不过是一堆垃圾。我们见到的地方，长城是用大块花岗岩、巨砖和水泥砌成的，中间填塞碎石和混合土。长城宽 4 米半左右，高 6 米。间隔一段，就有一个四方形的塔楼。塔楼高12 米，用花岗岩建造，四周有枪眼。有些塔楼完好无损，有些已经坍塌。废墟上爬满野葡萄、石刁柏、风铃草、矮灌木以及其他植物。塔楼上覆盖着叶背面为银色的蕨类和苔藓。

我们的目光追随着长城的身影。目力可及之处，长城绵延数十里，翻山越岭，有时直上悬崖峭壁，攀上最高山峰。正以为失去了长城的踪影，望远镜里又看到长城在远处巉岩上继续蜿蜒。如何能够把这么多的建筑材料，运到如此荒芜、难以抵达的地方，真是个奇迹！

即使没有引人入胜的长城，单是驻足于这块高地，也是值得一游。周围，崇山峻岭，层层叠叠。一边是蒙古荒野，一边是中原大地。脚下躺着古北口小镇，小河从镇旁流过。镇上的堡垒和壕沟，有些不伦不类。山脉一望无际，唯一的局限是我们的目力。

---

① 长城的修筑时间可能上溯到西周时期。

我们在长城上逗留了很久，景色之美，看不够，赞不够。我们采集了一些蕨类和苔藓，会送些给您。烈日之下无易活，花了九牛二虎之力，设法取下一块大砖，作为战利品。几番换手提拎着，差点留在身后，最后终于安全地拿回房间。希望有一天能够带回英国。

第二天上午，我们离开古北口。绍林和傅雷特去蒙古，我和默里去明十三陵。关于我们的十三陵之游，以后写信告诉您。

您也许在一些旧瓷器或者其他装饰品上见过这种 ☯ 图案。这是阴阳的标志，是世上生灵雄与雌的普遍原理。天为雄，地为雌。植物也分雌雄，自然，与林奈[①]的性别分类系统无关。单数为雄，偶数为雌。白昼和太阳为雄，夜晚和月亮为雌。身体的某些部位，如心、肺、肝等，都有性别。戴维斯爵士曾比较过这种阴阳学说和埃及神话、婆罗门神话。（见《中国人：中华帝国及其居民概述》第二卷，第 67 页。）

---

① 林奈（Linnaeus，Carolus，1707—1778），瑞典植物学家，首先构想出定义生物属种的原则，并创造出统一的生物命名系统。

十四　密云昌平十三陵

1865 年 9 月 25 日，于北京。

上封信曾告诉您，我们是怎么去古北口的。

8 月 29 日，我们掉头回家。（居然称北京为家了！）归途运气并不好，我的马，背痛。一个邋遢的中国老兽医，开了江湖秘方，但不能及时治愈。无奈，只好乘马车。头天的路程，走回头路，一直走到密云县，共走了 120 里。这本来没有什么大不了的。但是，平均下来，速度每小时将近 10 里。路上车辙很深，加上岩石通道和大石块，愈加不平。马车没有弹簧，每颠一下，身体就撞在硬硬的车板上。到了晚上，我的背脊就像我的马那样疼痛。在中国的马车上乘坐 10 个小时，人像散了架，可以拿去废品店出售了。

祸不单行。到了密云县，浑身酸痛，而客栈居然不让我们住宿！这算不了什么大事，软硬兼施之下，不久就让人们通情达理了。他们不愿接受我们，唯一的原因是，去年有些外国人住在这里，店主要房钱时，那些人不但不付，反而痛打了店主一顿。有些外国游客，来到这些地方，竟然做出这等事，使我们安抚当地人的所有努力，付诸东流。

我们让店主相信，我们既不会骗他，也不会打他。店主感到安全后，变得客气起来。然而，交涉期间，吸引了很多人围观，我的皮夹被偷了。这是个严重的损失，因为皮夹里有一大沓纸币、护照，还有为每次出游所作的草图和计划。我们做了悬赏，并派人通知知县（即城镇的主管），请求帮助。知县派来两个官员，谦卑地跪在我们面前，但提不出任何建议，不知怎样找回我的皮夹。到了这个时候，我明白了，再也见不到失窃的皮夹了。

从密云县到昌平州，走了两天。我们走的路在干道的一侧，那里的村庄比我们见过的更小、更穷，毫无重要性。根据茂密的庄稼来看，这里的人们应当是最富裕的。但是，他们受到政府苛捐杂税，大小官员扒皮抽血，因此，没有任何富裕的机会。我们所到之处，人们都在抱怨自己命苦。这不仅仅是空谈而已。回到北京后听说，在距我们走过的地方不远，发生了严重的暴动。那次起义，倘若值得那么称呼的话，幸而被平息下去。但在这之前，暴动已经造成巨大破坏，占领了两个小镇，据说还杀死了一个知县，不过后来又说没有。那场事件进一步证明下层官员的暴虐，以及人们对他们的憎恨。

俗语说："城里的僧侣，乡下的官员。"这两种人都有好运，一种是女人的宠爱，另一种可以用漂亮的羽毛装饰自己的窝巢。

在中国，偶尔会看到路边的神龛，就像在"虔诚的蒂罗尔"[①] 和其他罗马天主教国家那样，令人称奇。人们修建这些神龛，是为了供奉怀抱婴儿的慈悲女神观音或称"天后"的。这些神龛与供奉圣母和圣婴的殿堂，极其相似。这些神龛的对面，大都有一堵粉刷成白色的矮墙。墙上通常画着某种奇特的寓言式的图案，图中最显著的是龙。龙代表善，蛇或虎代表恶。龙与之一刻不停地搏斗。这种搏斗，常作为主题，画在神龛的白墙上。

关于龙与蛇，中国人有种离奇有趣的迷信。他们认为，打雷是龙在空中追逐虎或蛇，向它们投掷闪电、喷发火焰。雷雨期间，站在敞开的窗前，或者开阔地上，都十分危险。因为蛇和虎极其狡猾，善于躲避龙的攻击，所以龙的闪电和火焰就可能落到无辜的人头上。虎被画成一只凶恶的猫，弓着背，寿命极长。到了千岁生日，虎甩掉大牙，安上一对角。这种虚构的事，不值得惊奇，就像世界各地的老妇人的故事。在中国，有些受过教育的人也信这些，令人哑然失笑。

昌平州是 1860 年事件的发生地，英国囚徒在那里被残酷地折磨致死。与这些谋杀有牵连的清朝官员，只有一人还活

---

① 蒂罗尔（Tyrol）是奥地利西部一个风景如画的山区省份。

着，已遭到贬官流放，实为异数。其余的都死得很惨。有个人那天正期待得到赦免，让妻妾和家人来监狱带他回去，却以忤逆太后罪，在狱中正法。另一个，据说是被自己的兵卒杀死。至此，那些官员都得到了报应。

遭受酷刑而幸免于难的印度锡克士兵讲述了所发生的一切。根据他们的描绘，昌平州是座有城墙护卫的城市，大如天津。但这显然不对。昌平州是个有城墙的小镇，三面环山，风景秀丽。一个山顶上有所寺庙，而锡克士兵把它误作要塞，这是十分可能的。

那个小镇看上去相当繁荣，似乎棺材生意兴隆（从未在一个地方看见过那么多棺材），水桶业旺盛。在我看来，华北地区最具创意的产品，莫过于一种用柳条编织的水桶。

十三陵，即明朝十三座陵墓，距昌平州约 16 里路。十三陵是从南京迁都至北京的那些皇帝的安葬之处。

一座宏伟的石牌坊，让我们意识到即将看到不同寻常的事物。那座石牌坊是用巨大的石块砌成的，孤零零地伫立在平原之上。它是我所见到过的中国建筑的最佳代表作。

过了那座石牌坊不远，有一个砖砌的门楼①，门楼顶上铺设着皇家琉璃瓦，亦是非常华丽。那个门楼通往一个花岗岩砌成的方形大屋，内呈十字形。屋内有一只大理石巨龟。龟

---

① 即大红门。

背上立着一块高高的大理石碑。石碑正反两面都镌刻着铭文，一面记述明朝怎样建造这些陵墓的，另一面记述怎样在乾隆年间修缮的。那个门楼的四周，各有一个凯旋柱[①]。

接着便是陵道。陵道两边排列着大理石巨像：一对坐狮、一对立狮；一对坐着的麒麟[②]、一对站立的麒麟；一对坐着的骆驼、一对站立的骆驼；一对坐着的大象、一对站立的大象；一对浑身鳞片长着翅膀火焰环绕坐着的怪兽[③]、一对浑身鳞片长着翅膀火焰环绕站立的怪兽；一对卧马、一对立马；一对身披盔甲手持大刀长矛准备上战场的武士、一对刀剑入鞘双手抱胸气定神闲的武士；两对头戴官帽身穿官服的大学士；两对皇宫内侍。

我们穿过这条神秘的甬道，两旁的石像让马匹受惊不小。然后，沿着一条坑坑洼洼的石板路走了大约 5 里路左右，经过几座年久失修的汉白玉桥，终于到达皇陵所在。

每座陵墓就是一座皇宫。十三座陵墓，坐落在山岭形成的圆形剧场之中，周围种着柏树和柿树。陵墓之间，相隔两里左右。四周的平原现已开垦，但原来整个地方显然都应该

---

① 即华表。

② 这是一种神话中的野兽，一万年出现一次。最近见到的一次，是在孔夫子诞生的时候。在英国，人们把麒麟误作进口的长着卷曲的鬃毛的瓷狮、铜狮。中国人把它们叫作"狮子"。因为您有一对，所以我想您对此或许会感兴趣。——作者原注

③ 似指獬豸。

是僻静孤寂、与世隔绝的。十三陵的位置，美极了。以前曾对您说过，在中国，最美的地方被选作安葬逝者。您可以想象，辉煌的明朝，在这方面，其皇帝自然不会落后于臣民。

外地人通常观看的陵墓，也是我看到的，是永乐帝的陵墓①。这是最老的陵墓，也是最为出类拔萃的"祖陵"。德宗帝，沿袭永乐的方式统治，是明朝的第三位皇帝。他的统治时期为 15 世纪的头 25 年。正是德宗皇帝②把京城从南京迁至北京。德宗之后的 13 个皇帝，12 个葬在他四周。第十三个皇帝，京城被"叛军"③攻破之时，杀死妻妾子女，然后在后宫自缢。只有一个女儿失踪，幸免于难。

陵宫自然有高墙环绕，红墙黄瓦，皇室色彩。宽阔华丽的大门，通往一个大院。右边有个亭子，内有一只大理石龟，驮着一块高高的大理石碑，上面镌刻着纪念悼文。

过了这个庭院，有个极大的门厅。两架阶梯，拾级而上，进入门厅。两架阶梯之间，是块汉白玉板，雕龙画凤，装饰豪华。我认为，这中间的道路是让善神行走的。

第二进院落里，有两个精美的小殿堂，均空无一物。汉白玉建构的三层台地，如前院一样，各有阶梯和斜坡，通往一个极其宏伟的大殿④。大殿长 81 步，宽 36 步，非常高挑。

---

① 即明长陵。
② 应为永乐帝朱棣，接续第二位皇帝建文帝朱允炆的统治。
③ 指李自成军队。
④ 即裬恩殿。

地面为黑色大理石，墙色暗黄，36根粗大的木柱支撑着屋顶。屋顶回纹装饰，用景泰蓝绘成龙和其他标志。木柱，每根一样粗细，光滑平整，没有粉饰。这些柱子，伟岸挺拔。在中国，木材稀少，空屋一夜都不安全，因为贼会撬走屋顶和门窗。因此，这样的木柱，必定价值连城。

大殿中央，有个不怎么起眼的神龛，供奉"文祖"。每位皇帝都有三个称呼。第一个是本名①，一旦登基，便不再使用，因为那时他袭用的是皇朝头衔，而死后则册封第三个名字。所以，这位皇帝的庙号是"太宗"，用"永乐"年号统治，最后谥号为"文"。

大殿之后，还有两进庭院。其中一个庭院里，有个规模甚大的汉白玉祭台。祭台上的汉白玉面板，长达8步。祭台上，摆着5件祭品：一座香炉、两支蜡烛、两盘水果。祭坛内，有一缸清水。祭坛一侧有个洞，一根棍子穿过此洞。棍子上缠着一块布，当海绵用。这缸水是治疗某种疾病的特效药。

最后一个建筑是座高塔。塔内有一条拱形的通道，分叉成两个方向。塔内产生的回音，前所未闻。我俩行走发出的足音，如同一个步兵团那么响。塔顶有块竖立的大理石碑，漆着红字。从塔顶眺望，乡间秀丽的景色，尽收眼底。十三

---

① 即朱棣。

座皇陵，各居群山一隅，美不胜收。塔后有个人造土墩，想必是葬身之处。这一切的富丽堂皇，只是为了几根老骨头。中国有句俗语："宁为满身疥疮的乞丐，不做驾崩的皇帝。"

　　回到客栈，我俩边吃晚餐边聊，一致认为，月光如此皎洁，应当再回去看看，至少可以走到巨兽侍立的陵道。

　　我从未见过像那些巨兽和武士这样怪异的东西。月光之下，它们仿佛在动。我不禁心中忐忑，不知哪只巨兽是否真的会从石座上走下来，像《唐·乔万尼》^①中的骑士长那样，惩罚我们擅自闯入。无法想象，世上还有比那里更荒野、更寂寞的地方。那是坟墓所特有的孤寂。

　　次日早晨，天刚破晓，我俩便骑马上路，走了约 80 里，回到北京。以上是来华后见到的最有趣味的景观。在此赘言，期望让您有所了解。

---

　　①　*Don Giovanni*，全名《浪子终受罚》，或《唐·乔万尼》，又译《唐·璜》，由著名作曲家莫扎特谱曲、彭特作词的二幕意大利歌剧。

十五　中国的风水学

1865 年 10 月 25 日，于北京。

前不久写信给您，我还在抱怨北京的烈日酷暑。如今我乐意蜷缩在壁炉旁，观赏"火中景色"。屋外，雨时断时续。风刮来了暴雨，一会儿呻吟，一会儿哀嚎，刮过公使馆的院落，刮过摇摇欲坠的楼房，钻进角角落落，撞得飞檐上的破旧铃铛乱响，仿佛在积满灰尘的角落受到打扰而发怒。门吱嘎吱嘎地响着，梁木四处呻吟，窗岌岌可危，幸好高丽纸结实，但已经绷得很紧，令人不安地拍打着，如同无风的海面上松弛的船帆。总的来说，我得承认，我还是喜欢玻璃。

风暴减弱时，间或可听到守夜人敲竹板的啪啪声。我望着火，想到守夜人在外面该有多么冷，不禁感到卢克莱修①

---

① 卢克莱修（Titus Lucretius Carus，公元前 98—前 55），古罗马诗人、哲学家。他的经典名句："吾之美食，汝之鸩毒。"（What is food to one, is to others bitter poison.）

式的满足。

简而言之，冬天即将来临。再过半个月，树叶将全部掉落。北京将抛弃夏日诱人的绿色衣衫，变得赤裸裸、脏兮兮，难以见人。

上个月，气候宜人，不热也不冷。清晨，风尚未刮起灰尘，城里恶臭尚被夜晚的露水压抑着，这时骑马，神清气爽。我换了匹马。春天买的那匹马浑身都是病，为我服务 4 个月后，被我廉价卖了。我现在骑的是匹一流的蒙古矮脚马。

谈到马，让我想起狗。很不幸，我失去了极为喜爱的小狗"闹闹"。我曾经告诉过您，"闹闹"有多么淘气，老是惹是生非。那天，它与属于我们卫士的一条大狗发生争执，结果背上被咬了一口，脊梁骨断了，死了。公使馆内，人人都甚感惋惜。可怜的小东西，自从各国公使馆进驻以来，"闹闹"就一直在北京，在当地颇为出名。对于它的死，我非常悲痛。

近来，俄国政府为修建一条电报线路，采取了一系列步骤。我们对此饶有兴趣。那条电报线路将由恰克图①通往北京、天津。俄国人认为，这应该是中国人的一个项目，而俄国人则负责架设，并协助运营。因此，他们派了一位工程官员，带来整套的设备，向清朝政府示范。这套设备就安装在

_____

① 恰克图（Kiachta），清代中俄边境重镇，汉名买卖城，南通库伦（今蒙古人民共和国乌兰巴托），北达上乌丁斯克（今俄罗斯乌兰乌德）。

俄国公使馆的花园里。

大约 4 年前，葛罗男爵回到欧洲，给恭亲王寄来一套电报设备作为礼物。那时，中国人对西洋发明深怀恐惧，恭亲王非但不接受礼物，而且看都不看一眼。现在的清政府对国外的事务较为包容。总理衙门的官员以及恭亲王，都先后来观看电报设备怎样工作。不过，恭亲王对此作了精心安排，他那天每个公使馆都去转了转，不让人觉得他是专门来看电报设备的。观看电报设备运作时，他面无表情，不露声色。但几天之后，俄国公使倭良嘎喱^①收到总理衙门的公函，对电报演示十分满意，但表示，仅一次演示尚不足以让所有人都能体会到这项发明的伟大，所以希望再看一次。倭良嘎喱曾替恭亲王草拟过一份有关国际电报应用的文件。现在，倭良嘎喱突发奇想，打算招一些聪明伶俐的中国年轻人，教他们操作电报设备，下次恭亲王来时，可让他亲眼看看，中国人也能学会接送电报。这确实是一大进步。

法国人一直在关注，看其他强国是如何施加"影响"的。中国人曾拒收葛罗男爵的礼物。俄国人的这件事让他们增添了妒忌的动机。他们对俄国人的举动，既满腹狐疑又深深厌恶。我们则恰好相反，对任何愿意帮助中国进步的强国，都予以全力支持。人们的种种迷信思想，是在华推广电报、公

---

① 倭良嘎喱（A. Vlangaly），生卒不详，时任俄罗斯驻华公使。

路及其他重要工程的极大障碍。任何可能触及他们认为神圣或者祸福的事物，都会引起极度的恐慌。

中国人有一整套系统来确定吉祥之地、房屋结构，诸如此类的事。他们把这套系统称为"风水"，即"风"和"水"相结合的一个系统。中国人都相信这套系统。中国人，无论受过何种程度的教育，乔迁新居之前，都先要确定这幢房子是否符合"风水"书中罗列的所有要求。

前些日子，一个仆人病了。我们的首席中文教师，在中国人中可谓学富五车，竟悄悄地对威妥玛说，准是病人房间对面的那支新烟囱引起的，但那支烟囱距离病人的房间有150米。这里建造任何东西，都得方方面面符合"风水"，不然，就有被拆毁之忧。坟墓以及其他神圣的地方，也不得受到影响。一个工程师若要实施什么工程项目，最好的策略就是画好线路，然后雇个精通风水的中国人，让他看看，怎样才能尽量按照设计图案施工。

有个挺不错的故事，给您讲讲。我们在总理衙门一直抱怨，在街上受到当地流氓的侮辱。我们一转过身，他们就喊"鬼子"，然后装出一副事不关己的样子，实在是可恶。那一天，西班牙公使玛斯① 即将离京，他与总理衙门的所有官员

---

① 玛斯（M. de Mas），生卒不详，西班牙驻华公使。1868 年（清同治七年），清政府听说葡萄牙发生财政危机，便接受赫德建议，委托离任的西班牙驻华公使玛斯出使葡萄牙，以 130 万白银与葡萄牙政府交涉，谈判收回澳门和修改《和好贸易条约》。但玛斯中途病故，这一计划因此流产。

——告别。总理衙门的官员之中，恒祺尤其客气，送了玛斯一顿丰盛的中式大餐。事后，玛斯前往致谢。两位老人先是互相恭维了一番。那个西班牙人知道恒祺有个小儿子，老年得子，格外得意，于是请求一见，以为那必定是对恒祺极大的恭维。恒祺的小儿子来了，像同龄的孩子那样吮着大拇指。恒祺命他向玛斯致礼，即双手抱拳，上下摇动，以示敬意[①]。恒祺的小儿子，非但没有遵命，反而沉默了许久，在一再敦促之下，竟然从口中拔出拇指，高叫一声"鬼子"，拔腿就跑。您一定想象得到，那两个迂腐的老家伙该是多么的惊慌失措！恒祺吓了个半死，因为他一直声称与我们是朋友。虽然并没人信他的话，但让我们知道他私下教育儿子把我们看作魔鬼，对他的形象损害不小。

一名法国传教士在西部省份四川被杀害。据说，四川全省有八十万基督徒。近来，那里的基督徒受到迫害和骚扰的消息，时有所闻。北京的政府得采取积极措施，否则法国人将会迁怒于他们。中央政府惩治外省当局，总是行动迟缓，怕他们。在这件事上，他们会更不情愿，因为四川的总督执政颇有建树。

我们在中国听到有关改革的谣传。倘若中国想要保持独立，维持当今的朝代，改革就得尽快付诸实施，因为已经危

---

① 作揖。

在旦夕。每个行政部门都已腐朽、腐败，病入膏肓。中国人对待外国人，毫无诚信可言。国内怨声载道，国外怒斥毁约，清政府开始为生存而战栗。再不尽快改进，则为时晚矣。

十六　九月十七祭财神

1865 年 11 月 5 日，于北京。

今天一早，外面爆竹、摔炮、花火、鞭炮、彩珠筒、双响炮，各种烟火，把我吵醒。我揉了揉眼睛，还以为是什么好心的精灵把我送回英国了呢。此刻，英国正在庆祝烟火节[1]，规模空前。不过，烟火在中国并不稀罕，人们没日没夜地燃放。我们对门的邻居是肃亲王[2]。他家一刻不停地燃放烟火，根据声音来判断，克里蒙大桥[3]上的烟火必然相形见绌。

烟火和蜜饯是北京人的两大爱好，女士们对此尤其是情

---

[1]　英国历史上有士兵盖福克斯（Guy Fawkes）及其同党原计划于 1605 年 11 月 5 日暗杀国王詹姆士一世及国会成员，并以火药炸国会，消息走漏被逮捕。后人称此为火药阴谋案（Gunpowder Plot），亦把 11 月 5 日定为英国烟火节（Guy Fawkes Day 或 Bonfire's Day），以示纪念。

[2]　第九代肃亲王隆勤，同治元年封二等镇国将军，九年袭肃亲王，光绪二十四年薨，谥"良"。

[3]　克里蒙大桥是跨越伦敦泰晤士河的最古老的大桥，于 1863 年 3 月 2 日开放，是以原态保存的最古老的铁路桥。

有独钟，大把大把地花钱燃放、吮嚼。

今天，北京发疯了。从未听到过这么多嘶嘶声、爆裂声、砰然声、巨响声。因为今天是阴历九月十七日。虽然此地从未听说过"火药阴谋案"①，即使听说过，也不会引起任何轰动。然而，这一天，每个虔诚、正统的中国人都要放鞭炮，越多越好，因为九月十七日是某个名为"财神"的小菩萨的诞辰。

这个小神可是大有来头，与经商的人们关系密切，尤其是与他们的盈利有关。北京经商的人众多，每个人都有与生俱来的想发财的弱点，自然就大放爆竹鞭炮，孝敬、服侍这个小神，以期回报。除此之外，人们在纸条上书写或者印刷吉祥语句，点着火，让其随风飘撒。这个小神在尘世间与伊斯兰教有些瓜葛，所以每天得请他吃羊肉，请他吃猪肉显然是一种侮辱，而牛肉则对菩萨大为不敬。羊肉可以满足各方，包括食客，只要货源充足即可。

之所以提到这些，是因为我觉得，在北半球的两端，今年若是为了不同的理由，在同一天举行类似的庆祝，倒是值得注意的。

今天，小皇帝离京前往当今皇朝的陵园东陵。他此行的目的，是把父亲的棺椁放入已准备好的墓里。那个陵墓，花

---

① 参见上页"英国烟火节"注。

了4年时间建成。皇帝安葬是个隆重的国家大事。陪同皇帝前往的有恭亲王、大学士、各部尚书，只有总理衙门实际主管文祥未去。文祥留在京里坐镇。

关于这次东陵之行，我无法向您作任何描述，因为每逢这种时候，各国公使团都会收到公函，告诫其成员，不得在什么时候出现在哪几条街上。葬礼在城中的部分，进行得极其神秘，堪比《一千零一夜》中卜多鲁公主前往澡堂沐浴①。葬礼队伍经过的街道，店铺停业，行人肃清。倘若皇帝乘坐的轿子被哪个北京人瞄上一眼，说不定会给国家带来什么大祸呢。

中国人在此方面，行事格外一致。一旦队伍出了城，谁都可以去看。对于公众来说，皇家出游，也有好处。皇帝经过之处，道路都得以修整，因为不可颠坏了皇帝的身子骨，也不可亵渎皇帝的眼睛，尽管这些路对"百姓"②来说已经不错了。

第二天，中国与美索不达米亚签订了条约。在这件事上，中国人做得格外漂亮。在此之前，他们已经在上海与美索不达米亚签了条约。那个国家的国王拒绝批准，但中国人一直没有得到通知。突然之间，今年夏天来了一位绅士，自称是美索不达米亚国派遣的全权公使，前来缔结条约，只字不提

---

① 《一千零一夜》中"阿拉丁和神灯的故事"有这样的描写：他（阿拉丁）正在大街上漫步，忽然听到当差的大声对老百姓宣布："奉皇上圣旨，今日白狄奴·卜多鲁公主将前往澡堂沐浴熏香，为避免干扰，特令城中各商家停业，城中居民也要闭户一天，任何人不得外出，违者将处以绞刑。"

② 中文用来指称普通人。——作者原注

以前在上海签订的那个条约。中国人一番商议之后，任命了两位全权代表，让这位 T 先生在现有条约中任选一个。然而，他说："请谈判者做不能谈判之事，又有何益？"说完，坐下来，按照业余歌剧的创作原则，起草条约。

不过，估计您或许对那个条约的历史不感兴趣，所以长话短说。那位美索不达米亚人表现得"比中国人还中国人"，而中国人展现出的柔性，乐意接受创意，亦令我们大跌眼镜。

那个条约并没有什么重要性。在中国海上，偶尔会看到一艘美索不达米亚船只。在谈判期间，有个在华的美索不达米亚臣民宣布破产。

中国人的举动，显示出修改他们的外交政策的意愿，这对我们来说，具有深远的意义。中国人在这些谈判中的表现证明，他们读了惠顿的《万国公法》中译本，做法叛离以往的惯例，气得保守派辫子都翘起来了。

跟中国人打交道，最困难的一直是他们的外交政策。中国人若能够接受我们的文明，采用我们官员廉洁的标准，他们的内部事务便可走上正轨。他们若想保持独立，就必须学会与外国讲信用，坦诚相见。

近来与中国人打交道，他们确实表现出比以前更具诚意，更多忠实，但还是和他们有许多争执。违反条约的事件，无休无止。我们最坚持的一项条款是，英国臣民触犯中国法律，应当交与最近的英国领事馆处罚。

太平叛乱①吸引了大量暴民参加，许多是官军的逃兵。如果那些人被抓，任由当地官员处置，他们的命运将会如何，令人不寒而栗。此刻，我们正努力从他们手中拯救一个人，同时还在调查一个案子。据说案中人在解往上海的途中正常死亡，但那份报告在人死后一个半月才拟就，所以我们怀疑中间可能有猫腻。中央政府倒是愿意帮助我们，可各省总督权力很大，而且知道自己的权力很大。当然，我们会不遗余力，争取救回那个活着的人（如果他还活着的话）。对于已死的那个人，假如证明确实死于酷刑，我们也要争取惩罚凶手。所以，现在尚不可乐观。

11 月 13 日。关于 9 月 10 日的邮件，至今仍杳无音信。那天的邮件是有关我们的新任公使阿尔科克爵士②的。我原本打算去天津接他，但觉得乘船去可能会很冷。幸好没去，否则这些天便会一直在天津游逛，不知做什么。

在此期间，我们在忙着准备迎接新任公使。我已住进新居，相当漂亮，有很多中国式木雕装饰，但显然容易患风湿病。要使它不透风，得破费一些钱财。不过，我希望一步步让新居变得舒适起来。

---

① 原文用的是贬义词"The Taeping rebellion"，显然指的是"太平天国"运动。

② 拉瑟福德·阿尔科克爵士（Rutherford Alcock，1807—1897），即阿礼国，又译阿利国，英国人。来华后做过驻福州、厦门和上海领事，1865—1871年为驻华公使。

我现在的处境，在语言学方面是个"孤儿"。我的第一位老师顾先生，离我而去，进了某个小部门。无论部门多小，对中国人来说，都非常珍贵。第二任老师，人相当风趣，可惜偷了我桌上的一块大洋，被逮了个正着。那人确实是个很好的伴，书也教得好。我有意放他一马，不去计较，但仆人常喜（Chang-His）声称，假如徐先生留下，以后丢东西，他概不负责。所以，我只好让可怜的徐先生卷铺盖走人。徐先生有一肚子奇闻轶事、谚语格言、民间故事、八卦新闻，与一般的中文教师截然不同。那些人要找个话题，总是先问"贵国"如何。真希望徐先生能够管住自己的手，没有行窃。

十七　华北的野味和水果

1865 年 11 月 25 日，于北京。

今天，我们寄走了一批邮件，期望在霜冻阻断与国外通信之前，能够从天津发往上海。此后，邮件会很少，时间也不确定，只能走陆路到芝罘，然后再从那里出海。

冬天已经来临，下过几场寒霜。虽然与在俄国遇到的相比，只不过小儿科而已，但刺骨的冷风刮得飞沙走石，打在脸上像针扎似的。北京的树叶都掉了，一片荒芜萧疏。所有的东西，看上去都是灰黑色的。英国人，即使最贫穷的房子里，也会燃烧着欢乐的火焰。而中国人的房屋，既破烂又狭窄，看了让人发抖。

当地人已经裹上棉衣、皮袄。他们原本黄褐色的脸，冷风一刮，变成铁青，像死人一样。我看上去也够可怜的，像个冻得瑟瑟发抖的中国人。

蒙古族人开始大量涌进北京。他们身强力壮，深褐色的脸腔，与当地人形成鲜明对照。

街上的景致也变了，无数的西亚双峰骆驼，成群结队进城，驮来各种商品。

每年的这个时候，最利于补充库存食物。夏天，要换换口味，只能吃干巴巴的牛肉、筋吊吊的羊肉。现在有各种野味：野兔、野鸡、野鸭、小凫、蛎鹬，等等。不久，将会有各种野味，其中有蒙古的一种羚羊，中国人称"黄羊"，据说是世界上味道最美的野味。

北京水果很丰富。有种苹果状的小梨，是我尝过的最好吃的梨。一年四季都可吃到葡萄。大自然眷顾我们，一如 S 先生的园丁为他栽培葡萄。毫无疑问，就质量而言，S 先生的园丁种植的葡萄，远远超越大自然所能提供的。

《京报》①刚刊登了总理衙门的一则任命，据说在对外关系方面，是自额尔金勋爵签署条约以来，最为重要的一件事。一位姓徐的官员②被任命为总理衙门的高级官员。此人几年前曾在福建高就。在福建期间，得美国传教士之助，撰写了一本有关世界地理的书籍③。他在书中饶有兴趣地剖析外国机构与人物，这在华人之中尚无前例。他所心仪的两位英雄，

① 报道朝廷政事、动态、谕旨和奏折等公告性新闻的出版物。
② 即徐继畬（1795—1873），山西人，道光六年（1826）进士，历任多省督、抚。同治四年（1865）以三品京堂在总理各国事务衙门行走，并管理同文馆。
③ 即《瀛环志略》。

一是拿破仑，二是华盛顿。此书体裁通俗，销售量颇大。他在福建为官三年后，进京朝见皇帝。在京里，招人弹劾，说他渎职，遭到贬级，但真正的原因，在于他书中的新颖观点，以及对外国事务的了解与欣赏。如今，正是那些导致他以前失宠的才华，让他晋升至三品，帽珠镶红宝石，到总理衙门补缺，接替今年春天被免职的薛大人[①]。据说，薛大人被贬，是因为图谋贿赂恭亲王，而当时恭亲王本人亦失宠。徐先生上任一事，被看作是与中国人交往的一个新纪元的开始。

阿尔科克爵士历经危难，终于抵达天津。他不喜欢寻常的汽轮，便搭乘一艘军舰，从上海启航。结果，祸不单行，最后在大沽口外丢失了公使馆的财产，价值一万八千块大洋。当时，水手们正在把那个钱柜转载到一艘小型汽轮上去，以便沿海河溯流而上，不料箱子倾斜，竟坠入大海！据说，潜水员找到了那只箱子。倘若果真如此，得来不易，也是应该的，因为当时的天气并不适宜潜水。

现在，公使馆的院落里，到处堆满了板车、货箱，内存家具、钢琴、风琴、槌球器具。不过，槌球器具可能没什么用处，因为附近寸草不生，最近的就是天坛周围的公园了。

---

① 薛焕（1815—1880），四川宜宾人，字觐堂，道光二十四年（1844）举人。

十八　北京的冬天刮大风

1865 年 12 月 4 日，于北京。

9 月 26 日，来送邮件的信差还告诉我们，在渤海湾最后冰封之前，还有机会在大沽赶上船。现在，渤海湾早已冰封。因此，这是我们与世隔绝前的最后一封信。

上个星期三，阿尔科克爵士携家眷抵达北京。一路上，他们历经艰辛，从天津乘了三天轿子，晚上睡的客栈连火炉都没有，纸糊的窗子又年久失修。

北京的冬天，气候宜人。只下过一场雪，在阳光照不到的阴暗角落，或者北面的屋顶，还残留着雪迹。其他地方，雪都融化了。正午的太阳，总是暖融融的。夜晚与清晨的寒霜，把地冻得硬邦邦。空气异常清新。风已数日未来光顾。冬天最可怕的，就是从蒙古高原刮来的大风，卷起尘土，让人透不过气，看不见物。

气候虽然很好，但对乞丐来说，还是极为艰难。他们衣不蔽体，四处乞讨，生活在寒冷之中。中国穷人身穿的皮袄，肮脏的程度，简直难以置信。常常可见五六个当地人，站在向阳的墙下，脱光身上的衣服，专注地捕捉着满身的虱子。大街上，到处是叫卖旧衣、破布的摊贩。那么破烂的衣服，正经的造纸厂也不会接受。那些摊贩，一边摇晃着破衣，一边吆喝着。他们的喊声，就像其他小贩一样，单调而有节奏。他们的行当，虽然肮脏，却也相当兴隆。

那天，有人向我们兜售一种植物，说是吃了会长生不老。我们让这个机会从手中溜走，因为我们之中没有一个人愿意出五千两银子，经历提托诺斯①的命运。那人是个药材商，他对我们说，那是他在满洲里的山中找到的，还出示了一本中国植物学的书，证明所说不假。那株植物是个小小的黑色伞菌②。他称之为"生命之树"，还说千年难逢。我们问他，

---

① 典出《希腊神话》。厄俄斯是黎明女神，她很美丽，所以她在东方出现时，整个天空都发出可爱的粉红色的光芒。地球上有个叫提托诺斯（Tithonus）的凡人，他很爱厄俄斯，所以天还没有亮时他就起床，以免错过看她的来临。厄俄斯也爱提托诺斯，所以一天她去见众神之王，要求赐给提托诺斯一杯神祇的甘液，让他能永远活着。宙斯答应了她的要求。厄俄斯就带提托诺斯到奥林匹斯山上她的金屋生活。这位女神忘记要求让提托诺斯永远年轻。所以时间到了，他金黄的卷发中可以看到白头发了。虽然这样，厄俄斯还是对他很好，给他穿漂亮的衣服，吃神祇的食物。可是提托诺斯还是一直老下去，几百年以后就老得无法行动了，连仅剩的声音也变得又高又尖。他身体很虚弱，以致为了安全必把他锁在房间内。厄俄斯看看他身体那样虚弱很难过，就把他变成一只小虫送到地球上，人类叫他蚱蜢。提托诺斯很高兴能再自由行动，就整天在田野里乱跳，同时很愉快地对厄俄斯叫着。

② 可能是"紫芝"，灵芝的一种。

为什么不把这件宝物卖给皇帝？他回答说，若不是怕皇宫卫士放血，他会那么做的。我们又问，以前吃过生命之树的人，现在何处？他看到我们不相信，便愤愤地走了。

中国人对自然史的见解，常常十分有趣。几天前，一个贩卖古董的人来见我，带来了一把小巧精致的水晶鼻烟壶，他们称之为发晶，因为里面有毛发似的黑色纹理从中穿过。他觉得应当解释一下，毛发是怎样穿过水晶的，便说："大人您知道，我们中国人以前从不剃发。明朝时，我们留长辫。鞑靼篡夺皇位后，强迫我们剃头。于是，人们把剃下的头发抛入大海。海浪与阳光合作，同时对这根头发施加影响，于是就产生了您看到的效果了。但这种海浪与阳光同时发功的几率非常小。谁也不能凭自己的意愿，把剃下的头发变成发晶。"

皇帝葬父之行，是个大好机会，借此撤销了春天加在恭亲王头上的所有羞辱。这一切将从帝国的记录中一笔勾销，后世将对此一无所知。

十九　菜市口秋决实录

1866 年 1 月 1 日，于北京。

昨晚邮件抵达，为过去的一年画上了圆满的句号。遗憾的是，绍林即将离开我们，赴德国上任。

我收到一扎子信，格外高兴，因为很久没有国内的消息了。也许还会等许久，才会从芝罘收到下一批信件。至于报纸，来得太晚，新闻都成旧闻了，几乎不值得翻阅。

我们通过送往恰克图的俄国邮递和电报，得知新闻概要。现在看过期的《泰晤士报》，如同天赋异禀，可以预见未来之事。这也显示出，倘若真的可以预见未来，生活将会多么乏味啊。《泰晤士报》还在猜测，帕麦斯顿勋爵[①]会在下次会议采

---

① 帕麦斯顿勋爵（Henry John Temple, 3rd Viscount Palmerston, KG, GCB, PC, 1784—1865），两度出任英国外交大臣（1830—1841，1846—1851）、两度出任英国首相（1855—1858，1859—1865）。帕麦斯顿勋爵有句名言："我们没有永久的朋友，也没有永久的敌人。只有利益是永恒不变的，这才是我们应当遵循和追求的。"

取什么行动，但三个星期之前，我们就已得知他去世的消息。

今天早晨，被公使馆内所有的中国人吵醒。他们结队前来，跪在我面前，祝我"新年快乐"。希望他们所有的祝愿，加上我本人的，能够在您身上得以实现。

虽然很久未给您写信了，但可说的并不多。阿尔科克爵士和夫人已经在新居安顿下来。我感觉，他们颇为失望。这并不奇怪。不过，他们似乎下了决心，物尽其用，并努力让周围的每一个人都感到自在。

阿尔科克爵士与恭亲王的第一次会晤，进行得不错。我从未见过恭亲王如此亲切。中国的外交部，即总理各国事务衙门，作为接见的场所，并不比原先位于唐宁街的英国外交部大楼①好多少。总理衙门的大门，每逢重大时节，总是戒备森严。为了在大门口得到引见，我们得经过后面的厨房进入接待室。在厨房里，看到制作各种精致点心的，竟是非常肮脏的当地人，而这些点心是用来招待我们的。

总理衙门的接待室，位于庭院中央，是个八角形的亭阁，非常冷。不过，中国人不在乎冰冷的房间，因为他们进屋不脱皮衣②。他们穿的靴子底很厚，根本感觉不到地砖有多冷。这个建筑，四面临空，无遮无挡。夏天像蒸笼，冬天似冰窟。造访总理衙门，无论冬夏，皆非愉悦之事。

---

① 已于 1864 年拆除。——作者原注
② 官服用的是狐狸腿上的皮毛。——作者原注

应当告诉您，总理衙门实际上是个由高官组成的董事会，它的成员另有其职。总理衙门创建于 1860 年签订各项条约之后，为了处理外国事务，没有外交大臣这一头衔。

半个月前，一个明亮而寒冷的早晨，我们三人目睹了一场中国人的死刑。刑场就在外城菜市口的空地上。菜市口设在一条较宽的街上，几条大街与之直角相连。那天，各条大街通往菜市口的入口，都被拦了起来，而菜市口所在的街上，到处是官兵。那都是些衣衫褴褛的人们，除了鞑鞋帽，身上的衣服五花八门，没有相同的。即使是他们的鞑鞋帽，也大都破烂不堪，有的连帽缨都掉了。那些官兵，如同他们的服装，也是形形色色，老的老，少的少，壮的壮，弱的弱，半瞎的，全聋的。服役并没有辱没他们中的任何一个人。我看见有个撑着拐杖的士兵，而驼子、瘸子，比比皆是。

我们把马寄托给几个这样的可怜人，然后穿过警戒线。没有人阻止我们，每个人都非常有礼貌。街上所有的店铺都关闭了，但低矮的平屋顶上，挤满了观看的人，全是男的，没有一个女人或孩子。

圈起来的空地一端，有个席棚，里面关着囚犯，等候处死他们的圣旨。我们进了棚，里面的景象令人难忘。一共有十五个罪犯，其中一个是女的，一个是杀人犯；两个是拐卖女孩为奴的，其中就有那个女犯人；其余的都是拦路抢劫的罪犯。那个杀人犯，注定会被砍头。对于中国人来说，不能把父母给的全身带到另一个世界是最重的惩罚①。其他人都将被绞死。

与行将就死之人交谈,这种感觉非常奇特。他们之中,有些人镇定自若,走上前来与我们交谈,询问,仿佛事不关己。有个人看上去十分聪明,他对我们说:"我想,你们是来看热闹的吧。"他所用的词,完全可以用来描绘一个集市。另一个人则大笑着问道:"你们国家有这种乐子吗?你们要是能把我带走就好了。"我们回答说,会很高兴那么做。他听了,微微一笑,说道:"律法不允许你们那么做的。"有位老人,至死保持着亚洲人的儒雅。我们中有人向一名警卫讨火点雪茄。那个警卫不知是没有听懂,还是没有注意到。老人看到了,用手轻轻地碰了那个警卫一下,说:"你这是什么态度?没看到吗?这位绅士要个火。"当然,不是所有的犯人都这么安静的。那个杀人犯,一刻不停地狂叫着、骂着,用各种想得到的下流话咒骂皇帝。

出于仁慈,执行的官员给那个女犯吃了某种药。虽然这种药使她恶心,但也使她失去知觉。执行的官员对死囚都很仁厚,自己掏钱给他们买烟抽、买茶饮、买酒喝。即使是那个杀人犯,在两个士兵中不停地挣扎,做出各种挑衅行为,也只是被要求:"安静点!安静点!"其他人可以在棚里走动。

---

① 正是出于这种思维,中国人非常排斥截肢。——作者原注

他们的手被绑着，背后插着根箭似的东西，上面写着他们的名字和所犯罪状。除此之外，没有其他约束。他们都来自同一个地方。

上面告诉过您，那名女犯被灌了药。这是行刑时常用的一种措施。用于这种目的的最有名的药物，是鹤冠里的血，中文称作"丹顶红"。这类药，价格昂贵。据说，清朝官员的朝珠中，有一颗里就藏着这种药，万一皇帝不高兴，他们可以用此自杀。鹤冠之血，既是毒药，也是镇痛药。

我们把带来的雪茄都给了这些可怜的死囚。他们十分感激。而对我来说，离开这样痛楚的场景，亦是一种解脱。

沿着这条街再走下去一点，另搭了个大棚。棚内的高官，坐成个半圆形，为首的是刑部的一名帽镶红色顶珠的官员。棚的一边，有个小小的祭坛，上面摆着行刑用具：砍刀、血淋淋的绳子、绞压器、绞索。祭坛前，砌了个小砖炉，炉上架着一口大锅，就像剃头匠的大盆。锅内沸腾着热水，这是用来暖刀的。刀斧手围炉而坐，烘烤着手。砍刀，刀片短而宽，类似屠刀，刀把是木头的，上面雕了个怪异的头像。这些刀已经用了两百年，都成精了，具有神力。刀一共有五把，各有称呼："大爷""二爷""三爷""四爷""五爷"。不用时，刀就存放在领头的刀斧手家，挂在墙上。我的教师肃然地告诉过我，人们常听到那几把刀在夜里令人毛骨悚然地吟唱以往的功绩。用得着时，这些"爷们"便会被"请"出来。

谈起这些砍刀，众刀斧手有满肚子的故事和传说。有把刀要比其他的历史短一些，性情轻佻些，爱闹着玩，戏耍待砍的头颅，而不像其他刀那样，一刀就把头砍下。其他的刀，历史久些，性情更稳重。

几度谎报，声称圣旨到，宣告行刑时刻。最后，刽子手，即刀斧手的头领，终于步出大棚，甩掉身上的皮袄，套上血迹斑斑的黄皮围裙。他五短三粗的身材，但并无戾气，脸上的表情，就是那种有重大事情要干的人的表情，有些好奇、有些焦虑、有些迫不及待。想想都可怕，他俨然成了这种场合的英雄。士兵们围着他，对他极其崇敬，若能和他说上一句话，则是无上的荣光。五把刀在他附近一字排开，助手替他脱了外套，于是，一切准备就绪了。圣旨一到，囚犯就被一个个带到官员们就座的那个大棚，验明正身，然后交给刀斧手。

刽子手和他的同伴得用棍子逼退士兵，以便腾出一块空地。士兵们的举止，极为不堪，令人反感。所有的秩序与纪律都抛诸脑后了。他们就像一群猎狗，吠叫着、咆哮着、争抢着，要把一只狐狸撕成碎片，而不是派来维持秩序的。

第一个推出来的是那个杀人犯。所幸的是，他已吓得失去知觉，因此，他的痛苦也结束了。砍头的过程很快。一根绳子套在了囚犯的脖子上，紧靠着下巴。这样，助手就可以把头拎起来，减少刀的反弹力。

如果被砍头的是个朝廷官员，刽子手会引见自己，然后说："请大人归天。"类似以前的英国刽子手会请求受刑者宽恕一样。

那个杀人犯被强迫跪在地上，刽子手嗖地举起刀来，发出一声啸叫，仿佛是说"杀了人"，一刀砍下头来，拎着去让官员验明。刀砍下去时，围观的民众都大声叫道："好刀！"一半是称赞刽子手的技术，更多的是出于"归天"的一种迷信思想。

绞刑也同样，干得干净利索。与吊死相比，绞刑所用的时间短得多。两根鞭绳在脖子上绕成一个环。犯人头朝下躺在地上，两个施刑的人摇动绞压器，一眨眼就完了。看不出有什么痛苦。

您可以想象得到，见过犯人是如何处死之后，我是一刻也待不下去了。出来时，经过大棚，听到有人大声地喊一个名字。只见两个士兵押着一个高个子，从余下犯人等候的席棚中走出来。那人神态悠闲，镇定自若，仿佛去赴宴。他就是我曾短暂交谈过的一个年轻人。

这种恐怖行为的最后一个步骤，是把处死的犯人扔入万人坑，让狼和狐狸吃个干净。万人坑就在外城内。有钱的人家，会把死人的尸体运回家，或许可以得到体面的安葬。

我不无欣慰地看到，处死犯人的方式，远比某些作家意欲让人相信的要仁慈得多。事实上，这不是"凌迟"，那是用来惩罚弑父弑母者①或是重大叛国者的。但有个目睹过凌迟的英国人让我相信，那个受凌迟处死的人，一下就死了，千刀万剐是在他死后进行的，而不是在生前。

士兵们对待犯人，仁慈得过分，使我印象尤其深刻。他们所表现出来的唯一残忍迹象，是挤上前去观看死刑的热切心情。这确实令人反胃。

那天处死的犯人，对身处之境的严重性，似乎没有一个受到丝毫影响，或者表现出对即将发生之事的任何忧患。要说有情感的话，也只是单纯的对死之瞬间疼痛的恐惧。他们似乎无法想得更多。

我得结束这封有关恐怖之事的信了。

---

① 弑父弑母罪，包括严重叛国、杀害父母、长辈以及教师。由此可见，教育受到极度尊崇，老师等同父母。学徒杀害师傅，也属于这项罪行。据说，猫头鹰和老虎都会吃父母。尤其是猫头鹰，还吃母亲的头和眼睛。猫头鹰的笑声，意味着某家有人将死。——作者原注

二十 《京报》和总理衙门

1866 年 1 月 20 日，于北京。

上次给您写信之后，我们闭门不出，过着像菜园子里的蔬菜那样的生活。公使馆内有滑冰场，因此，没有理由出去面对风沙。

维持滑冰场，并非易事。风把尘土一层层地吹到冰面上，炙热的太阳把尘土融入冰中，只好不断地浇水，才能保持冰面。

冬天本来就是最干旱的季节，今年冬天更是罕见的干燥。几天前，《京报》上登载了一道圣旨，派五位亲王前往不同寺庙，进香求雪。皇帝本人着了凉，不然会亲自前往。

顺便提一下，《京报》是个非常奇特的出版物，每天以小册子的形式出版，售价低廉。

据说，《京报》最早发行于宋朝，比它那出身牛津的伦敦弟弟①早问世 700 年。《京报》刊登朝廷动态、圣旨、谏书、请愿书、批复、任命、晋级、奖赏等。

《京报》上的一些通告，十分有趣，给您转述几则。

数月前，朝廷大军围攻一座落入叛军之手的城池。一颗地雷爆炸时，战神关帝威风凛凛地显出身来②。看到关帝显灵，官军大受鼓舞，奋勇冲进城墙缺口，所向披靡，把整个城池洗劫一空。山西的官员为此上书，皇上龙颜大悦，命翰林院③与南书房④准备一块碑，立在山西的某个寺庙，纪念关帝显灵。

浙江当局发函至礼部，陈述当地有个寡妇，无法控制丧夫之痛，决心为他保守贞洁，因此自杀了。该寡妇死后得到追授荣誉，褒奖她的贞节。⑤

南方有个道台进京，办理与买卖硫磺有关的事务。他正事办完之后，对朝廷说，父亲几年前在山西叛乱时被害，尸骨一直未找到。他声称，已故父亲的骨头沉甸甸地压在他的

---

① 《伦敦宪报》(London Gazette) 是英国主要的官方出版物，一般法令通告都由它刊布。《伦敦宪报》自 1665 年 11 月 7 日开始刊行，声称为英格兰历史最悠久的报纸，也是全英国连续刊行时间最长的报纸。

② 不清楚是谁看见关帝的。——作者原注

③ 皇家学院。——作者原注

④ 皇帝的私人图书馆。——作者原注

⑤ 丈夫死后，寡妇自杀，是中国女人可以显示的最高德行。北京的街上，许多地方都有横跨街面的木制圆拱，中国人称之为"牌坊"，旌表这些贞节妇人。不过，这种极端的贞节观念似乎已不再盛行，因为我所看到的那些牌坊，都已年久失修。——作者原注

身上，极为不适。因此，他恳请朝廷派他去山西寻找父亲尸骨，费用由朝廷负担。朝廷的回复中，赞扬他孝顺，极为赞同他对父亲尸骨的看法，鼓励他想方设法去寻找，但一口拒绝让朝廷出资。

《京报》也常公开发布追授荣誉、追封爵位、追认圣贤等的消息。

恒祺是总理衙门的官员，负责与俄国人谈判一个新的贸易条约。那是一个有关西伯利亚和蒙古的条约。每当他准备固执己见时，都会送一些蜜饯到公使馆。现在，他给公使和秘书各送了一整套丰盛的宴席，我想，他是准备和俄国人打太极拳了。那套宴席布置得非常精美。各道菜肴的装饰，各种蜜饯摆出的花样，厨师一定花了好多心思。记得以前曾给您介绍过这位老人的中式宴席，所以我敢说，您一定不愿我再次重复。不过，隔段时间再听一次，也不坏。燕窝汤极其鲜美，尽管汤的味道来自各种调味品，因为燕窝本身就像鱼胶一样，毫无味道。说真的，燕窝看上去与鱼胶极为相似。

那天，我的教师就几年前暴发的霍乱，讲了些独到的见解。人们把霍乱暴发归咎于各种原因。有的说，太平军叛乱中杀了很多人，那场时疫的起因是他们的尸体散发毒气。另一些人把那场时疫归咎于瘟神。瘟神，即瘟疫之神，是一个神灵，蓝脸、红发，手持一个圆盘、一支长矛、一柄大刀，或其他武器。有人倒了霉，人们就会说他见了瘟神了。"丑若瘟神爷"一语，译成英文就是："to be as ugly as sin"①。

有天晚上，大家玩得十分开心。外交使团的一位女士，每星期四举办"家居"活动，在京的欧洲人都去那里聚会。上个星期四，有人坐下来弹华尔兹，唯一在场的两位女士，好像被塔兰图拉毒蛛②咬了一口，声称一定要跳舞。于是，我和法国公使毕盛③被指派做她们的舞伴。我们正在屋里旋转着跳舞，三四个中国仆人手中端着糕点和烫过的酒走了进来。他们见此情景，目瞪口呆，我还以为他们会把手中的东西撒了呢。从未见过，人的脸上会显出如此惊愕的神情。可以想象得到，他们心里一定在喊：啊呀！密大人（指的是我）和毕老爷，居然不顾体统，搂着两个姑娘的腰，在屋子里一圈一圈地跑，而欧老爷还在一边敲打桌子。简直不可思议！这些蛮夷，真是古怪的人！

前天，托马斯先生来拜访我和绍林。他在中国以叛离圣玛窦④而出了名，因为他离开教会进入了海关。托马斯先生是个很有些造诣的语言学家，会说七种欧洲语言（包括俄语）、中文、日文和蒙古文。两年前，他作为传教士团的成

---

① 再转译成中文，就成了："丑若罪孽"。
② 塔兰图拉毒蛛产于南欧等地。16 至 17 世纪，意大利南部的人认为，被塔兰图拉毒蛛咬了，必须剧烈跳舞方能解毒。
③ 毕盛（Stephen Jean Marie Pichon，？—1933），法兰西第三共和国记者、法国外交官、政治家，曾担任驻清朝公使。
④ 圣玛窦（St. Matthew）是耶稣的十二门徒之一，也是《圣经》中第一部福音的作者。

员来到中国，但与其他传教兄弟起了争执，因为他才到中国
3个月，所以拒绝用中文布道。于是，他就进了中国海关。
去年5月我经过芝罘时，他就驻扎在那里。不过，现在他迷
途知返，与北京其他传教士住在一起。

托马斯先生刚出访朝鲜归来。他去朝鲜是从事语言学方
面的研究。我们都很希望听到有关那个域外之地的见闻。托
马斯先生在芝罘时，有两个朝鲜商人前来中国讨债。当时，
他对他们颇为友善。那两个朝鲜人是基督徒，随身带来了几
封公开信，是驻朝鲜首都汉城的罗马天主教传教使团写的，
恳求沿途遇到的基督徒给予方便。托马斯先生留他们住宿，
开始在他们的指导下学习朝鲜文。他俩回国时，托马斯先生
陪同前往。不过，他看到的似乎不多。他上岸走的路很少，
主要是沿海的几个岛屿。他曾到达朝鲜沿海的一个地点，那
里距离汉城大约40公里。他试图装扮成为父母戴孝的朝鲜
人，用一块长面纱把脸捂得严严实实，身穿宽松的白衣服，
头戴直径一米多的宽边帽子。可是，他乘坐的朝鲜船触礁，
致使他无法抵达目的地①，只好搭乘中国船回来。这趟行程，
他历经磨难，忍受饥饿，泥泞跋涉，触礁遇险，却几乎一无
所获。他在语言上的收获必定来自那两位朝鲜朋友，因为他
对那里的人们没有做任何描述。

---

① 这也许对他来说是件好事。——作者原注

朝鲜人一定是个令人好奇的民族。他们与世隔绝，不但禁止外国人进入他们的国家，而且像日本人那样，阻止自己的人民出国。只有一些有特权的人，才可到中国向皇帝进贡，或者做买卖。时下，有许多这样的朝鲜人在北京。他们的特征是，头戴一种特殊形状的高帽。任何不属于这一群体的朝鲜人，一旦回国就会被砍头。

奇怪的是，尽管如此与世隔绝，罗马天主教传教士似乎在汉城生活得不错，没有受到打扰。据说，他们在那里使不少人皈依天主教。不过，他们也得入乡随俗，穿戴朝鲜丧服，掩盖耳目[①]。

托马斯先生讲的故事中，最重要的部分，是有 250 个朝鲜人渡过阿穆尔河[②]，向俄国人效忠，当然，俄国人迟早会得到朝鲜。但我想，假如这个情报属实，我们一定早就从其他渠道听说了[③]。

---

① 一年后，那些罗马天主教传教士遭遇大屠杀。为此，法国派遣远征军到朝鲜，但未成功。——作者原注
② 阿穆尔河（The Amoor），即黑龙江。
③ 过了一年，这位颇有造诣而又热衷冒险的绅士，再次乘坐美国船只前往朝鲜。那群人从此销声匿迹。但有报道传到北京，声称朝鲜人在距离汉城不远的河山，一把火烧了那艘船，全船的人无一生还。——作者原注

二十一 俄国传教士团和姜太公

1866 年 2 月 3 日，于北京。

时间过得真快，又到了寄发邮件的日子了。希望您收到我的信会更有规律，而不是像以前曾让您失望的那样缓慢无序。倘若我们现在享受的温暖气候持续下去，河流不久就会解冻，那么邮件又会重归正常。

1 月 30 日午夜，气温表的指针停留在摄氏 4 度。中国人兴高采烈。为了求雪，皇帝让人烧了无数的香，还派遣亲王冒着寒冷去远处的寺庙，却毫无结果。于是，那天早晨，皇帝亲自祭天。雪还真的下了！

这也许是今年最后一次霜冻，至少在目前看来如此。我们抓紧机会，去了趟圆明园，在湖上滑冰。那里的景色，明亮秀丽。湖面洁净，宛如一块玻璃。

湖上的冰，晶莹剔透。可惜不太适合滑冰，因为荷叶依然挺立在湖上。然而，不时会见到一块约百米见方的冰面，没有冰刀的痕迹，也没有灰尘，棒极了。一些中国人过来看我们滑冰。花样滑冰让他们大开眼界，尤其是倒滑的动作。有些当地人滑得还行，但通常是一只脚上绑着冰刀，用另一只脚蹬。据说，滑冰曾经是满人旗手训练项目中的一个部分。我们在园中一个小亭子里野餐，玩得很高兴。

几天前，第一次去内城东北角拜访俄国传教士团。他们的领队是巴拉第大司祭①。俄国传教士团周围有大片空地，空气新鲜，没有灰尘，尤其是可以直通乡下，不需穿过肮脏的大街小巷。1861年，英国公使馆为何不建在此地，实在令人遗憾。

俄国传教士团由一位大司祭和三位神父组成。他们开办学校，共有24名学生，学生的家长都是基督徒。巴拉第大司祭告诉我，周围的居民大都已皈依。

北京集聚了大群俄国人，主要是阿尔巴津②人。阿尔巴津人源自一小群俄罗斯劳工，居住在黑龙江边的阿尔巴津小镇。彼得大帝的父皇阿列克谢③在位期间，中国人向这个小

---

①　俗名彼得·伊万诺维奇·卡法罗夫，教名巴拉第（Archimandrite Palladius，1817—1878），又有法号鲍乃迪。他先后三次到达北京，居住时间长达31年，率先将《元朝秘史》译成俄文，成为世界公认的著名汉学家。

②　中国古城阿尔巴津（Albazin），取名于达斡尔语的阿尔巴西河（即乌穆尔河，今称额木尔河）。它的官方名称，在清档和史籍里均称为雅克萨城，属满语，意即"涮坍的河湾子"。

③　俄国沙皇阿列克谢一世，全名为阿列克谢·米哈伊洛维奇（1629—1676）。

殖民地开战。阿尔巴津人拼命抵抗了两年左右，最后被征服，未战死者均被俘。鉴于作战勇敢，幸存者被带到北京，令其从军。于是，他们在此生存至今，成了地地道道的中国人，唯一未改的是他们的宗教信仰，始终笃信东正教。阿尔巴津的男人们，无论父子，都得从军，不许从事其他职业。朝廷最近才颁布了一道法令，解除了这个规定，允许他们经商、劳作、习文。

纯种的阿尔巴津人家庭，大概只剩下 10 至 15 个。不过，由于他们可以自由地与中国人结婚，为中国女人洗礼，因此，希腊派基督教徒 ① 人数大增。

边境两边相互掳人，成了中俄之间由来已久的争端。为了解决诸如此类的问题，彼得大帝向康熙皇帝派遣了一个使团。在这个使团的基础上，成立了两个俄国使团：南面的使团即现在的俄国公使馆，北面的使团就是传教士团。南面的使团为商队提供服务。这些俄国商人，每隔两年从西伯利亚来趟北京，在两国之间进行贸易。南面的使团最近重建过，只有小礼拜堂还是原物，可以追溯到彼得大帝时代。小礼拜堂上依然留着地震的痕迹。那场地震发生在上个世纪中叶。

巴拉第大司祭告诉我，他 25 年前第一次来北京，那时与人交流，并不比现在困难。那时候，传教士团的神父，北不

---

① 指东正教，与天主教、基督新教并立的基督教三大派别之一。

得越过长城，南不可超过天津。但这都是因为朝廷官员之故。朝廷官员那时就百般阻挠，或许将来还会百般阻挠。当地人倒是比较友好。没见过俄国人的当地人，第一次看见他们穿着奇怪的服装，毛发浅黄，还以为是满洲鞑靼呢。即使是现在，没见过欧洲人或蒙古族人的中原人，还常把我们当作蒙古人。

那天，我对我的中文教师谈起帕麦斯顿勋爵，说勋爵身强力壮，思维敏捷。他很感兴趣，举了中国历史上的两个例子，说他们年过八旬依然精力旺盛。他提到的第一个人，是唐朝（7 世纪）武则天女皇执政时有个姓梁的大臣，82 岁考中状元，当上宰相[①]。他提到的另一个人，传说的成分较多。

文王，即武王的父亲，是周朝第一个皇帝（与以色列国扫罗王[②]为同时代人）。他做了个梦，梦中看见一只野兽，既像野猪又像人，长着翅膀，能飞。文王醒来后，不解梦中之意，心中忐忑不安，于是，招来宫廷占卜人。占卜人为文王释梦，说他将会得到一位足智多谋的贤臣。文王闻此，立刻带着两个儿子，乘战车前去寻找这位智者。多天以后，文王来到一条名为"渭水"的河边，看到有位老者在河边钓鱼。

---

① 此处可能误传。武则天前后共用了 73 位宰相，其中大器晚成的是张柬之，于 82 岁去世。另据《三字经》："若梁灏、八十二、对大庭、魁多士。"但梁灏是北宋郓州须城人。

② 扫罗是以色列犹太人进入王国时期的第一个王，约公元前 1020—前 1000 年在位。

这位老者叫太公，在邪恶的纣辛王①统治期间，隐居山洞，潜心学问。文王见此老者，让两个儿子下车问路。但那位老者继续钓着鱼，回答说："看见了吧？小鱼过来了，但大鱼还留在远处。"两个儿子把这个充满玄机的回答说给文王听，文王立刻知道，这位老者就是梦中向他昭示的智叟，因为老者的回答是对他的责备，责备他没有按照礼节自己下车，而是派了儿子过来。于是，文王请太公上车，带他回去，封他为宰相。那时，太公已经80多岁了。文王死后，武王待太公如父，因为正是在太公的忠告之下，周朝变得强盛。太公活到近百岁，死后化作神灵。众人说，太公现在统领所有的神灵，给每个神灵分派职位与职责。

　　上面所叙，是逐字直译中文教师给我讲的有关太公的故事。

---

　　①　纣辛王，即商朝纣王。"纣王"并不是正式的帝号，正确的名称应该是商代的第三十二位帝王子辛，也叫"帝辛"。

二十二　清朝官员的劣迹

1866 年 2 月 8 日，于北京。

我期望，这封信会随着上星期六发出的那个邮袋抵达英国。至少，这封信可以让您知道一些几天前的新闻，不过，可说的并不多。

星期一，那些见习翻译作了第二次戏剧表演。节目有："娘子"和"五英镑来回巴黎"。依我看，那场表演中最有趣的是观察站在后面的中国仆人的表情。虽然他们一个字也听不懂，却对表演深感兴趣，说好看极了。尤其是第一个节目，其中临时为路易八世准备的服装，让他们大为着迷。"女士们"穿着长筒袜，平均身高 1.78 米，早晨剃去的胡须，还在脸上留下蓝色的印记。尽管有这些不足，大家还是认为，那场表演，前无古人，后无来者，绝对精彩。我曾目睹的每场私下表演，人们都这么评价。

任谁都难以相信，这里又结冰了！昨天下午两点，院子里的温度还是摄氏 29 度，到了早上 8 点，降到零下 6 度，温差为 35 度！

中国人都在抱怨太热。皇帝今天又准备去祈雪。《京报》上刊登了一篇文章，是位翰林学士写的，认为不下雪是天庭发怒，原因有二：其一，刑部少数官员量刑过重；其二，太平叛乱死亡无数，至今仍未掩埋。

这些清朝官员都是欺世大盗！不久前，太平叛乱的首领天王服毒自尽，儿子携带天王的金玺①逃亡。天王的儿子被俘之后，押解进京。那块金玺，是个大金块，顶上盘踞着两条龙，价值 600 英镑。皇帝看过金玺后，交与恭亲王与军机处，锁在军机处内，晚上由高级官员轮值守护。那天晚上，轮到一个姓萨的值班。那位姓萨的，家庭背景很好，本人又官及四品。然而金玺却不见了！此事自然引起极度轰动，军机处所有的仆人都被押到刑部，受到百般折磨，而真正的窃贼萨某却逍遥法外，无人怀疑。其间，萨某揣着金玺进了外城的一家金铺，说接到宫中命令，将这块金玺融化。金匠接过活儿，把金玺放进熔炉，可是那两条龙比其他部分坚硬，融化不了，便搁在一边，等待炉火烧得更旺。碰巧，金匠的

---

① 太平天国时期，天王洪秀全曾经刻了三枚印玺：金玺、玉玺、木玺各一方。1864 年 7 月，天京城被攻破时，金玺落到了时任两江总督的曾国藩手里。曾国藩将金玺派专人送到北京，后被保存在紫禁城军机处中。一年后，这枚金玺被军机章京萨隆阿盗出，熔为金条十根，曾经无比珍贵的太平天国天王金玺就这样被毁掉了。

一个朋友进来了。他听说了丢金玺之事，现在看到两条龙，疑心顿起，便告了密。萨某受到审问，证实有罪，在菜市口被处以死刑。萨某事业有成，家道殷实，并不缺钱。但是，清朝官员的内心，都渴望侵吞一些公物，无论多么些微。

　　萨某盗窃的手段并不高明。他没有认真考虑过第十一诫①，而这对于中国官员来说尤其重要。

---

　　①　"十诫"典出《圣经》。此处的第十一诫，应指后人模仿"十诫"杜撰的，英文为"Thou Shalt Not Be Caught"，译成中文是："不可被捉。"

二十三　北京的新年喜洋洋

1866年3月7日，于北京。

上次给您去信是2月8日。那天正值中国新年，各种庆祝活动以宴请灶神开始。当然，开场免不了鞭炮噼啪、爆竹轰鸣。诸神之中，灶神与家庭关系最为密切。每年，新年前的第八天，灶神都要上天去汇报。而每个家庭都有些小秘密，不想被天庭知道，因此有必要用些东西堵住灶神的嘴，让他的舌头不要太滑溜，所以宴请他的食物是用麦芽糖做的，以便粘住他的舌头！与此同时，人们在厨房里的灶神神龛两边，各贴了一张红纸条幅，一张写着"上天言好事"，另一张写着"回宫降吉祥"。然后把神龛烧了，这样灶神就升了天，到新年这天再回来。届时，新的神龛已经为他准备好了。

新年来临之际，街上的主要娱乐是放风筝。这些风筝，制作精美，形似各种飞禽、走兽、游鱼。有些甚至状若蜈蚣，但我没有亲眼见过。风筝的尾端，安装了一种风弦琴，就是中国人绑在鸽子尾巴上的那种。这些不可思议的怪物，在高高的空中呼啸着，产生的奇特效果，实在难以用文字描绘。

灯笼街也开始大秀风采。各式各样的灯笼，有的如花束，有的似火龙，都摆在那里，既可零售，也可批发。

除夕夜，家家户户大扫除，收拾得干干净净。门柱上都贴着吉言，窗台上压着小红纸条，在风中像花边那样飞舞。院中搭起一座祭坛，上面摆着蜡烛和供品。整夜里，燃放鞭炮、爆竹，驱逐一年来的恶鬼邪灵，尤其是"穷神"。

2月15日是中国的元旦。天空晴朗，人们都穿上最好的衣服，有的是从自家的衣柜里挑选出来的，有的是从当铺赎出来的。

元旦这天，当铺的箱子一定空空如也，好的衣服都被赎出去了。店铺都关上门，但并非无人，因为许多店铺内传出震耳欲聋的敲打声。好奇之下，我顾不得礼貌，探头去看，只见一群颇为体面的中年商人，围坐成一圈，各自手中拿着响板、铜锣、铙钹、锣鼓，面色凝重，死命地敲打。这是在驱鬼辟邪。倘若邪鬼果真有耳，这倒不失为一良策。

街上熙熙攘攘，人们四出探亲访友。这种礼节，没有哪个国家比中国更为广泛遵循。

前门连通内城与外城。前门外，有座黄色琉璃瓦的小庙，那是关帝庙。关帝是中国的战神。元旦这天，关帝庙里人头攒动，挤满朝拜的人。达官贵人、平民百姓，蜂拥而至，顶礼膜拜，抽签抓阄，预知来年。关帝庙外，两个僧人忙着卖小册子和香火。人们手持一束香，晃动着，香上的火焰很有可能烧到欧洲人的胡须。他们虔诚地往前走，到祭坛前，行三跪九拜大礼。然后，走近祭坛，从摆在坛上的一种筒子里，随意取出一根竹签。竹签上写着一些文字。求签者付几个铜板给侍立在旁的僧人，然后根据签上的指示，换来一张纸，纸上写着有关他这一年命运的箴言。参与这项仪式的人们，神态极为虔诚，没有轻浮的举止，也没有显示出三心二意。他们在乞求神灵庇护新的一年，假如不是出于虔诚，那就是源自迷信。富人上供的是猪和羊。

记不得了，是否曾向您提到过琉璃厂。那是一条街，街上到处是书店和古玩店，我常去那里闲逛。琉璃厂是新年的一个热闹场所，这里正在举办一个非常有趣的集市，人山人海，场面十分欢乐。最热销的是玩具和假花。有些玩具真不赖，栩栩如生的昆虫、小兽、小鸟模型，陀螺、风筝，还有微型的欧洲士兵和水手。刚过去的那场战争中的人物漫画，具有不可抗拒的戏剧效果。

有个人在兜售一件精致的玩具：两个小人，用一根眼睛很难看见的马鬃连接着，一拉就开始缠斗，做出各种高难度摔跤动作。

还有几个变戏法的人，但手法都不高明。有个人将砖头在头上砸得粉碎，架势有点惊人。不过，他似乎没有受伤。

还有大刀对长矛,仿效从前萨维尔大楼的风格①。打斗的结果是,持刀的肚子上被踹了一脚,肋骨上挨了一枪。表演精彩,值得花 6 个铜板。

有个地方在放拉洋片②,景色取自中国和欧洲。放映人跟观众一样无知,把圣保罗大教堂③和那不勒斯湾④说成是琉球群岛的名胜。我都不好意思告诉您,在圣保罗大教堂的画片背面都写了些什么。

集市的一角,有座中国医神的庙宇,挤满了游客。人们团团围着一个货摊,摆摊的是位可敬的绅士。他卖的是一两箩牙齿,还有一张图,描绘治疗各种牙齿疾病的方法。他拔下的牙齿,大都是健全的!

几个算命先生在预测几率,而睿智者在各个院落里讲解命运。每个院子里都堆满了感恩戴德的病人敬献的牌匾,墙上还挂了三排。庙里的人们对我们都很客气,可他们的大蒜味真够呛!乞丐们的恶作剧,比平时更讨厌,缠着人不放。尤其是抱着生病孩子的女乞丐,用各种腔调对着你说“新年

---

① 萨维尔大楼(Savile House)位于英国伦敦莱斯特广场(Leicester Square)。1836 年至 1855 年,威廉·格林(William Green)在楼上租了一部分房间,作为射击场。

② 即西洋镜。

③ 圣保罗大教堂(St.Paul's Cathedral),位于伦敦泰晤士河北岸纽盖特街与纽钱吉街交角处,以其壮观的圆形屋顶而闻名,是世界第二大圆顶教堂。

④ 那不勒斯湾(Bay of Naples),位于意大利南部那不勒斯西南的米塞诺岬与坎帕内拉角之间,以风景优美著名,沿岸有陡峭的火山峰峦,包括维苏威等活火山与古城庞贝、赫库兰尼姆的遗迹。

好"。恻隐之心在此万万使不得，因为一旦你给了一个乞丐，身后就会跟上数以百计的乞丐。

新年的庆祝活动持续了半个来月。人们无休止地大吃大喝，燃放鞭炮，一直延续到春节之后 15 天的灯（元宵）节。元宵节那天，到处是灯笼和透明的装饰，一片光明，但我觉得还有其他含义。

我得给您讲讲有关即将去欧洲旅行的中国人的事，您也许会见到或者听说这些人。

海关总税务司赫德先生行将休假回国，清政府命他的秘书，携带儿子和三位学习欧洲语言的年轻人，陪同前往。那位秘书名叫斌椿①，刚晋升为三品，戴宝蓝色顶珠。值此之际，斌椿被任命为总理衙门名誉书记官。他的儿子被安排在总理衙门，担任职员。遗憾的是，清朝政府没有选个比斌椿更年轻、更聪明的人。斌椿都 64 岁了，满口胡言。据我所见所闻，斌椿和他的儿子，不懂得欣赏在欧洲看到的事物。因此，对于第一次出访欧洲，即使不具备官方身份，也应当选个比斌椿更重要的官员。斌椿带回来的报告，对中国的士大夫阶层不会有多大的影响。事实上，那些人对斌椿的晋升颇为嫉妒，觉得他的殊荣得之过易。选择斌椿的原因是，他与总理

---

① 斌椿（1804—？），汉军旗人，晚清海关总税务司赫德的中文秘书，曾任山西襄陵县知县。1866 年 3 月 7 日，斌椿一行随赫德从北京出发，先后游历了法国、英国、荷兰、丹麦、瑞典、芬兰、俄罗斯、德国、比利时等 11 个国家，历时 4 个多月。访欧之后，写了一本《乘槎笔记》。

衙门的某个大臣有联姻关系。据说，斌椿在北京的社交圈子里是个红人。因此，他从欧洲回来后，一定会在上流社会谈论旅欧见闻。斌椿认识恭亲王，是恭亲王在一次婚礼早餐上对他提起这次出访，并建议他去的。斌椿此行，不具备官方色彩，只要求他记录下所访各国的"山山水水"，可以到处溜达，看看感兴趣的事物。我只希望，他此行不要受到过分款待。不然，会引起这里的人们的误解，说："瞧，咱是多么伟大的一个民族。一个人私下去你们国家旅游，都受到如此尊敬。那得归功于一种优越的文明。而你们蛮夷国的大臣，在这里甚至还不被接见。当然，吾皇伟大，容忍汝等在此。"

我得就此搁笔了。我要启程去天津，为绍林送行。回来后，我将会十分孤独。

也许，我对斌椿之行不够重视。斌椿此行，本身是件小事，但我们都把它看作是第一步。中国将会由此向欧洲派遣常驻使团，与我们在北京的关系也会朝着更好的方向发展。

二十四　中国官员的家宴

1866年4月12日，于北京。

　　我将为您讲一个有关中国官员家里的娱乐活动的故事。从以前给您的信中，您可以看出，我们没有见过中国人在自己家里是怎样的。对我们来说，他们的生活习惯是一本合上的书。我们只看见官员们穿戴整齐，与我们交谈时，仿佛都戴着假面具。所以，能结识一位颇有身份的中国绅士，确是一件喜事。

　　这位中国绅士姓杨，比他的同胞们开明得多，喜欢与欧洲人结交，甚至寻找欧洲人，向他们了解国外事务。杨老爷官及三品，帽镶蓝色顶珠，在军机处挂了个闲职。他每年私下收入一万至一万两千块大洋，因此当官不是为了生活，而是为了社会地位。在中国，要做绅士就得有个一官半职。

　　杨老爷与俄国公使馆交往了三年多，我是通过俄国公使馆认识他的。元宵节那天，杨老爷邀请我们一行去他家。他家在外城，占据了一座大房子。我们上午 11 点左右到达他家。他没有意料到我们会来得这么早，于是，我们便在他家四周转悠了半个小时。以前，从未见过中国绅士家庭内部，不过我想，杨老爷家应当是中国有钱人家的一个不错的样本。

杨老爷家非常漂亮，院落无数，居室环绕庭院修建。主院中有个小池塘，池中有个玻璃凉亭，由两座小桥连通。小桥上，间隔一段就有一个微型狮子守护着。这些小狮子是用汉白玉雕刻而成的。假山（中国人非常喜欢的一种庭院装饰）、洞穴、岩穴、带城垛的塔楼，见缝插针，比比皆是，巧夺天工。花卉不多，只有几棵微缩的名贵树木，修剪成型，彰显"福""寿"等吉兆。一条宽阔的步道贯穿所有庭院。除了中式装点极尽豪华，杨老爷对欧洲的发明亦十分爱好。他有间屋子，按照我们的方式布置。整个住宅，到处可见枪械、望远镜、钟表、气温表、温度计等舶来货。他甚至还装备了一间摄影室，修习摄影课程，学有小成。他给我们看自己拍的照片，还真不错。

我们逛遍杨老爷的庭院后，他引我们进入室内。早餐已经准备好了。他向我们介绍他的儿子，16 岁，个子矮小，但已经是帽镶白色顶珠的官员了。（当然，他儿子的官位是买来的。在中国，文官武职均可买得。）杨家的女眷，个个锦衣华服，涂脂抹粉，躲在帘子后不停地窥视，而又不愿被看见。

　　与我们相见的还有两位官员，一位是刑部的，另一位是户部的，均性情开朗，十分健谈。早餐是我所见过的中国烹饪技艺中最杰出的，尤其是那道腌汁鹿肉，美不可言。主人请我们用筷子，不禁令我想起狐狸请鹳吃饭的寓言故事，对当时鹳的感受，深有体会。不过，杨老爷也提供刀叉，因此我们可以与主人一样得心应手。关于筷子，杨老爷给我们讲了个故事，说有个朝臣精于用筷。一次，一粒米饭从皇帝的嘴上落下，那个朝臣居然用筷子在空中夹住，为此，当场得到升官加俸。

　　那次早餐，唯一的问题是，量太多！主人和他的朋友，一再用温热的烈酒（绝非劣酒）敬我们。事态正变得严重起来，幸好此时仆人撤去了碗碟，端上茶来。我以为早餐结束了，其实不然。这只不过是让我们稍微休息一下。不一会儿，一大砂锅燕窝汤端了进来，还有盛在碗里的米汤鸽子蛋，营养很好，但不易消化。如此这般，中国人的宴席整天吃着，没有什么停顿。

　　我们目睹了中国儿子对父亲孝顺的一个例子。杨老爷的儿子没有坐下与我们同席，而是像个高级仆人那样在桌边伺候，为父亲拿烟管，观察我们需要什么。他强加于我们的，有一瓶柑桂酒，中国客人极为喜欢。

　　应当提一下，早餐开始前，一群杂技演员在院子里进行了表演。演员共有六位：两个女人和四个小女孩。乐队有一

面铜锣、两副铜钹、一个定音鼓，都是男的敲打的，一连敲
打了三个小时，几乎没有停顿过。表演主要是走钢丝、翻筋
斗。技巧本身并不如在欧洲城市街道上常见的，但由于表演
者都是小脚，难度则更高。年长的那位女士，身体之强健，
令人惊讶。她躺在地上，用脚蹬桌子、椅子及其他重物，如
同拨弄鹅毛。她最后的表演是蹬一个大酒缸，酒缸里还坐着
一个小女孩，就像《天方夜谭》中的四十大盗，用她那山羊
似的小脚抛上抛下，令人叹为观止。乐队一直不知疲倦地、
下意识地敲打着，每当表演达到高潮，就会敲得格外卖力，
使得整个早上都闹哄哄的。为了让女人们休息，男人开始表
演戏法，女人就接替他们敲打乐器。不过，他们的戏法一般，
卖点都是老套，一眼就可看穿，例如从怀中取出一盆鱼、几
个花盆等。最佳的表演是舞动一种纸鞭，长十米，宽十厘米，
系在一根短棍上。表演者四面八方挥舞着，使纸鞭幻化成各
种优美的造型，一会儿像盘卷在地上的巨蛇蠕动，一会儿像
独腿舞者唐纳托 ① 的围巾旋转成螺旋状，一会儿又变成一系
列的圆圈让表演者蹦跳穿越。表演这个节目一定很累。表演
期间，那个老人与小男孩的对话，十分风趣。那个小男孩扮
演的是逗趣的角色，对预告的所有魔术都表示不相信。那些
杂技演员并不是一次性收到报酬的，而是每当有了个精彩的

---

① 唐纳托（Señor Donato）是西班牙独腿舞者，善于快速旋转，犹如陀
螺，在 19 世纪 80 年代的英国很受欢迎。

段子，获得掌声，杨老爷就会赏钱。我们也根据中国的习惯赏钱，因此，他们收到的赏赐还真不少。中国的走钢丝表演与欧洲的一个不同之处，在于其演员的端庄。中国女人都穿厚厚的棉裤，宽松的上衣用一根缎带齐腰束缚，不露任何体态。

我们在杨老爷家一直待到下午3点。我相信，他希望我们在他家过夜。但那场娱乐表演已经开始令人乏味了。此外，中国人不懂我们的舒适概念。纸糊窗户、穿堂寒风、石块地面、硬木长凳，这一切都说明了，为什么他们身穿皮袄棉裤，脚蹬底厚一寸的长靴。在这些方面，他们远远落后于土耳其人。至少我认为，在外城过夜会得不偿失，因此乐意告辞。早些时候，杨老爷、他的儿子以及那些中国客人，一个个退到后屋去吞云吐雾了。这时全体出来，送我们到大门口。双方互相祝福一番，我们随即离去。

我与杨老爷谈了许多。在我所遇到的中国人里，他的思想显然十分前卫。对清朝的大臣们来说，铁路和电报是些怪物，而杨老爷却认为是不可或缺的，迟迟不肯接受则是愚不可及。他甚至对我说，想在山东自己的领地上修建电车和电报，以方便与佃农和代理人沟通。每当听说欧洲有一项新发明，他不会像其他人那样摇头，而会说："哇！好极了！"随后，便会派人去打听，试图引进。他的前卫思想还不局限于此。如果不是明年行将高就，他意欲访问欧洲，俄国、法国、英国。或许，我回英国时，他会与我结伴同行。

北京的赛马于本月 4 日举行，十分成功。赛道选在城外 10 里的一个叫作王侯楼①的地方。那里以前有个湖，现已干枯，四周小丘围绕，远处群山映衬，景色优美。每个土墩上都挤满了几千中国人，来此观看西方蛮夷的运动。总理衙门来了两位大臣，一位是恒大人②，另一位是崇大人③，在主看台观看。年迈的崇大人带来了他的孙子，8 岁大的小家伙，十分机灵，神情威严像个法官，远比他的祖父更为肃穆。早餐时，我让这个小家伙坐在我身边，不住地给他好吃的，对此，他以公爵似的庄严表示嘉许。我无法哄他喝酒，甚至是啤酒也不行。总的来说，根据我们的条件，或者说，缺乏条件的状况下，这一天的赛马还是相当成功。我们的矮种马跑得很快。绍林给我的一匹老马，名"关都"（Kwan-du），没有受过训练，背负 140 斤，跑出一分五秒的成绩，赢了 800 米赛。比赛间隙，那两位大臣让他们的卫队军官炫耀他们的马匹。恒大人的卫队有一匹灰色矮种马，相当英俊，带到国王路④

①　音译，原文是"Wang-ho-lou"。根据《龙夫人：慈禧故事》，清朝英国公使馆赛马场在御猎场内的一片地上，距离北京城南 10 英里，从丰台坐火车路程很近，骑马也可以到达。1900 年 6 月 8 日，义和团纵火烧毁了赛马场的大看台、马厩。另据《剑桥中华民国史》，赛马场位于北京之西约 4 英里，义和团起义时被焚毁。

②　恒祺。

③　崇纶（1792—1854），清内务府汉军正白旗人。

④　国王路（Rotten Road），又称"跑马道"，位于伦敦海德公园，是世界著名的跑马道，也是英格兰第一条带路灯的公共道路。

上一定会让人赞赏。但我认为，赛场上最漂亮的，是一匹我称之为"跳拇指"的红褐色矮种马。那是我不久前买来替换以前那匹矮脚马的。那匹马倒了霉，肩部受损，痊愈无望。

赛马那天，中国人不像平常那样文明。我们费了好大劲儿才维持住赛马场秩序。离开时，他们对我们叫着、喊着、骂着，就像一群野狼，甚至还向我们扔石块，幸而没有砸中。人那么多，无法辨认出所有肇事者。不过，也有一两个人被结结实实地抽了一顿。

不久前，我与拉瑟福德爵士及一位女士骑马去天坛，经过外城，在主要大街的尽头，遭到围攻。暴民向我们扔石头、砖块，砸到了我们的一个护卫。我们向当局抱怨，无济于事，没有得到任何赔偿。近来，我开始想到，中国人的温和，最初曾让我十分感动，其实只是遮掩憎恨和厌恶的面具，是极端恐惧与怯懦的调和。无论如何，如今我们是主人，他们知道这一点，这就够了。

现在，我们在享受惬意的春天气候，温暖、和煦，不时下场小雨，让我们回忆起故国。城里的墙上，开始显露出一些绿色，枯萎的野生紫罗兰和豌豆在砖头缝间探出了须蔓。

4月13日。今天是邮件日。一个月过去了，没有收到国内的任何信件。听说邮件在斯里兰卡的加勒出了事。

二十五　景泰蓝和郎窑红

1866 年 4 月 22 日，于北京。

　　上封信之后，没有做过任何新的事，也没有见过任何新的东西，一切都已对您一再重复过了。不过，明天上午，我将启程，随俄国公使馆的伯格耶夫[①]医生去蒙古，为期三周。我们将从南口关离开，回来时将取道以前走过的古北口。生平第一次去蒙古，见识一下那里的生活，自然翘首以待，兴趣盎然。那会是一次全新的经历。

　　恐怕下一班邮件没法带去给您的信了，但从蒙古回来后一定补上。

　　上星期，我们去了总理衙门，过得挺痛快。铁路、电报、违反条约等老话题，已经谈了上百次。恭亲王十分紧张，坐立不安，像只野兔，不断地扭曲、弯腰、躲避。最后，正当

---

① 伯格耶夫（Pogojeff），1863—1866 年在华，余不详。

拉瑟福德爵士以为把他逼到了墙角，我看到恭亲王脸上闪过一丝希望和欢乐的光彩。恭亲王一眼瞥见了我的眼镜，那是他的老朋友、危难中的避难处。一转眼，恭亲王就对它大肆抨击。一切计划都完了。大家都在玩那个游戏，而我们的头领看到他的说教像被一阵风吹散了，气得不行。这并非表明那些计策不会成功，而是表演尚有所欠缺。顺便提一下，恭亲王后来拜访一个外国公使团，留下一张红帖，上面印着他的名字和头衔"恭亲王"①。但他从不在任何文件上签名，而是在签名处写上"无私心"，即"公正无私"。

有个广东人，姓马，与我相识。他来北京公干，顺便想买个北京小丫鬟。双方商议时，我在场。那个小家伙8岁，聪明伶俐，由父母带到马先生的住处。马先生对小女孩很中意，剩下的问题就是谈价钱了。好戏至此开场。那个小东西急于跟马先生去，竟帮着买主向卖方杀价！最后，以28块大洋成交。交了钱之后，小女孩就交给了她的新主人，还有一张卖身契。译文如下：

卖身契

万成，万平村人，现有已出孩子一名，系二女儿，排行第七，年方八岁。由于家道贫穷，挨饿受冻，通过第三人与

---

① 亲王是诸王中最高的一级，是皇帝的直系亲属。——作者原注

妻子联络，乃决定将女儿卖与一位姓马之人。卖价为二十八块大洋，每块大洋值七吊半铜钱。立据之时，钱已全额交付。

此女需听从主人，由他抚养。该女孩家若有困难或疑问，唯卖家是问，与买家无关。若有灾难降临该女孩，亦系天命使然，主人不承担任何责任。日后，谁都不可上门干涉该女孩之事。此项协定，双方在场，公开签署。特立此据，以资证明。

（作者注：此处是卖方、中间人和第三个证人的签名，更准确地说是画押，以及日期。）

该女孩的生辰为：六月十一日辰时。

马先生公开承诺，女孩成人后，一定让她出嫁。他说："我不想做那种黑心事。"我相信他会遵守诺言。买丫鬟是种生意。南方的中国人，做生意极为诚实。

至于那孩子，她非常高兴能够离开父母。我敢说，她在家里的生活一定没有快乐。有个谚语说道："宁要一个残疾的儿子，也不要十八个像菩萨弟子那样聪明的女儿。"

不知以前是否有欧洲人曾经目睹过这种买卖？

过去的几天，我的时间主要花在琉璃厂，坐在一位中国的迦玛列 ① 旁边，听他讲述有关中国艺术和古代匠人的神奇

---

① 迦玛列（Rabban Gamaliel），活动时期约公元 1 世纪，是以色列早期的犹太教律法师和牧首，后来成为受人崇敬的托拉（Torah，律法书）学者和犹太教公会成员，以娴熟犹太教口传律法闻名。

故事。他个子矮小，却满腹经纶。就职业来说，他是个书商，但精于鉴赏文物，因此店里总是有几件珍稀的景泰蓝、玉器、无色水晶、红玉髓或瓷器。他讲起故事来，津津有味，乐此不疲。说景泰皇帝①（1450 年）如何制造景泰蓝（恰似路易十六善于制锁，彼得大帝善于造船），有些人甚至说是他发明了这门艺术，所以至今中国人仍用他的名字称之为"景泰蓝"。他还说，17 世纪初，伟大的陶瓷世家郎家全死了，把他们的秘密带入坟墓。打那以后，中国人一直在试图寻找郎家的技术，均未成功，只生产出一种神奇的郎窑红②，泥浆十分柔软，仿佛可以用勺舀起。他称之为低级赝品，而法国人则把它命名为"碧玉青瓷"。伟大的金属工匠，例如加斐里③，乐于为"碧玉青瓷"安装底座。

顺便提一下，上个世纪末，景泰蓝不再流行，中国人停止了制作。但在颐和园被洗劫之后，从那里掠夺来的景泰蓝制品被送回国，在伦敦和巴黎卖出高价。于是人们翻箱倒柜，寻找先人仔细收藏的秘方，因为中国人从来不会毁坏任何东西。不久，景泰蓝将会在市场上泛滥。前几天，有人带了一件景泰蓝到公使馆来给我，真的非常不错。

---

① 即景帝朱祁钰（1428—1457），1449 年即位，在位 9 年，年号"景泰"。
② 郎窑红，西方通称为"Sang de boeuf"，是模仿明宣德时期宝石红釉特征烧制的，釉凝厚，玻璃感强，佳品呈鲜红色。
③ 加斐里（Jacques Caffieri，1678—1755），法国著名青铜雕塑家。

背衬玫瑰图案的杯盏碟盘，在佳士得 ① 甚为抢手，但在北京则不会时兴。这里的人们大多喜欢明亮艳丽的色彩、大胆的设计，只要是元朝和宋朝的厚釉瓷器，无论多小，人们都会慷慨解囊。

从康熙朝到公元 1796 年的乾隆末年，人们似乎可以感受到耶稣会或者欧洲人的影响，用阿拉伯式花饰取代古老的原始设计。中国和日本辉煌的艺术时代，如同在欧洲一样，是16 世纪，而 19 世纪初则是最灰暗的时代。

---

① 佳士得（Christie's）是伦敦一家著名的艺术品拍卖行。

二十六　口外之旅

1866 年 5 月 23 日，于北京。

上个星期五，18 日，从蒙古远游归来，人饿得半死，皮肤晒成焦炭，却又满心欢喜。这里给您誊抄一遍我的旅行日记。

4 月 23 日，我和那位俄国医生离开北京，还带了我的仆人张熙、马夫、胖厨师。我和医生自然骑自己的马，5 匹骡驮着仆人和行李。同行的还有医生的狗"哥们"[①]，那是条半纯种的俄国塞特种猎犬。我的"王子"是只沉甸甸的幼狗，走起来踢踢踏踏的。我说是条纽芬兰犬，但难以证实它的纯度。我们的马队经过北京的街道，引起了不小的轰动。街上的二流子，辫子像猪尾巴，看见我们经过，喊道："快来看哪！洋鬼子，还有洋狗！"

---

　　① 原文是俄语。

我们从德胜门出城。尘土飞扬的街道和郊区，到处挤满了马车、骆驼。骆驼的铃声和沉重的脚步声，听得耳朵难受，而骆驼脚下踢起的尘土更是迷眼睛、呛喉咙。过了这些地方之后，旅途变得愉快起来。见惯了北京冬天单一色的灰蒙蒙，如今看见树上新发的嫩绿、田里的春苗、远处黛青的山峦，生机勃勃，分外悦目。天气也很好，阳光明媚，从山上吹来清新的微风，带来一片清凉。

以前用马车的经验，使我决定这次用骡，但却如同出了煎锅又掉入火堆。马车是慢，可骡子更慢。如果用马车，仆人一定会搭上一个脏兮兮的小孩帮他们干活，增加我们的开销。如果用骡，赶骡的人一定会另外带上几头骡，驮东西到各个城镇作交易，因此造成无休止的耽搁。此外，满载的骡，跟不上马。到了一家客栈，人又累又饿，可不是好玩的。面前只有两个选择，或者订个难吃的中国饭，或者等三个小时，待厨师赶到后做顿好吃的。由于走在前面，从一地到另一地，总要自己找路。如果可以得到直截了当的回答，问路倒也不难，但却常常问道于盲，答非所问。

英国人："借光。"

当地人："好说。您客气了。"

英国人："从这儿到沙河多远？"

当地人："从这儿到沙河多远？哦，您去沙河，对吧？"

英国人："对！有多远？"

当地人："从这里去有多远？嗯？您去沙河贵干？"

英国人："去那儿看看，但到底有多远？"

当地人："去那儿看看？嗯？"

如此这般，无休无止，直到你失去所有的耐心。这时，你看见人群中有个老人伸出食指和拇指，围成一个圆圈。这个手势的意思是，沙河在八里之外，不是二里。一里约等于三分之一英里。

中国人有种用手指来计算的方法，学习这种方法，如同学习怎样用口语来表达数目一样必要。中国人回答有关数字的问题，常举起一只手，一言不发。从一到五，都很简单，但超过五，就不那么容易了。伸出大拇指和小指，意思是六；大拇指加最后两个手指是七；大拇指加食指是八；食指弯过来是九；中指叠在食指上是十，另一种表示是伸出整只手，先示手心，再示手背。

我们在昌平州过的第一夜，虽然绕了点路，但我的同伴想看看明十三陵，就是我去年秋天写信告诉您的那个皇家陵园。到了昌平州，所有客栈都客满。但有个小乞丐，大概想赚点铜钱，对我们一行很感兴趣，把我们带到城墙外一个干净的小客栈。我们在那里安静地过了一夜。

4月24日。今天早上，让骡队启程，费尽周折。直到威胁停止付钱，才使得赶骡的人行动起来。即便如此，也拖到

8 点才出门。我和医生在仆人张熙的陪伴下，准备去参观明十三陵，而骡队不可能从观光中获得盈利或乐趣，就先行去南口①，在那里等候我们到达。

十三陵所处的山谷，已经没有秋天的明媚阳光、绚丽色彩，没有了郁葱的庄稼，但仍有许多野花，野生紫罗兰、野生鸢尾、旋花，等等，柿树也开满了花。那条怪兽侍立的神道，似乎驯服了许多，不像在月光下那样诡异，但整个陵园和建筑总是与众不同。北京及周围有许多寺庙和宫殿，也很宏伟壮观，但没有这里那么集中。北京那里的寺庙和宫殿，摆到十三陵旁边，就像是"仿造"的。

我们一路骑回去，一直到距离昌平州几百米，才上了那条通往南口的砂石路。天气炎热，但正如俄国人常说的："炎热折不断骨头。"能够呼吸到新鲜、纯净的空气，也就没有感到特别炎热。倘若是在北京，则另当别论。

下午 2 点到达南口。这个小镇坐落在著名的南口关下，故此得名。小镇的两面均为悬崖峭壁，一条清澈的小溪穿镇而过，在这些地方实为罕见。山谷中的房屋，周围都是树林和玉米地。山岭荒凉巍峨，依稀可见山脊上一段段长城和一座座敌楼，也许还有寺庙道观。驼铃、骡铃，此起彼伏，经久不衰，可见交通多么繁忙。这里的房子，一半是客栈，生意红

---

① 南口镇位于昌平西部，燕山与华北平原交接处。因在居庸关之南，故名。

火。我们落脚的客栈，院子里声音嘈杂，乱哄哄的。赶骡人、马车夫、徒步旅客，不断地在吵吵嚷嚷。鸡在叫唤，驴马嘶鸣。有个游吟诗人在对面的厨房，为客栈老板和房客吟诵无名之作，换取一夜食宿。尽管我们到得很早，还是决定在南口过夜，次日早晨再走。这样，晚餐后可以有时间四处走走。

4月25日。我们早上6点出发，骑驴越过崎岖的关隘，以便让马匹休息一下。

南口关确实独特。山谷缓缓升高，两边是陡峭的山坡，如同苏格兰的峡谷，贫瘠荒芜。不时可见几棵树，一道狭窄的小溪川流而过。一路上有不少寺庙道观，总是建在峻峭的悬崖上，让人惊奇它们是怎么造上去的。这些寺庙道观之中，有种纪念碑，还是第一次看到。但这一路，不断看到这种纪念碑。那是五个圆圆的土堆，用石灰刷成白色，像甜面包的形状，上面画着蝙蝠①或其他标志。我猜想，他们代表佛教祭坛上的五种供品。

在中国，要得到可靠的信息十分困难，这里便有个现成的例子，证明对游客的记载，一定要慎重，不可贸然信以为真。我问了路边三个中国绅士，这五个圆土堆有什么含义？一位绅士说，是为了把狐狸和狼挡在外面。另一位说，是标

----

① "蝠"，即蝙蝠，是个双关语，也可指"幸福"。五只蝙蝠，即"五福"，是中国装饰中常见的标志。——作者原注

示五里路。而第三个说，是佛教的标志，但不知代表什么。

南口关隘是蒙古和中原之间的大道，本身由许多错综复杂的劣质道路构成。仿佛是大自然在群山中，一阵痉挛之后，迸出一条通道，将碎石遗留一地，杂乱无序，而人们又懒得去整理。巨大的岩石不时阻挡道路，使得原本难以行进的路，更是举步维艰。而高悬于两旁的峭壁，仿佛即将抛下更多的乱石，堵塞道路。走这种路，最佳的选择是骑驴。我们所骑的驴，亦步亦趋，走得平稳。赶驴的人毫不吝惜，驱赶它们，口中不停地吆喝着："龟蛋！干吗不走！"在他们的咒骂中，"龟"不是象征慢，而是戴绿帽子的男人。

沿途有许多村庄，居民们做些小本生意，向旅客兜售茶叶、煮蛋、烙饼（类似烘饼）。我们经过一个非常漂亮的小镇，镇名叫"居庸关"。那里有座古老的拱门①，造型奇特。拱门上雕刻着大量奇形怪状的人物，还刻着汉文、满文、蒙古文和藏文。据说是元朝，即蒙古王朝的遗迹。

关隘的顶端，有个坍塌的古堡，名为"八达岭"，即八座高大的山岭。那个古堡很有意思，堡内是残垣断壁，一片狼藉，而外面的墙和防御工事则几乎完好无损。过了古堡，下山的路平缓，通往西部平原。

---

① 居庸关云台，元代建筑。

我们在关隘的末端吃早餐。那个地方叫"岔道"①，距南口约 28 里，这一路十分难走。过了岔道，路沿着一块沙土平原延伸，那块沙土地以前或许是个湖泊。路一直通到怀来县。

怀来县是个漂亮的城镇，堪为中国城镇的典范。怀来县筑有锯齿形的城墙和奇特的塔楼。城东有条小河，河上架着一座五拱桥，以前一定十分峻美，现已坍塌。不远处的一座小山上，矗立着一个寺庙，有点像意大利的修道院。

我们从南口骑马 130 里路来到怀来县，便在此过夜。寻找客栈时，遇到了些麻烦。城东的人让我们到城西去，而城西的人又叫我们回城东。骡马和仆人跟在我们身后，而我们则一筹莫展。最后，还是我的马解决了难题。它径自跑进了一个院子，结果那里居然是城中最好的客栈！由于门外没有招牌，所以我们过门而不知。

4 月 26 日。今天骑马去新保安，一路单调乏味。途中经过几个小镇，都筑有城墙，大概是为了防御蒙古人入侵。有个小镇叫"土木堡"，我们中午在那里稍事休整。

新保安是个非常漂亮的小镇。中国城镇一般大同小异，见一知百。但新保安城中有个非常奇特的建筑，既像英国的市政厅，又像中世纪的城堡，还像中国的寺庙，三种建筑风

---

① 岔道城位于今八达岭高速八达岭出口以北一公里处，是明朝隆庆五年（1571）修筑的兵营。

格的综合，是这个城镇独一无二的城标。

在中国，很少看见醉汉，因此值得一提。一个人冲进我们的客房，抱住俄国医生。医生大吃一惊，将他甩开。这时，客栈的人进来把他赶了出去，并对我们百般道歉。

4 月 27 日。离开新保安后，那块平原上的主要风景是座险峻的山，或者可以说是块陡峭峥嵘的岩石，高 250 至 300 米，名为"奶奶山"（Nei Nei Shan）。此山位于平原西端，东面紧挨着"洋河"①。洋河在山脚下蜿蜒流过。这座山的最高峰，有个寺庙。关于这个寺庙，有个传说，让人联想到罗兰和希尔德昆德的故事②。当地的一个王子，受命在河上架桥，限期一个晚上，否则处死。他开始工作，但到了早上太阳升起时，还是没能完成，绝望之中，王子投河自尽，实现了誓言。他的遗孀修建了这座寺庙，以便可以时刻望着夫君消失的地点，在哀悼中度过余生。

---

①　作者误听为"羊河"（sheep river）。

②　这个传说发生于中世纪初。德国莱茵河左岸有个村庄叫罗兰塞克（Rolandseck），莱茵河中有个修女维特岛，莱茵河右岸有座龙岩山（Drachenfels）。罗兰塞克村的少年罗兰与龙岩山的少女希尔德昆德（Hildegunde）深深相爱，想要相伴终生。后来，罗兰上了战场，几个月音信杳然。突然传来罗兰战死的消息，希尔德昆德痛不欲生，上修女维特岛出家。然而，一年之后，罗兰回来了，发现希尔德昆德出了家，近在咫尺，却无法相见。罗兰每天坐在罗兰塞克城堡的窗口，眺望岛上的修道院。希尔德昆德内心同样无法平静。两人都生活在痛苦之中。一天早晨，一名侍卫发现主人罗兰在窗口吊死了。正在此时，岛上的修道院也敲起了丧钟，掩埋希尔德昆德的遗体。

对于这个传说的真实性，我没有任何发言权。顺便提一下，汤若望说的是另一个版本，宓吉①曾加以引用。这个地方周围的中国人从未听说过这个传说。不过，我敢说，这个传说和其他大多数传说一样真实。无论如何，山在，寺庙在。庙里住着五个僧人，天知道他们怎么会在那里生活的，烈日暴晒，寒风吹打，还得从高不可及的山上下到平原，提水饮用。

今天的旅程，沿着洋河朝西北方向前进，一路风景如画，变幻莫测。路上多少总是有些石头。不过，我们的蒙古小马像山羊一样灵巧，从不失足。在平地上行走则是例外，因为它们会变得漫不经心，懒懒散散。

这一带山里蕴藏着丰富的煤。人们辛辛苦苦地开采，然后用骆驼把煤运到北京去。一位地质学家勘察了这个地方，尤其是西面的山脉，证明这里有世界上最丰富的煤田。但中国人没有真正加以利用。

路上遇见了各式各样的旅客。有钱的人乘驴轿，那种交通工具，晃晃悠悠的，可能会使人产生晕船的感觉。无数的商队，满载着茶叶，前往俄国。

---

① 宓吉（Alexander Michie，1833—1902），英国汉学家。咸丰三年（1853）来华，曾任伦敦《泰晤士报》驻华通讯员，兼任天津英文《时报》（The Chinese Time）编辑，并充任李鸿章外交顾问。宓吉一生著作极丰，绝大多数与中国有关，如《从北京到彼得堡的西伯利亚路》《在华传教士》《中国与基督教》《中国危机》等。而他的代表作，当数《阿礼国传》。

　　我们在一个名叫"响水铺"的破烂小镇休息，然后在
"宣化府"过夜。"府"是一个地区性的大城市。我们在宣化
府的郊区找到一家客栈。与一路上将就过夜的客栈相比，这
个可算得上宫殿了。尽管如此，一个英国劳工的房子，也不
会比我睡的客房差。窗上糊的纸，有不少是新的，给人的感
觉是，里面会比较干净、像样。其实不然，地砖破损，桌椅
发霉。不过，俗气的旧灯笼不少。如果门上的吉言真的可以
让人胃口大开、好好睡上一夜，那我们吃起来一定会像食人
魔①，睡起来像长眠七圣②。

　　我们在这里成了西洋镜。当地人生性好奇，给我们带来
不少麻烦。那天晚餐后，我在脸上涂肥皂泡，试图清洗两三
次沙尘暴的沉积，那是在华北旅行的人们不可避免的诅咒。
这时，一个马车夫叼着烟管，悠然自若地走进我的卧室，看
到我一脸的肥皂泡，大笑不止。我十分气愤他擅自闯入，把

---

　　①　食人魔（ogre）是欧洲神怪传说中的一个种族。他们残忍血腥、四肢
发达、头脑简单，长年居住在野外，以洞穴为家。
　　②　以弗所长眠七圣（Seven Sleepers of Ephesus）是西方传说中的主人翁。
故事的概要是：公元250年，罗马皇帝德基乌斯（Decius）迫害基督徒，七个
年轻人被命令放弃信仰。但他们七人没有那么做，而是将财产分给了穷人，隐
居山中祷告，就此睡着了。罗马皇帝命人把洞口封了。几十年后，到了狄奥多
西一世（Theodosius I）统治时期（379—395），那块山地的主人决定打开封闭
的山洞，用来当作牛栏，却发现里面有七个人在睡觉。睡觉的人醒来，还以为
只睡了一天。有个人回到以弗所（Ephesus，古希腊小亚细亚西岸的一座重要贸
易城市），吃惊地发现房子上竖着十字架。而镇上的人也同样吃惊，怎么这个人
用的是德基乌斯时代的古币。主教召见了那七个人。他们对他讲了自己的神奇
故事，然后在颂扬上帝的祈祷中死去。

沾在海绵上的肥皂泡甩到他的脸上。这使得他大吃一惊，因为我的肥皂泡就像那个爱尔兰水手的拳头，在与爱尔兰总督握手两年后的状况①。于是，我的敌人号叫着逃走了。不久，又来了一位绅士，称我"尊敬的老师"（这是一种恭维），告诉我，他姓马，做贩卖帽子的生意，从西面来，往东面去，说完就走了。但不久，他又把头伸进来，问我贵姓，来自哪个国家。后来，我听见他在院子里向一群马车夫、赶骡人和游手好闲的人解释，说我是英国教师，密先生，懂礼仪。还说我身上都是口袋，年岁一定不小了。听众对他的说辞，经常发出哼声，打岔，让他一遍遍重复。然后，一个个走了开去，再自己去判断。

那位姓马的来访时，我正在清理衣服口袋。中国人不用衣服口袋，他们的腰带上有钱袋，但很小，主要装各种物品的是靴子。我的第一个教师以前常从同一只靴子里掏出文具和甜梅，总是客气地让我先尝甜梅，然后自己再吃。总理衙门大臣恒祺患有忧郁症，老是打瞌睡，还不断地从靴子里取出药丸或其他药物。欧洲人的衣服口袋总能引起人们的好奇。

客栈的院子里，人声嘈杂，根本无法入睡，一直过了半夜才安静下来。最吵的是个老马车夫，裹着羊皮袄，坐在车把上，用一根空心的毛竹守灵似的敲打着，就像老啄木鸟发

---

① 出典不详。

出的那种恐怖的声音。我出去试图哄他不要再表演了，但他
却把我的反话当作赞扬，来了兴致，不时用破锣般的假嗓子
唱上一段，手中一刻不停地敲着竹管。骡、驴、马也加入这
个吵闹的中国人一边，构成一首和谐的合唱。

　　4 月 28 日。我们骑马从宣化府穿城而出。在中国，宣化
府修整得尚属可以。虽然作为"府"来说，宣化城不大，但
还算漂亮。树木很多，主要是高大的柳树和白杨，还有形形
色色的城堡、宝塔和其他建筑。山下的平原，精耕细作，我
想，土壤一定十分肥沃。但庄稼远不如北京平原上的，第一
批播下的种子尚未发芽。

　　平原上，道路众多，沟渠纵横。我们像往常那样，远远
走在骡队前面。就在这时我们迷了路，看见有群孩子在地里
劳作，便骑马过去问路。他们背朝着我们，直到我策马跳过
一个小土堆，落到他们中间，才看见我。他们顿时惊恐万状，
如同伊顿公学①的学生正在布谷鸟堰②洗澡，突然出现了一条
鲨鱼！这些顽童异口同声地喊道："鬼子！鬼子！"一哄而散，
四处逃命。最后，我抓住了一个孩子，让他镇静下来，弄明

---

　　① 英国私立男校伊顿公学（Eton College）坐落在温莎小镇，与女王钟爱
的温莎宫隔泰晤士河相望。
　　② 布谷鸟堰（Cuckoo Weir），是泰晤士河在伊顿处的一段静静的滞水。
以前，伊顿公学的低年级学生都在这里进行游泳测验。1950 年以后，由于水质
污染增加，这项活动移师他处。

白我们偏离了正道，要骑约一个半小时才能回去。烈日炎炎，腹中饥饿，可不是闹着玩的。我们偏离了正道，那些孩子才会被我的出现吓着。他们或许从未见过外国人。

下午晚些时候，我们抵达张家口。蒙古地区的人称此地为"喀拉干"。张家口是中原与蒙古之间的城市。从北京到莫斯科，这里是个停留的好地方。以前，由海路进口茶叶到俄国是禁止的，因此所有茶叶供应都从天津途经张家口。如今贸易依然兴旺，但比以前规模小多了。

俄国人没有什么重要的物品出口到中国。他们只出口自己生产的少量布匹，价格低廉，别人无法与之竞争。他们的布匹完全适合中国人的需要，纯羊毛的，门幅很宽，价格便宜。但他们无法大量运来。在北京、天津以及华北的一些大城市，还可以看到各种俄国生产的物品，如俄国茶壶、刀具、图片、镜子等。但一般来说，西伯利亚没有制造业，人手又不够，从远方运商品过来，运费太高。俄国人发现，与中国交易，总的来说，得不偿失。俄国人买茶叶得付银子，中国人不收卢布纸币。他们得一直这么做，因此不能建立有效的出口贸易。俄国人想在蒙古地区得到一些贸易的权利，但无法说服中国人，让他们把自己商人的垄断权公正地转让给一个强大的邻国。

俄国人在极北的地方获得了一些港口，可以通往中国海和太平洋。但是，那些港口，一年中有几个月冰封。辽阔的国土，难以统治，想要获利，人力不够，更是难上加难。俄国人寄希望于早日架设贯通西伯利亚的铁路和电报系统，以便平衡进出口。那种日子或许并不遥远[①]。

事实上，只有英美两国真正对中国的贸易感兴趣。俄国人目前只是对某段边境有兴趣。

对法国人来说，中国的问题事关传教，以及嫉妒其他国家对远东的兴趣。在法国大惊小怪的人士眼中，"兴趣"与"影响"同义。

目前还看不出德国对中国有多大的兴趣，虽然他们在中国有许多臣民，主要是各大商行的职员或者小商人。

葡萄牙人与中国有个措辞极为巧妙的条约，但中国人没有认可，因为那将会把澳门的主权割让给葡萄牙。葡萄牙凭借中国的苦力输出，在澳门生意兴隆。

西班牙正在起草一项条约，由于它所属的菲律宾群岛的关系，对邻近的中国也有兴趣。

比利时有个条约，大约三年前曾在中国有个侨民，还有海运贸易。

丹麦人与中国有条约，但贸易量很小。

意大利两三年前计划到中国传教，但业已夭折。

即使俄国人获得在蒙古地区的特权，他们与中国的贸易，

[①]　我必须提醒读者，这封信写于 1866 年。——作者原注

与我们的巨大商业利益相比，也只不过是沧海一粟。

4月29日。尽管骡队领头的苦苦哀求，甚至噙着眼泪，认为我们和骡马会遭受饥饿，我们还是决定继续前进，一直走到蒙古地区著名的马市"喇嘛庙"①，然后经过古北口回来，不从原路返回。

于是，我们在张家口停留一天，让马匹休息一下，买些米、面和其他食物，以及牲口饲料。我们也有时间看看这个繁忙的小镇。镇上的贸易给周围居民枯燥的生活带来一些弥补。街上生气勃勃，有算命先生、说大书的，还有一个戏班子。戏班子的演员，穿着华丽的戏服，涂着花脸，占据一个小庙，吸引了一群人瞪大眼睛观看。郊区的主要大街，像个大市场，两边摆满简易货摊，出售各种廉价物品，主要有烟管、戒指、耳环、伪劣珠宝、假玉器、蒙古刀、钱包、号称罗杰斯父子公司②出产的餐具，还有来自维也纳的摩擦火柴、万花筒、体视镜、八音盒和背面图画不堪入目的镜子。

镇上有座七孔桥，栏杆上装饰着狮子和猿猴，桥下的河几乎干枯。这座桥保养得很好。因此，您自个儿可以判断，这个地方有多么繁华。外国人在这里没有引起什么注意，因

---

① Llama Miao，即多伦。

② 罗杰斯父子公司（Joseph Rodgers & Sons）于19世纪后半叶创建于英国谢菲尔德，到了19世纪末，成为世界上最大的一家餐具制造厂商，它的著名标记为星星和马耳他十字。

为欧洲旅客常从这里经过。此外，这里有两三个俄国商行代理人，监督商队装载茶叶，运往西伯利亚。

离开张家口之前，有件事必须得办，那就是得到军事当局盖的印章，作为护照上的签证。去年曾告诉过您，地方上的小官对总理衙门的印章不屑一顾，但对顶头上司则奉若神明，因为他们的手够得到他们。路上遇到麻烦，没有这枚印就别想得到地方官员的协助。因此，今天一早，我就把护照送到将军府，请求签证。到了下午5点，还没有得到护照，于是我派人前去通告，将亲自去取护照，并要求见将军。

我到了衙门，那里的人告诉我，大人病了。那是惯用的借口。但他的副手和另外两个官员客气地接待了我。他的副手姓包，帽镶蓝色顶珠，身材矮小，油嘴滑舌。我重复了见爱（那是他的姓）大人的要求，因为我知道，与下级官员打交道，是不会有结果的。但爱大人只是重复说遗憾，无法见我，并祝我康健。我想，或许他正在吸鸦片，那副尊容确实不太体面，因此不可逼得太紧。于是我转而向包大人要求签证。包大人推托说，我的护照上并没有注明应该得到签证。我回答说，我的护照使我有权期望得到他的协助，并告诉他，去年古北口的提督也给我们盖了印章。我威胁说，恭亲王会大发雷霆的，而（请上天宽恕我！）英国女王假如听到英国公使馆的成员，拿着公使馆的护照，要求得到一个中国官员的协助，居然受到怠慢，一定会非常生气。

"来点吃的？"

"谢谢，但我不饿。我要盖章。"

"至少来点酱？"

"多谢。不要酱。我要盖章。"

"但印章并不重要啊。"

"那么，干吗不像提督那样给我呢？"（顺便提一下，那位提督也是经过一番争执后才给盖的章。）

"啊，提督在古北口，这里是张家口。怎么办呢？"

"有志者，事竟成。"这个中国成语确实不错。

我的谈话对手，一有机会就像野兔似的开溜，一会儿请喝茶，一会儿请吃饭，一会儿请抽烟，就是不给印章。他们经常用满语商量。自然，我一个字也听不懂。不时，有个官员会出去，向装病的将军汇报我所说的话。这个蛮夷太固执了，太多疑了。我尽力让他们知道，他们躲躲闪闪的伎俩没用，我不会上当的。我们在同一块阵地上，进攻、反攻了一个多小时。我坚持要盖章，而他们则一味逃避问题。最后，我对包大人说，眼前只有两个选择：一是给我盖章，二是由爱大人单独给下属写个通行证。假如不能得到其中的一样，我就写信到北京，就他们的无理举止提出控告。经过一番商量，他们同意给我一张通行证，甚至命人起草一份，送到客栈让我看行不行。于是，我离开了将军府。但他们显然觉得我很不高兴，担心我还是会控告他们的行为。所以，我刚到客栈，他们就派了个信使过来，说包大人祝我康健。鉴于我们才刚分手，这样有点过分殷勤了。信使说，包大人尚未看完我的护照，请给他几分钟时间。10 分钟后，盖着将军印章的通行证就到了我的手中。

与此同时，那些忧心忡忡的赶骡人，担心路上会有风险，不愿去"喇嘛庙"。他们卸下驮鞍，解开绳索，放弃了报酬，赶着骡回北京了。他们只得到我预付的定金。

真是糟糕透了！早出发的希望都被打得粉碎。张家口确实是个好地方，但待一天已经足够了。

4 月 30 日。整个上午都浪费在寻找骡马和大车上。那些马车夫、赶骡人，知道我们急着上路，狮子大开口，漫天要价，说什么也要等到明天才走。而我们也同样坚决，一定要今天走。最后，情急之下，医生骑马去见俄国代理人，看看他们能不能帮上我们的忙。

向当局求助，不会有好结果。因为在这种情况下，他们会非常殷勤客气，马上去弄些最差、最便宜的来，然后要高价，把差价塞入自己的腰包。旅客走出 300 里外，孤立无援时，一匹老马或骡死了，其余的也都衰老羸弱，还未到达目的地，干粮吃完了，几天几夜穷困潦倒。

医生外出时，张熙从另一个方向回来了，带来他作为全权代理与雇马车人之间的协议。张熙用的头衔是"张大爷"。

那个人愿意把我们的行李运到喇嘛庙去，但价钱翻了一倍多。

医生的谈判成果更好。他带来了一个面目狂野的粗汉。我们最后与他达成还比较满意的协议。不过，无论怎样允诺、哄骗、威胁，都无法使他今天动身。

5月1日。不久前，一位传教士赠送了我一本译成中文的《天路历程》①。书中附插图，图中的基督徒和其他人物都蓄着中国人式的长辫子。如果有人愿意出版一部《唐吉诃德》中文版，为了便利中国官员阅读，我将推荐我们的马车夫作为骑士的模特儿。他高鼻子，猴腮脸，麻秆似的，正符合那个角色。他这种身材和脸型，我在中国还未见过。他的任何一匹马都可媲美"洛基南特"②。

今天出发较晚，到了8点才动身。即使已经那么晚了，我们的人还在城里买东西。

长城是防御的标志。在城门口，我们没有遇到任何麻烦，守城门的官兵根本没看我们的护照，只记下我们的名字和人数。

今天的旅途，单调乏味。一条无休无止的上坡路，蜿蜒在光秃秃的山岭之间，山遮住了风景。路上遇到一连串的骆

---

① 《天路历程》（*The Pilgrim's Progress from This World to That Which Is to Come*）是 17 世纪英国作家约翰·班扬（John Bunyan，1628—1688）的代表作，最重要的英国文学作品之一，1853 年由来华传教士宾为霖用浅文言翻译出版。

② 唐吉诃德的那匹瘦骨嶙峋的爱马，意思是"以前是一匹驽马，而现在却成为一匹优秀的骏马"。

驼、骡马、牛车，都满载着茶叶，运往蒙古地区和俄国。

蒙古人购进的茶叶，质量粗糙，压成大块的砖，看上去像烟草饼，只是更粗糙，用粗绳捆成一堆。这些茶砖，在有些地方是那里的通货。大笔的交易，用许多茶砖来支付，而小额付款则从茶砖上切下几块，就像中国人从银锭上切下碎银一样。茶砖冲出来的茶水，浑浊难喝，常带着发霉的味道。那是因为茶砖中保存的水分所致，因此不适宜海运。

我们在土井（Tu-ting）吃的早餐。土井是个凄惨的小村子。村里尽是泥屋，远看像是山洞。这个地方让我想起了一个遭到热病袭击的切尔克斯人①居住地。两年前，我曾目睹那里的人背井离乡大迁移，在切尔纳沃德②附近的河岸上，像兔子似的打地洞。除了热病，这两个地方的外形没有什么区别。

过了土井，路上的坡度陡然增高，如同在圣哥达山口③，路边备有马匹，用来把沉重的大车拉上一块高地。那块高地上建有寺庙，纪念战神关帝。虔诚的马车夫都会在此献上一份贡品，保佑平安上到坡顶。

---

① 切尔克斯人，属于西亚民族，又称契尔卡斯人，主要分布在土耳其、叙利亚、约旦和伊拉克，原住高加索黑海沿岸至库尔德斯坦地区。

② 切尔纳沃德（Tchernavo'da）是罗马尼亚的一个城镇，有铁路桥横跨多瑙河。

③ 圣哥达山口在瑞士中南部艾罗洛附近列邦丁阿尔卑斯山中，山口海拔2112 米，自古为中、南欧交通要道。此处所写应为汗淖坝。

我们在大坝（Pa Ta）一家挂着"万善"招牌的客栈过夜。大坝并不比土井富裕。我们的床就搭在厨房里，与面缸、油罐、臭气熏天的奶酪罐及其他零碎物品为伍。这还是客栈中最好的房间。这家客栈是个低矮的棚屋，用泥浆糊着剁碎的麦秸盖的。上面有屋顶，但地是泥地。住得不舒服，但出门在外，只能将就。

5月2日。我们又爬了几个小时的坡，上到蒙古高原。长城有一段穿过这里的山脉。但在这里，长城只不过是一堆乱石。诚然，在这里建造长城极需耐心，只是缺乏古北口砖墙的那种宏伟气势。这里的长城，隔一段就有一个简陋的敌楼，有些已经坍塌，有些摇摇欲坠。

蒙古高原本身是片无垠的高地，一望无际。很难想象，还有什么地方比这里更荒凉。没有树，没有灌木，最高的就是一些低矮的毛茛和风铃草。没有一块可坐的石头。方圆数里，没有一丝人迹。走了一里又一里，见不到一个旅人。偶尔见到一个流浪的蒙古人，骑着骆驼，缓慢地走着，或者可以看到一辆满载茶叶的牛车。至于野兽，倒是见到过一群黄羊，尚未看清楚它们，就飞奔而去。我们的狗，惊走了一只狐狸。一只乌鸦在啄食一条死狗。一只孤独的秃鹫，跟了我们几个小时了，仿佛在期待我们会有什么不幸发生。但今天令它失望了。

我们到十八里台（Shi Pa Li Tai）就停下休息了。今天的旅程短得出奇，但无法使我们的"唐吉诃德"再走一步。

5 月 3 日。我们天没亮就起来了，想要弥补昨天失去的时间。清晨的大草原，有种特殊的美。成群的百灵鸟模仿出各种叫声，其他的鸟儿也在纵情歌唱。空气清新，地上闪烁着露水。

如此美丽的早晨，如此美丽的草原，我们的小马也不禁欢快地奔跑起来。它们昂起头，迎着风，长久地嗅着，充满激情，在这块它们生长的大草原上疯狂地飞奔而去。它们知道前面还有漫长的旅途，对此它们似乎有种本能，因为一旦系上马鞍，套上马笼头，再狂野的马也会安静下来，循规蹈矩。我们的狗也受到感染，疯狂起来，跑得无影无踪。医生的俄国塞特种猎犬"哥们"把所受的狩猎训练忘得一干二净，带了个坏头，猛追百灵鸟。我的小狗"王子"紧随其后。

高原上没有道路。不久，我们远离了所有令人困惑的车辙、马蹄印。

这下糟了！在大草原上迷失方向，如同大海行舟的水手没有罗盘！四周没有一个地标，无边无际的平原上，只有一道弧形的地平线！

商量了许久，毫无结果。这时，我们惊喜地看到，地平线上升起了一个斑点，越来越大，最后看出是个胖僧人，身穿黄袍，骑着骆驼，自得其乐，像蒙古版的塔克修士^①。幸运的是，他会说一点汉语。这个和善的僧人，见到我们的困境，笑得肥肉乱颤。他掉了个头，离开自己的路，骑了四五里，把我们带到我们该走的路上。最终，我们比其他人早到盘山土（Pan Shan Tu）一两个小时。

凌晨 3 点出发，只吃过一杯茶和两个鸡蛋，至今已在马背上骑了 8 个小时，还要等到下午 1 点多才能吃饭，确实有点累人。更糟的是，天快黑了，乌云越来越多，晚上会没有月光指引。我们置身于荒野之中，马车一小时走不到 10 里，而到目的地还有 80 里路。

幸运的是，我们见到了一群蒙古包，粗放的主人愿意收留我们。后来我才知道，这条道上的蒙古包几乎都是旅人的客栈。一如往常，我们这次也走在大队前面，但我们都不会说一句蒙语。不过，从蒙古包里出来了一个骨瘦如柴、野性十足的人影，戴着耳环，披着长发，一定是个女人。她一把抓住我们的马缰，拉到一根木桩旁，把它们拴上，然后掀开一个蒙古包，招手让我们进去暖暖身子，因为外面很冷。这个蒙古包里，挤着几个男人、女人、光腚的孩子，还有一头小牛，几只小羊，大家都围在火堆旁。伦勃朗^②一定可以据

---

① 塔克修士（Friar Tuck）是《罗宾汉传奇》中的一个人物，身体强壮而肥硕。

② 伦勃朗·哈尔曼松·凡·莱因（Rembrandt Harmenszoon van Rijn，1606—1669），欧洲 17 世纪最伟大的画家之一，也是荷兰历史上最伟大的画家。

此创作出一幅伟大的蚀版画。

蒙古包里的空气令人窒息，烟雾浓烈，臭气熏天，让人难以呼吸。不过，那位好心的女人又腾出了一个蒙古包，当我们的仆人到达时，已经准备好让我们使用了。

蒙古包是一种最简单的建筑，用泥浆和剁碎的麦秸把一块地垫高，做成圆形，直径 3.5 米至 4.5 米。围绕着这块圆形的台地，用木条搭起一个大约 1.2 米高的棚架，再从棚架上延伸出几根棍子搭到顶上，然后把一张厚厚的毛毡用粗绳绑住，蒙古包便建成了。那个棚架，在木条交叉的地方，用皮带扎紧。整个蒙古包可以轻易地拆下，安放在骆驼背上。蒙古包内的家具，并不比外部奢侈。中间是个铁质的火炉，燃烧马粪或牛粪。马粪和牛粪是唯一找得到的燃料，但在高原上拾粪并不容易。有一部分烟，通过顶上中间的孔，逃逸到外面。火堆上架着四根铁棍，仅有的一只大盘中煮着全家的食物。沿着蒙古包内侧，摆着几只中国制造的简陋箱柜，几个来自北京的古朴的铜壶和铜锅。几张羊皮、小牛皮和毛毡，既是床，又是椅子和沙发。一切东西都被烟熏得像短柄烟斗那样黑。一块可掀起的毛毡，当作门。顶上的孔，既是烟囱，也是窗子，下雨时，得掩盖起来。或许，这里最奇怪的事，也是这块土地贫穷最明显的征兆，就是在蒙古包内开辟菜园子。篮子、平底锅、破茶杯，里面装上土，就成了菜地。五六颗大蒜，在精心照料下，长出了蒜苗！没有马厩，因为蒙古人从来不用。需要马时，他们就到马群中去抓一匹。
我们的马系在外面的桩上。牲口聚在营地四周。羊群挤在一
个棚下，棚子可以为它们遮挡雨雪，但小牛、小羊、小马被
抱进蒙古包，与小孩们睡在一起。

这就是我们今天过夜的地方。我们都很累，所以有这样
的住处足够了。但晚餐则更为困难。我们的厨师尽了力，但
他更习惯使用炖锅和其他炊具。我在上面提到，蒙古人的整
套炊具就是搁在牛粪火堆上的平底锅或大锅。蒙古人往锅里
放许多小米或其他谷物，加上几块肥羊肉或牛肉，然后添水
煮。煮好后，固体的东西捞出来，剩下的油汤用来泡茶砖。
这样污秽的食物，即使是最低贱的中原人也难以下咽，说起
来都感到恶心。蒙古有些地方，用煮开的牛奶和盐泡茶砖，
放在蒙古包内，随时可以喝。据说，味道很不错。我一直期
待喝新鲜牛奶，但蒙古人都说，他们的奶牛死了。小牛犊子
只有几天大，状况很好，说明事实并非如此。

我们在蒙古包里安顿好后，这块营地的主人过来看我们。
陪他来的梅格·梅里莉丝①，就是接待我们的那个女人。我想，
她应该是营地主人的妻子。营地主人能讲一点汉语。他去张
家口卖牲口，必须会讲汉语。他告诉我们，他以前是个军官，
但没有受其管辖的士兵。他只知道张家口至喇嘛庙这一段的

---

① 梅格·梅里莉丝（Meg Merrilies），是英国小说家司各脱（Sir Walter
Scott）1815 年出版的小说《盖·曼纳宁》（*Guy Mannering*）中的吉卜赛女郎。

事，出了两头儿，就不知道了。牛羊和这些帐篷，就是他生命中的一切。

女人们，不管老少，都不介意被我们看到。事实上，她们过来看我们，还带来孩子。我们给孩子吃糕饼和白糖，他们很高兴。那些女人，圆脸平胸，身体健康，但肮脏丑陋。而男人们，每日风吹日晒，使得皮肤坚韧。相形之下，朴次茅斯①或者朴利茅斯②饱经风霜的老水手的皮肤可以说是像缎子似的光滑。

蒙古族的男男女女，穿戴一样，都穿毛朝内的羊皮长袍，戴毛皮帽。直统统的衣服，圆圆的帽子，让人想起诺亚方舟③中的一家子。

那些人看上去质朴开朗，非常诚实，而我们听到的报道则相反。那些报道说，只要是他们看上的小件物品，都会神秘地失踪。

每个营地都有几条蒙古狗守卫。蒙古狗非常不错，体大毛粗，大都黑褐色，毛茸茸的尾巴卷在背上。"哥们"和"王子"偷偷找水喝时，常遭到蒙古狗的攻击，弄得狼狈不堪。它们一定是难以对付的家伙。

---

① 朴次茅斯（Portsmouth），位于波特西岛（Portsea Island），几个世纪以来，一直是英国皇家的著名军港。
② 朴利茅斯（Plymouth），位于英国英格兰西南区域德文郡，著名的海港，西欧最大的海军基地城市。
③ 诺亚方舟（Noah's Ark）是出自《圣经·创世记》中的传说。

营地主人，虽然生活的环境很肮脏，但都比较有钱，属于小康人家。因此，对他们来说，肮脏是自己选择的生活方式，而不是生活所迫。他们的羊群兴旺，可以随时到张家口出售，运往北京。

最穷的中原人日常所使用的必需品，这些相对富裕的蒙古人却没有。他们甚至没有茶壶、茶杯。我们说要洗脸，他们就从角落里拽出一个锈迹斑斑的铁盆。那个铁盆一定是几个月没有用过了，被人们遗忘在那里。

晚上，刮起了大风，接着下起了雨，使我们有机会体验蒙古包的安适程度。我们没有淋到雨，也没有受到凉。事实上，在大草原上，没有其他建筑比蒙古包更能根据天气来调整。天晴时，可以顶着天空睡觉。天冷时，毛毡足以保暖。今天，外面寒冷刺骨，但里面却像火炉一样温暖，尽管我们没有生火，因为怕烟熏。

5月4日。早上，大雨倾盆。我们向蒙古友人告别，骑马去章马泽金（Chang-ma-tsze-chin）。那是个汉人的居民点，距离大约六十几里路。天气不好，无法走得太远。

我们通过村里的孩子，认识了村里所有的人。凑巧，一个货郎经过那里。我们花了几个铜板，买了些小镜子之类的玩具给孩子们。那些小孩都高兴极了。那个小贩的货架上，各种东西应有尽有，就像阿拉丁王宫里的奇珍异宝。他莫非是一路从北京走过来的？

那天剩下的时间，我们住的客栈门口，挤满了兴高采烈的小孩。我们给他们看手表、铅笔盒等。他们看得高兴，我们也感到高兴。

这里的平原，更准确地说是山谷，狭狭长长，被山包围着。我登上一座山峰，从那里可以眺望大草原。

5月5日。今天早晨，景色美丽，可算是对昨天的一种弥补。我们凌晨3点就起来了。昨晚的水蒸气，化作露珠，洒落在地上。一轮辉煌的太阳，在羊毛状的云彩中冉冉升起，一整天都将不同亮度的光明与不同层次的阴影投射到山上，如同在欧洲可以看到的那种景色。我们在北京从未见过这种景色，因为北京的天空不是被风沙吹得昏昏暗暗，就是碧空万里，没有一丝云彩。

我们在一个蒙古人的营地停下吃早餐。那个营地在一块大平原靠近我们的一边。我一生中从未在一个地方见过那么多的马。整个高原上，有了这些马，显得生机勃勃。那些马身上长着过冬的毛，蓬蓬松松。冬天，它们在贫瘠的共用地上挤在一起，没能显示出它们的风采。但有几匹马，胸脯厚实，后腿强健，马肚圆鼓鼓的，显得体格健壮，极具耐力。

一个名叫"阿坝科瓦伊"（Apakwai）的寡妇，在她的蒙古包接待我们。她虽然命运乖戾，但实事求是地说，她的蒙古包

确是这个地方最好的，收拾得最干净。她有很多家具、皮毛、
毡毯，甚至还有一些装饰品。如墙壁上贴着几幅中国画，尽管
质量十分粗糙，比例失调，但颜色艳丽。蒙古人喜欢艳丽的
色彩，在这一点上，他们比沉稳的中原人更具东方人的特性。

一个蒙古族青年，在平原上纵马驰骋。他穿着明亮的黄
色与朱红搭配的衣裳，黄色的帽子下露出一张欢乐的月亮形
的脸庞。他的衣服上镶着黑貂皮、配着红纽扣。真是一道亮
丽的风景。

女人们爱戴北京的首饰，如珊瑚、珍珠、玉石。一个蒙
古族女人，只要不是一贫如洗，都会有些从北京买来的服饰，
或者是一对耳环，或者是一块头巾。若是买不起真的珠宝，
也会买些仿制的。

寡妇阿坝科瓦伊不会说汉语，但营地里每个人都来待一
会儿，因此我们并不缺少译员。营地里的头面人物，说一口
流利的汉语。阿坝科瓦伊的男人在 1860 年的战争中死了。
那场战争中，蒙古人总是被送到前线去挨打。说真的，摊上
这么个女人，她的丈夫能离开这个世界，还算是幸运的。这
个女人，一脸邪恶的表情。她的狗更坏，个子不大，坏得出
奇，背驼着，长着一张令人恶心的人脸。我试图接近它，给
它吃一种叫"饽饽"的中国式的饼。它贪婪地吃着，甚至还
乖乖地坐下，像基督徒的狗那样乞讨。然而，把我手上的东
西吃完后，它马上又故态复萌，对着我狂叫。

这个老女人还有其他恶习，更为令人作呕。她会解开长袍的扣子抓痒，好像妖精附体似的。这个寡妇很想得到雪茄和白糖，但我们不能给她。她一边抽着烟管，一边不满地抱怨，说我们仆人付给她租用蒙古包的钱太少，整个儿是一副贪得无厌的模样。我又给她加了一些钱，但她还是不满足。总而言之，假如我有一磅雪茄、一大块糖、一皮包的钱，独自一人睡在她的蒙古包里，一定会后悔莫及。我会整夜梦见雅亿和西西拉 ① 的。

营地西北约七八里的地方，有座大庙，名为"马神庙"，供奉马神。马神庙位置极佳。从我的望远镜里，可以看到附近有高大的树木，虽然还没有叶子，但确实是自张家口以来看到的唯一的树林。根据树木的大小可以判断，那座庙由来已久，因为那些树一定是庙里的和尚种植的。

在营地与我们昨晚过夜的上都河（Shang-tu-ho）之间，平原一望无际，两旁是风景如画的高坡，色彩斑驳。远远望去，宛如海市蜃楼。这块平原，如同一个大湖，而探入平原的山脚像岬，构成湖湾和溪流。在桑杜河附近，我们看见路

---

① 《圣经·士师记》第 4 节记载，西西拉（Sisera）是迦南王耶宾的将军，被以色列人打败，独自逃脱，来到基尼人希百之妻雅亿（Jael）的帐篷。"雅亿出来迎接西西拉，对他说：请我主进来，不要惧怕，西西拉就进了她的帐篷。雅亿用被将他遮盖。西西拉对雅亿说：我渴了，求你给我一点水喝。雅亿就打开皮袋，给他奶喝，她仍旧把他遮盖。西西拉疲乏沉睡。希百的妻雅亿取了帐篷的橛子，手里拿着锤子，轻悄悄地到他旁边，将橛子从他鬓边钉进去，钉入地里。西西拉就死了。"

边有四根夯入地里的木桩。每根木桩上都绑着一个笼子，笼子里装着一颗腐烂的人头。有一颗人头上的辫子脱落下来，卡在笼子的栏杆之间，在风中悲哀地荡来荡去。那是四个中国强盗的头颅。他们曾经是这条路上人人害怕的人物，如今只能吓唬吓唬马。马见到这样丑陋的东西，或许会止步不前。

我们见到大群的黄羊，但它们跑得很快，像白云一样消失在远方，根本没有机会打上一只。

5月6日。今天去大梁底（Ta Liang Ti）。第一段路我是自己走的，有50多里路，既为了变换一下旅行的方式，也是让我的马"关都"休息一下。今天本来轮到它作为我的坐骑。

向西走了五六里路，经过王大人庙。那是一位姓王的蒙古酋长的墓地。马车夫告诉我，那里驻扎着负责一个皇家养马场的官兵。

后半天的旅途，有些让人激动。因为我们得到警告，说附近地区有一群马贼在活动。大梁底旁有个大营地。那个营地里的蒙古人一直在与那群马贼争斗。昨天，他们抓住了四个马贼。前天，抓住了八个。这些马贼将被送到张家口受审。我们昨天在路上看到的四颗头颅就是属于那群马贼的。

这里的地形对马贼的活动十分有利。道路经过几座低矮的山岭脚下，马贼就藏在山里，看到旅客人不多，难以抵抗时，便扑向他们。周围的人们提心吊胆，马车是绝对不敢单独走这条路的。人们害怕的另一个原因是，这些马贼是山东大汉，出了名的狠辣。我们见过的辫子就是这种恶魔的。但我们也遇见一个蒙古人，武装到牙齿，手持一根长长的套马杆。这种套马杆对付马贼非常有效。他问我是否见到马贼，并说他就是一个追踪马贼的人。他的问话，用的是北京的马拉普洛太太^①以前习惯称之为的"破中文"。对于他这样捉贼，我只能祝他好运。

我们在哈巴桥（Ha Pa Chiao）过夜。那里的人像大梁底的一样，非常有礼貌。

5月7日。今天，我们"受苦受难"，中国人悲痛时，常这么说。

这一百多里地，走得很慢。因为暴风雨一直跟着我们，风雨交加，雷电轰鸣，所以不能不顾行李而先行。又因沙土沉重，车轮几乎旋转不动，马累得不行。

距离喇嘛庙还有五六里路处，有个小小的高原，周围小山环绕。我们走到那里时，暴风雨达到最疯狂的程度。我们在那里见证了一种自然现象，以前从未见过，今后也不想再见。雷似乎包围了附近的小山，狂野地咆哮着，炸出震耳欲

---

①　马拉普洛太太是18世纪后期英国喜剧作家谢立丹（Richard Brinsley Sheridan，1751—1816）写的爱尔兰喜剧《情敌》中的人物。她喜欢搬弄漂亮的词句，又不了解它们的含义，经常闹出笑话。这一人物描写非常成功，致使人们普遍地把用词不当称作"马拉普洛风格"。

聋的声音。闪电从四面八方划过地面，纵横交错，使整个小平原成了蓝色火焰构成的一个完整的网络，没有东西可以从这个火网中逃脱！

这种现象，对马极具震撼力。我的马钉在地上，吓得浑身颤抖，出了一身白色汗沫。医生的马，嘶叫一声，狂奔而去，幸好是朝着城里的方向。这种诡秘的场景，如同巫魔会①。

在蒙古遇到雷阵雨，确实让人神经紧张。雪上加霜的是，当我们终于抵达喇嘛庙时，全身湿透，又冷又饿，在湿漉漉的街上走了将近一个小时，可一家又一家客栈拒绝让我们住宿。人们朝我们大声咒骂，一群恶狗对我们的狗吠叫、袭击。最后，我们在一家大客栈找到了避难所。那家客栈很脏，我们房间的前一批住客是马匹，而我的卧房之前也被用作车库。

我们被狠狠地敲了一笔。在这里，外国人属于稀有动物，引起不小的轰动。这个地方所有脏兮兮的人们都涌进院子里来。令他们大为吃惊的是，我们这趟旅行居然不为任何公事。抛弃舒适安逸，骑行一千多里，只是为了玩耍，让他们无法理解。那些中国人确信，这些番鬼的脑子一定有问题。

5月8日。喇嘛庙是大沙漠中间的一个较大的中国人居

---

① 巫魔会（witch's Sabbath），又称巫师（巫婆）的安息日、礼拜日、聚会日、团圆日。这是流传在中古欧洲的一种说法，巫婆、巫师、魔法师、术士等，会在某些特定的日子集会。

住点，海拔约 1500 米。蒙古地区的人称之为"多伦诺尔"
（Talonoru），俄国人简化成"Dolonor"。中国地名"喇嘛庙"
取自两座当地的大喇嘛寺庙：一称"旧庙"，一称"新庙"①。
这两座庙都建在城外的一条小溪旁。不过，这两座庙更像是
村庄。客栈老板和其他当地人告诉我，两座庙共有几千名喇
嘛。我们不能进庙去看看，因为下雨使小溪涨水，我们无法
越过。但我们并没有太多遗憾。所有的寺庙都十分相像，我
们已经看够了高大的佛像，脏兮兮的和尚。他们剃着光头，
一脸白痴的神情。从他们那里得不到任何有关他们那个团体
的信息。如果你问他们的等级，十之八九，他们会反问有关
你的衣服的问题。而喇嘛则是中国僧侣中最低的一等。因此，
我们只是远远地眺望了一下那两座庙。就规模而言，不涉及
其他因素，这两座庙使我想起了莫斯科附近的图劳耶茨卡娅－
拉瓦刺（Troitzkaia Lavra）。那也是个小城市。

　　蒙古人成群结队来喇嘛庙，把牛马、羊毛、生牛皮卖给中
原人。而中原人向蒙古人提供各种谷物，以及蒙古人扎营需
用的简易制品，价格是北京的三四倍。一担谷物，北京卖 100
个铜钱，在这里价格是 3 倍半。据客栈老板说，单这一项买
卖就足以把喇嘛庙变成长 6 里宽 4 里、人口密集的一个集市。

　　今天过得死气沉沉，裹着皮袄还瑟瑟发抖。没有看见什

---

　　① 即"汇宗寺"和"善因寺"。

么良马出售，只看到一匹私人的灰色小种马，被带到对面的一家兽医站，当街放血。

后来听说，这里制作铜质神像的生意不错。

5月9日。今天穿城而过，有机会好好看看这个城镇和马市。昨天下雨，生意不怎么好，但今天有几百匹小马出售。马的主人把它们串在一起，四处走动，或者狂奔，以此炫耀它们的步态。这对围观的民众，尤其是小孩，造成了威胁。那些小孩在马腿下四处逃避，但总是能够神奇地逃脱。马市表演的质量不高，因为好马要到夏天或秋天才会被带到这里来。我们的马，由于经过精心的梳刷和喂养，反而受到人们赞赏。我们的马鞍引来了众人喝彩。一个年长的中原马贩子，用肮脏的大拇指抚摸我的马鞍，叫道："啊呀！在这边疆地带，一辈子也看不到这样的马鞍。漂亮极了！"

喇嘛庙除了这些马贩子，还有许多手艺人，如搓绳的人、编篮子的人、制鞋的人，诸如此类。这里只有几家大商店，建造得相当好，甚至还有些装潢，但大多数房屋都很矮小、破旧。总的来说，喇嘛庙不值得专门前来一游。我们只不过把它看作一个可以抵达的地点，然后从那里折回。若不是得骑马回北京，不看也罢。

我们在路边一个小客栈停下吃早餐。这里的人们与城里的完全不同。城里的人总是无理取闹，碍手碍脚。乡下人淳朴得多，非常客气，乐意助人。

有个小男孩坐在客栈外的长凳上，身上有些脏，但格外俊秀，正在喂三岁大的弟弟吃一种类似通心面的东西，用筷子把面塞到弟弟的喉咙里。他们的父亲是个快乐的农夫，坐在旁边休息，抽着烟管。我给了那个小家伙六个铜板。他很可爱，把钱给了弟弟。我坐在那里，跟他们聊天。

这时，一个穿着考究的中国人骑着马过来了，跟在后面的仆人也骑着马。那个中国人勒住马，要了一杯茶，喝完就走了，没有付钱。我看到，跟我聊天的中国朋友对他十分敬畏，就像老鼠见了猫似的，便问他是谁，原来是个税务官。一个中国人说："那是个坏蛋。旅客不向他孝敬，他就会阻止他们，拿走他们的行李，说他们是走私。"中国人对统治者流露出的敬畏，实在让人动容。

今天，我们的马车夫要我答应，到北京后，让公使团开张通行证。因为他是乡下人，没有通行证，或许即使有了通行证，回去的路上经过城门，也会受到勒索。

离开喇嘛庙六十多里，有个地方叫水贤组（Shui-Hsien-Tszu），沙质平原到此为止。沿途的风景焕然一新。

路沿着一条陡峭的峡谷蜿蜒而下，峡谷两边是山坡和各种形状的岩石。一条湍急的小河跟路并行。峡谷中有一些树，尚未长出叶子。低矮的山上，东一处西一块的被开垦成田。房屋很多，路上的旅客人数渐多，说明我们上了去北京的大道。

今天，我们在苟门子（Kou Men Tzu）过夜。人们还算有礼貌，但过于好奇，像小孩似的翻看我们所有的行李。他们最感兴趣的是我的望远镜，恳求让他们看一看。他们对望远镜非常小心。如果有人过于热切，其他人会喊道："别抢！别抢！"那群人里的长者最后把望远镜还给我，极为严肃地说："尊敬的先生，你可让我们开了眼了。"然后，他开始对新来的人发表演说，讲述有关我们的事。

一个新来的人打断他的演说，问道："你来这里卖什么东西？"

演讲人愤愤地喊道："卖东西！你是什么东西？他不卖东西。他是当官的，跟咱们知县一般大！"

知县是个帽上镶黄铜顶珠的官员，相当于英国地方自治区的一个官吏。

我掏出一本过期的《星期六评论》①，开始朗读。人们的兴趣达到了高潮。我现在可以体会到，当一个巨人随着旅行队到处旅行，每到一个地方都会被展示，他的感受会是怎样的。

5月10日。苟门子下面，流淌着一条山溪。溪上有座简陋的桥，桥墩里填满碎石和废料。从溪的左岸望过去，村子风景秀丽，如同一幅画。山坡上有座寺庙，宛如镶嵌在那里的一颗小小的宝石。沿着小溪往上走一小段路，另一个山谷

---

① 《星期六评论》（Saturday Review）是一份伦敦出版的周报，创刊于1855年11月3日，停刊于1938年，内容涵盖政治、文学、经济和艺术等各个领域。

赫然出现在眼前，比昨天的山谷更美，更原始。这里的岩石造型，更为巍峨，更为奇异。山坡上，长满一种矮矮的野生果树，绽放出粉红色的花朵，像阿尔卑斯山的野生杜鹃花一样艳丽。矮小的树木和灌木丛，也萌发出一些嫩芽，与覆盖在不同岩层上的苔藓和地衣一道，为眼前的风景增添色彩。

路一直"之"字形地向前延伸，移步易景，不断有新的景观，让人惊喜不已。今天的旅程，本该完美无缺，只可惜刮了一场风沙，败了兴致。

我们到横东甸（Hung Tung Tien）休息，晚上住在老窝铺（Lao Wo Pu）。这是个安静的小地方，客栈就在路的一个拐角，四周山岭环绕，酷似魔鬼之碗 ①。

我们坐在客栈精美的院子里，一致认为，尽管今天遇到寒冷的坏天气，有些地方还有冰，但依然是一个难得的旅程。与以前相比，今天有个特别的收获，那就是一路游山玩水，想坐就坐，想歇就歇，拜访了不同的村舍，到处受到欢迎，到达客栈比仆人还晚。

在众目睽睽之下，打扫房间，照料马匹，不是一件有趣的事。

5 月 11 日。下了关隘，山谷渐渐开阔起来。山涧小溪汇

---

① 魔鬼之碗（Devil's Punch Bowl）是英国的一个自然景点，形似巨大的圆形剧场，位于萨里郡（Surrey）旱得海村（Hindhead）附近。punch 是一种用果汁、苏打水、酒等掺和的甜饮料。

流成河，水流湍急。我们几次穿过小河，涉水之处，河水深达马肚。

这里的土地，得到精心耕耘，充分灌溉，一定十分肥沃。

一对快乐的老夫妻，在自己不大的地里一起耕种。老汉用锄头费力地挖出一道道沟，而老妇人迈着小脚蹒跚地跟在后面，用一个木质的器皿播种。那个木质的器皿有个洒水壶似的喷口，她用一根小棍轻轻敲打着，让谷粒一点一点地落下来。祝愿他们有个好收成。

今天，我们在两个地方休息。一个是瓜底儿（Kwa Ti Erh），另一个是郭家屯（Kwo Chia Tun）。郭家屯是个大村庄，村里的人格外令人讨厌。他们吃很多大蒜，然后把大蒜的气味喷到旅客的脸上。

今天下午，沙尘暴很大，是我所经历过的最大的一次。沙尘暴吹得我们睁不开眼，美丽的山水笼罩在一片黄豆汤似的浓雾中。

5月12日。昨晚人们告诫我们，路上要提防着点儿，留心强盗。但今天，什么也没发生。

今天上午，我们转入另一个关隘，向西南方向前进。这里的风景又是一变。山上覆盖着大树和小灌木，越往南走绿色越浓。

人们一再喊"狼来了"，但强盗似乎没有攻击欧洲人的念头。可麻烦的是，我们不得不担负起护卫的责任，一步不离地跟着马车。离开了我们，没有我们的左轮手枪，马车会非常危险。

中国人惧怕我们的手枪。因此，丰宁县 ① 衙门的一个官员请求我们让他跟我们一起走，既可路上有伴，又可受到庇护。他一路步行到苟门子，为的是收取六两银子（两英镑）的债。他告诉我，他今年已经五六十岁了，有二十几年的抽鸦片历史，可以每天抽两次，每顿饭后一次。他身体强健、精神矍铄，每天步行 100 里，背上还背着一个沉重的包，一边留神有没有获利的好机会。他这趟是公私兼顾，除了公事，还贩卖些自己的私货。

这又是一个例证，说明鸦片只要不大量食用，不会削弱体力。至于鸦片对于智力的影响，有些最聪明的中国人就是瘾君子。我必须说，在中国从未见过类似某些书中描绘的抽鸦片引起的那种可怕情景。这个人告诉我，鸦片仍然让他产生梦幻，但又懊恼地说："都是些荒唐无稽的事，从未成为事实。" ②

最初的 50 里路，路况很差，马走得十分困难。但风景如画，真若有强盗出现，也一定会像塔普曼先生 ③ 那样，头戴

---

① 原文为 Feng Ming Hsien。据作者的旅行路线，应是丰宁县。
② 作者在这里还是为英国鸦片贸易辩护。
③ 塔普曼先生是狄更斯代表作《匹克威克外传》(*The Pickwick Papers*) 中的一个人物，与匹克威克一同旅行的同伴之一，是一个轻浮的家伙。

高帽，身披缎带。若强盗只是一群寻常的中国人，衣衫褴褛，那将会大煞风景。

有个下坡非常陡。我想，这下我们沉重的行李车肯定会一溜到底了。不料，马车夫手很巧，把一段大木头拖到车后，绑在车轴上，便成了一个临时而有效的刹车，使马车安全地下了坡。

从关隘顶上眺望，眼前展现出一幅壮丽的画卷：从北到南，山峦层层叠叠，山外有山，规模宏伟，近处色泽浓郁，远处淡化成蓝色。南面山脚下，有一个小小的山谷，麦苗翠绿，树叶新发，宛如荒野中的一处小小的伊甸园。山谷的远端，有个美丽的小村，名为牛唇子（Niu Chuen Tzu）。我们在那里的一个整洁的客栈吃了早餐。

至此，我们已经在狭窄的山间小道上行走了300多里。一出牛唇子，道路便进入了一个几乎像平原一样广阔的山谷。夕阳西下，照亮了横卧在我们与中原之间的山峦。我们在夕阳中进入凤鸣县。

丰宁县外观可爱，但对我们很不友好。最好的客栈都不接受我们，最终找到一个落脚之处，也是受尽盘剥。院子凌乱不堪，我不得不要求掌柜清理院子。掌柜来了，块头很大，邋遢得很，辫子蓬松。经过一番威胁和咒骂，方才让我们得到安宁。

5 月 13 日。我们落脚的客栈，又脏又破，店主更是百般敲诈。店主显然品行不端，是个尘世堕落人。他尽管与镇上的同行一样，对我们十分歧视，但还是接受我们入住，为的是从中牟利。

离开这个店主，离开这家客栈，离开这座城镇，我们心中舒了一口气。

晌午，我们在哨虎营（Shou Hu Ying）歇脚。哨虎营是个小村，与众不同。据说，村名与著名的康熙皇帝有关。一次，康熙皇帝来此狩猎，在这个村子所在的地方，射中了一只老虎。

村里只有一家客栈，其貌不扬，但十分干净。大厅里还摆着几盆花，颇为雅致。客房也用作乡村校舍，到处可见教学用具。教师的座椅、学生的板凳，都铺着毛毡或羊皮，比我们的伊顿公学还要奢侈。一本本《三字经》，已经翻得很旧了。《三字经》是中国男孩的主要读本，全文由三个字一组写成。此外，还有一些廉价的写作材料，抄写本。在一本抄写本上，可以看到，有个小学童笨拙地誊抄数字和一些简单的汉语方块字。

墙上挂着一幅画，用来装饰教室。画中有 4 个小孩，代表一年四季，正围着一个花篮跳舞。那个花篮中的花，比例严重失调，自然界不可能长出那样的花。那幅画下面，有句题词："四季花开，富贵荣华"。

通过一则公告得知，我们并没有打扰学生学习，甚感欣慰。教师给自己和学生们放了一天假。他去了邻近的一个名叫波罗诺（Po Li Nao）的村庄，赶集看戏。

听一班小学童含混不清地同声朗读课文，十分有趣。他们并不懂文中的意思，汉语发音的四声，使得他们的朗诵听起来有种悠扬顿挫的感觉。对孩子来说，每个字只是个毫无意义的音符。教孩子许多字而不让其理解每个字的意思，这种教学方法，只能在中国存在。

我们走了 15 里路，经过波罗诺村。我们没有停下来看一个蹩脚戏班的演出，让路上的人十分惊讶。

我向路旁的一个人问路，他吃惊地叫道："什么！到了波罗诺，不去看戏！啊呀！太奇怪了！"

不过，我们看到了更好的，那就是波罗诺村本身。波罗诺村的位置非常好，坐落在一个风景如画的地方。那个地方不大，却是我在中国所看到的最漂亮的一个村庄。一道低矮的山脉，在那里拐了个弯。村子就建在山脚下。一组山峰，怪石嶙峋，参差错落，黑压压地耸立在村旁。一道小溪，从村边流过，溪水清清，卵石圆润，遇大石而折，蜿蜒流淌。此外，还有几栋别致的中国式建筑，众多的树木，以及集市带来的喧闹。

我们又遇到了砂路，沉重的马车行走相当困难。车马已经在路上走了 13 个半小时，中午停顿了两个小时，总共才走了将近 100 里。

我们在瓜腰儿（Kwa Yo Erh）过夜。像所有的小地方一样，那里的人们殷勤好客。房东甚至让家人出去，腾出房间，让我们住得舒坦一些。

5月14日。房东身兼两职，既是职业军官，又是客栈老板。他十分客气，我们也特别留意，不能因此让他营业额受损。分手时，宾主互相祝福。

路上遇到一座陡峭的山。爬上山顶，看到一个战神[①]的庙。然后，盘旋下山，数度经过悬崖峭壁，下到古北口山谷。那种悬崖峭壁，如同在瑞士和蒂罗尔[②]可以见到的那种，规模更大些。经过这些山脉时，不止一次想起阿尔卑斯山，不仅是由于景色，而且是因为这里罹患甲状腺和痴呆的人们。就风景而言，倘若不是缺少雪和冰川，这里的景色堪比阿尔卑斯山，而甲状腺和痴呆则是山区的魔咒。

那天，在一个十字路口，有个人在拾粪。我向他问路，他转过身，断断续续地说："我什么都不知道。我只是个傻瓜。"然后指着一个在犁田的人，说："问他。他什么都知道。"

耳聋似乎也非常普遍。也许是因为气候关系，一年之中

---

① 关帝。
② 蒂罗尔坐落在中欧西部阿尔卑斯山脉的心脏之处，是欧洲最受欢迎的冬夏皆宜的旅游胜地。

有 7 个月十分严酷。老人们，除却耳背，似乎精神都很饱满。没有见到一个非常高寿的人，但有个老人，79 岁，依然精神很好，看上去还能这么保持下去。但他是我这么多年所遇到的最高寿的，过了 70 岁都算老寿星了。

今天的旅程，骄阳似火。空气中有大量的电离子，骑马走了几个小时之后，在我们身上便显示出烙印来。

我们走在行李车前面，距离足足有一个小时的路程，所以放马去吃草，自己坐在一条小溪旁抽雪茄。糟糕的是，我们没带火柴。还好，不远处有个房子，医生自告奋勇前去借火。

医生到了那个房子前，发现有四五十个人在做"白事"。"白事"是丧事的委婉语，因为白色是用来悼念的颜色。十来个亲戚、朋友、邻居，围坐在棺材旁哭泣，而其他人抽着烟管闲聊，等着轮到他们去表达悲伤。那些人都很有礼貌，除了正在棺材边尽职的，都围了过来，没有一丝悲苦愁云，甚至那些头缠白布仿佛头痛的女人，也从屋后偷窥，咯咯地笑着，如同在协助操办一场婚礼。显然，与其为一个老妇人吊丧，还不如看外国人更具吸引力。

我们没有进古北口镇，而是在城门外的一家客栈住脚。这样，既可充分观望中国的长城，还可呼吸新鲜空气。进了城，空气中都是大蒜味和粪臭。

从喇嘛庙到古北口，一路上没有见到一个蒙古人，更不用说蒙古人的营地了。这一带的地形，不适合他们的游牧习性，所以居住的大都是中原人，主要是来自山东的农民。欧洲人很少走这条路，据我所知，也许来过一次，或者至多不超过两次。

5月15日。上个星期的今天，我们还在喇嘛庙，裹着皮袄，瑟瑟发抖。今天，一件薄薄的衬衫都嫌热。成群的苍蝇，甚是烦人。天气太热，什么事也干不了，剩下的只有睡觉，但烦人的苍蝇又无法让人安睡。直到吃完晚餐后，才敢出门。

我们登上了客栈后面的小山，观看夕阳徐徐落到长城横卧的山脉之后。下面山谷中，游人匆匆赶路，想要赶在城门关闭之前进城。最后面的是一群大约百来头猪，它们是今晚最后一批经由古北口进入中原的生灵。

去年给您的信中，曾经告诉过您有关古北口以及从那里回北京的路。这封信已经写得太长了。三天之后，我们就会回到公使馆了。

又及：顺便提一下，我们访问的蒙古的这一部分，虽然在地图上属于直隶省，那是根据政府管辖而言，但我所说的中国则是以长城为界。长城以外的蒙古人，不认为自己是中国居民。而中国人自己也把那些地方称作"口外"，即在边疆之外,也就是蒙古。^① 在斯坦福 ^② 的中日大地图上,您可以找到张家口、喇嘛庙(即多伦呶尔)和古北口的位置。那张地图上,也标注着我们停留过的一些其他地方,但您根据它们的拼写,可能很难认出来。

5月20日。今天去了几个古玩店。店主展示了好几件古玩,其中有个花瓶状水罐,用无色水晶制成,高约30厘米,真是个极品。我还从未见过如此精细的雕刻。

乾隆年间,皇帝本人爱好艺术。若是西部山区进贡的礼品中有块上等无色水晶、玉石,或者红玉髓,便会召集一班风雅之士,决定体型,然后指定某个御用艺匠完成。

5月21日。这些天,虔诚的中国人都出了门,去妙峰山中的一座圣庙烧香,祈求避难消灾。

5月22日。置于阴凉处的温度计,一动不动地指着摄氏37.8度。天热得人喘不过气来。

所幸的是,第二天来了场大暴雨,下的冰雹足有鸽子蛋那么大,使得温度降了下来。冰雹的形成也很古怪:一小块冰,

---

① 清代的疆域包括长城以外的广阔地区。

② 托马斯·斯坦福·莱佛士爵士(Sir Thomas Stamford Raffles,1781—1826),英国殖民时期重要的政治家,主要贡献包括把新加坡建立为欧洲与亚洲之间的国际港口。

外面包上一层冰冻的雪，雪外再套上一层冰。砸到头上很疼！

5月27日①。一场"天花"暴发了，引起人们普遍的惊慌和种痘。反对种痘的人，最好去东方的城镇看看，这种可怕的疾病会造成什么样的后果。在中国，"出天花"非常普遍，没有出过天花的人，被认为尚未成人。天花类似在欧洲狗所患的犬瘟热。

5月29日。今天在美国公使馆与卫三畏博士及夫人共进晚餐。卫三畏夫妇刚刚进入中年，男俊女美，很可爱的一对。卫三畏博士编写过一部中文字典，还有那本百科全书般的《中国总论》，他是一位知识最渊博的汉学家。卫三畏博士在中国的事业，从南方的传教做起，但他的非凡才华对美国政府至关重要，所以他现在是美国驻京临时代办。

卫三畏博士兴趣广泛，他曾谈到纸币。中国最早出现纸币，似乎在宋朝绍兴年间②。那时，铜很稀少，所以政府发行"大钞"，价值1000至5000铜板，还发行"小钞"，价值100至700铜板。各地任命了官员，主管发行与接收纸币。纸币7年一换，1000个铜板，扣下15个，支付印刷纸币的费用。据说，纸币是"公私两便"。马可·波罗曾提到中国的纸币，对此甚为赞赏。

---

① 原文如此。信的时间标为5月23日，内部却写到了6月20日。
② 最早的纸币交子实际出现于北宋。

6月1日。我的新同事，埃里克·法夸尔爵士 [①]，从英国来到中国。他是我的校友。

布伦奇利先生 [②] 陪他同来。布伦奇利先生是个著名的旅行家，似乎走遍了全球。他也是个杰出的自然主义者，观察力敏锐。有他作伴，真是太棒了。

6月10日。过去的几天，都在向布伦奇利先生展示北京的名胜古迹。

今天，我们去一家时尚中国餐馆吃早餐。那家餐馆名叫"永昌楼"，位于大栅栏，我们称之为古玩街。为了让我们显示出上流社会的气派，仪态万方，仆人张熙坚持要我们乘车前往。他说走路太寒碜了！

路上的车辙和石板，颠得我们身上青一块、紫一块，尊严倒是保持住了。那个"永昌楼"，又破又脏，真应该在家吃早餐，吃得会好得多。

6月15日至20日。又到了两批旅客，又得提供"智能导游"了。

---

① 原文是：Sir Eric Farquhar。

② 朱利叶斯·卢修斯·布伦奇利（Julius Lucius Brenchley，1816—1873），19世纪英国探险家和作家。

二十七　张家口

1866 年 7 月 23 日，于大觉寺①。

最近一次邮寄中没有给您的信，那是因为我远在蒙古地区。最初的打算是陪布伦奇利到张家口，替他安排穿越西伯利亚到俄国的旅程。最后，我们一行人增加到四个，其中一位是女士，因此，我们的计划也相应扩大了。

我们一行于 6 月 21 日动身，在张家口逗留了四五天，皆因一个拥有骆驼的蒙古族人，言而无信，而且强词夺理。不过，张家口是个欢快的小镇，耽搁几天也无所谓。

那几天，张家口比往日更热闹。原因是，这一带遭受大旱，忧心忡忡的农人，早上、中午、晚上，一日三次，在城里游行祈雨。游行队伍前面是刺耳的单簧管②、锣鼓、铜锣，

① 大觉寺，又称大觉禅寺、西山大觉寺，是位于北京西郊阳台山南麓的一座千年古刹，以清泉、古玉兰树、环境幽雅而闻名。
② 即唢呐。

后面跟着的男人和男孩，头上戴着柳条圈，腰上系着柳条圈，赤露着晒得黝黑的上身。有的肩上披着红纸条，有的脖子上套着类似囚犯的沉重木枷以示忏悔。他们簇拥着一顶轿子，轿子里坐着一尊小神像，向龙王庙走去。龙王是掌管雨水的神灵。每逢干旱，人们都会乞求龙王开恩①。有些信徒手持长矛、土枪，不时放上几枪。总而言之，游行队伍发出的喧闹，足以取悦围观的中国人。

我向一位旁观的中国绅士问询，他们为什么游行，"啊！这些农人哪！"他极为轻蔑地说道，"他们从来不会满足。不是雨水太多，就是雨水太少，或者诸如此类的事。简直不可理喻！"

然而，龙王还是听到了那些可敬的人们的祈祷，对他们的案子作出了有利的判决，因为我在张家口逗留的第二天，下了一场雷雨。雨倾盆而下，这种豪雨，除了赤道地带，其他地方甚为罕见。在我们逗留期间，雨或大或小，一直未停。

这种巧合，并不能增加一位美国传教士的机会。他在张家口为当地人看病，已经一年多了。尽管他的蓝色药丸和黑色药剂效果非凡，却至今未能让一个当地人皈依。

---

① 在远东，龙是水神，而不是像我们的神话中与火有关。菩萨奇迹般诞生之时，空中出现了两条天龙，一条喷射冷水，一条喷射热水，为圣婴沐浴。因此，在寺庙和其他地方，常可见铜铸的龙用作水龙头，而在西方，人们常用狮子头作为喷水嘴。用狮子头作为喷水嘴，源自古埃及。古埃及的天文学家认为，当太阳位于狮子座（Leo）之时，尼罗河水必定上涨。——作者原注

从中原进入蒙古地区，有三个主要关口：张家口、古北口，以及位于这两个关口之间的独石口①。独石口较小，也没有其他两个关口重要，但我尚未去过。

我提出的计划得到同伴们的接受，就是游历三个关口，主要沿着长城外线走，但有些地段会与长城平行。

我们一行于 6 月 30 日离开张家口。天气炎热。正午的太阳毒辣难挡，为此我提供了一种遮阳的庇护所。我们每人都有一顶骡轿。那是一种细长的骡车，一人勉强可以躺在里面。前后车轴绑上木杆，然后架在骡背上。听起来似乎是种舒适、奢侈的旅行方式，里面可以放床和枕头。事实上，骡车颠得厉害，让人晕车。骡车里又热又不舒服，好不容易找到一个勉强可躺的姿势，迷迷糊糊即将睡着，赶骡人便会叫我们保持平衡："大人！请往南边坐过去一点。您整个儿的重量都压在北边！骡北边的背脊都磨破了。"

我的赶骡人很有个性。他叫查麦株（Cha Mai Chu），很有表演才能，可以直着嗓子，尖声高唱中国式的阿那克里翁体诗②，还会模仿当红演员的唱腔。每天早上，他总是最后起身的赶骡人。到后来，我只好用鞭子赶着他走。他还幽默地嘟囔着，说"老板"（此处指的是我）对他过于苛刻。但他

---

① 内蒙古驿应为五道，还有喜峰口、杀虎口。
② 阿那克里翁体诗，源自古希腊抒情诗人阿那克里翁（Anacreon），歌颂爱情和酒宴。此处，可能指京剧片段。

还是起来喂骡。他曾经跟随卜鲁斯爵士去过一趟蒙古。说起卜鲁斯爵士，他大为赞扬，竖起大拇指，那是中国人表示最好的标志，意思是没有语言可以超越。总的来说，查麦株笑脸常开，是个欢快有趣的家伙，在此地十分罕见。

到达客栈后，老板客气地对六个赶骡人说："您六位，坐一桌。"（那是什么样的六位绅士啊！还"您"呢。）于是，六个赶骡人坐下吃粗粮。那是一种类似通心面的东西，就着大蒜和酱菜吃。查麦株常常引得另外五个人哈哈大笑。我想，他可能借机多吃一些那种白条 [①]。

第一段路程，走到章马泽金，重复上封长信中给您描述过的去喇嘛庙的那段旅途，这里就不再赘言。再往前，我们走的是条新路，有些地方还从未有外国人到过。对此您或许会感兴趣。

我们于 7 月 3 日离开章马泽金，没有继续向北横穿蒙古。在这个季节，蒙古更当得起它的中文名称，是个名副其实的"草原"。两个月前，这里还没有什么草。

我们折向东南，走上回北京的道路。穿过了一片沙壤平原，那里种植了大量的马铃薯和其他庄稼。这块沙地中间，有个中国人小村，名为"莲花滩"，现已没落。根据一则古老的传说，这里以前曾经有个寺庙，寺中有个莲花盛开的水潭。如今面目全非，寺庙、水潭、莲花，全都消失得无影无

---

① 即面条。

踪。剩下的只有一个屋顶，勉强可供我们在下面吃顿早餐。

我们朝一座绿色的山岭走去，期望在山顶可以看得见长城，然而，并未如愿。直到走完一个翠绿的山谷，来到山脚下，我们才看见长城。那个山谷里，两旁岩石崎岖，光秃秃的，而中间的草木，则长得郁郁葱葱。

独石口附近，那个巨大的砖砌怪物①再次显露出来，但由于不断遭受水流冲刷，已经墙底掏空，墙体受损，变成废墟。

这里的岩石非常漂亮，形态别致，叹为观止。

独石口本身是个古老而奇特的小镇。城墙和防御工事年久失修，没人关心，也没人维修。我想，再过几年，镇上古雅的山形墙、塔楼和毫无作用的防御工事，都会坍塌。但在另一方面，城内的店铺，干净整洁，房屋显示出一些繁荣的迹象。或许，表面上看似疯狂，任凭保护边界的防御工事自行毁灭，而暗中另有计谋？

我曾多次告诉过您，在中国，旅客到达客栈，常会受到民众围观，甚是烦人。我们这趟旅行，有位女士随行，因此，遭受的麻烦，百倍于往日。我持有总理衙门大臣写给沿途高官的特别推荐信，因此，每当他们得知我们受到打扰，便会急忙给我们送"饽饽"，并提供保护。但在受到保护之前，我还得自己执法。

---

① 即长城。

有三个头发花白、邋邋遢遢的老流氓，竟然舔湿拇指当钻头，在我们的一扇纸糊的窗上戳了几个洞，行偷窥狂汤姆[①]之事。他们看得那么有趣，浑然不知惩罚者已经手持皮鞭，蹑手蹑脚地走到他们身后。那位惩罚者就是我。我把他们三条污秽的辫子绑在一起，大吼一声，赶他们走，引得他们的亲朋好友哄然大笑。他们知道得很清楚，这三个人违背了"道理"。在中国，遇到制造麻烦的人们，总可以打"道理"这张王牌。"道理"的意思就是"有礼貌"，或者"守规矩"。

我们在独石口只停留了一个晚上，然后往回骑，经过另一个关口，进入大草原，呼吸新鲜空气。

我们在一个名为长梁（Chang Leang）的小村过夜。那里只有一家客栈，还客满了。若非有个善良的秀才从喇嘛庙回独石口去，同意继续前进，让出他的房间给我们的女士，我们大家都只好露宿了。我们其他人设法挤在一起。在中国旅

---

① 原文是"Peeping Tom"，这是英文中用来称呼偷窥狂的用词。传说 11 世纪时，麦西亚伯爵利奥夫里克（Leofric,Earl of Mercia）有个美丽的妻子戈黛娃夫人（Lady Godiva）。当时，利奥夫里克对考文垂（Coventry）市民们强加重税，戈黛娃夫人不断地向丈夫求情希望减免税收，但都被他顽固地拒绝了。最后，利奥夫里克对妻子不断的求情感到厌烦，宣称只要她能裸体骑马绕行市内的街道，他便愿意减免税收。戈黛娃夫人果真照着他的话去做，向全市宣告，命令所有人躲在屋内并拉下窗户后，她赤身裸体、只披着一头长发骑马绕行街道。裁缝师汤姆违反了命令，在窗子上凿了一个小洞偷窥，受到天惩，双眼瞎掉了。这个人后来成了英语偷窥狂（Peeping Tom）一词的由来。之后戈黛娃的丈夫遵守诺言，赦免了繁重的税赋。

行的过程中，还从来没有像这次，睡在如此奇怪的地方。

村民很穷，客栈更糟。我们这些男人，没有选择高地，而是睡在洞里，就像英国的乞丐。不过，考虑到这里的景色，还有蒙古的空气，还是值得的。即使是英国登山俱乐部，也不会知道真正的新鲜空气是什么样的，他们必须来这里的大草原才能体会到。

第二天，我们到了一个名为大滩（Ta Tan）的村子，在村里的一个毛毡作坊吃早餐。中国人制作毛毡的方法十分原始，但效果却胜过曼彻斯特①的机械制作。羊毛经过梳理、过秤，然后均匀地铺在一张蒲席上。铺上足够量的羊毛后，一边喷洒少量的滚开水，一边用藤编掸子仔细打实。然后把蒲席和羊毛一同卷起、扎紧。卷成的毛毡放在地上，由六个男人踢过来踢过去，踢上五分钟。再铺上一层羊毛，毛毡就做好了，质地优良。

很想给您描绘一下，那天下午的旅途有多么美妙。离开毛毡作坊后，一路经过低矮的山岭，沿着一个山谷走去。山谷里开满了野花，主要是黄色的花朵，金光灿灿。还有野玫瑰、香槟玫瑰②、孤挺花③、牡丹、瑞香、委陵菜、石竹、紫色鸢尾、卷丹、华丽百合、罂粟，以及其他的各种花卉，缤纷

---

① 曼彻斯特（Manchester）是英国的棉纺织业中心。两百多年前，在这里诞生了世界上最早的近代棉纺织大工业，揭开了工业革命的序幕。

② 香槟玫瑰（ranunculus），蔷薇属植物。

③ 孤挺花（amaryllis），石蒜科孤挺花属植物。

绚丽。正是罂粟，使得中国皇帝脸上五颜六色、阴晴不定。

如此绚丽多彩的一块草地上，大煞风景的是成群的骆驼。每年的这个季节，骆驼脱落了毛，身上长着疥癣，消瘦憔悴，体质虚弱，几乎连四处走动的力气都没有。人们把它们赶到草地上，让它们消除背上的疼痛，为秋天、冬天和春天的辛勤劳作养精蓄锐。可怜的牲畜！它们看上去十分可怜，而这却是它们一年中最幸福的季节。它们为现在的休整付出了辛勤的劳动，应当受之无愧。

我们沿着这个野生花园，缓缓地向上攀登。坡度十分平缓，等到我们到达关隘顶上，看到两边岩石之间豁然开阔的全景，看到脚下山峦起伏、层层叠叠，方才知道我们已经走到多高了。

夕阳在天际徐徐落下，轰鸣的雷声在群山之间渐行渐远，眼前的景象，实属罕见。

山峦原始、贫瘠。山谷中，凡有几株树的地方，便是中国人的家园。这里的人们十分贫穷，连鸡蛋都买不到。

有个地方叫巴底（Pa Ti）。我们在那里住宿的房子，一半是农舍，一半是客栈。我睡在一个谷仓里，地当床，磨石底盘当梳妆台，旧车架当脸盆架。

我们动身沿着山谷走下去时，太阳正升起来，景色壮丽，与阿尔卑斯山相比，除了没有冰雪，毫不逊色。岩石极其冷酷、粗犷，显出各种形状：人头、老虎、狮子、带塔楼和雉堞墙的城堡等。巨大的石块，支点那么小，怎么可能支撑得住？仿佛一阵微风就会把它们刮下来。这个山谷，让人想起有关巨人、小矮人、食人魔城堡的童话故事。居住在这里的中国穷苦劳工与他们的家园不太般配。

山谷中最美的景色一直延续约三十里，到一个名叫喇嘛山的地方。那里有两块金字塔式的巨石。山脚下有个村子，村名就取自那座山。

一块巨石上，在很难爬到的高处，有个平坦的壁面，上面勾画了一幅菩萨像。菩萨头的周围有个光环，拇指和手指经典性地向上伸展。这幅画有些年份了，但虔诚的人们新近修补过。

另一块石头上，有个山洞。据说，很久以前，喇嘛用它作退隐尘世之处。他们在洞里修心养性，虔诚地度过光阴。那些可敬的人，很有品位，选择的住处，位置绝佳。

这个山谷，上半段风景秀丽，下半段又让我们大饱眼福。前面还有一座参差别致的小山，山脚下就是我们驻足之地，达皋（Ta Kao）。那是个较大的城镇，花园众多。若是埃克塞特会堂①的人们听说这些地方也在种植罂粟，该会怎么想？

我们在达皋找到一个很有名的客栈。客栈的房间颇大，

---

①　埃克塞特会堂（Exeter Hall），始建于1829年，1831年正式使用，1907年拆毁。原址位于英国伦敦斯庄特（The Strand）北部，即现在的斯庄特宫酒店（Strand Palace Hotel）所在地。当年，埃克塞特会堂主要用于召开宗教或者慈善方面的大会。

窗纸是新糊的，但奇怪的是，都7月6日了，还烧着炕，其实根本用不着。我们刚从山里来，习惯了凉爽的微风，因此觉得这里的空气闭塞、呆滞，但和北京相比，还是非常新鲜。经历了一整天的旅行，最后还要像往常一样，被人们围观，真是有点心烦。

第二天走的山谷，穷乡僻壤，但景色很好。山谷中有一道山涧，最近下过雨，所以涨得几乎像河那么宽。一天里，我们涉水穿越这条山涧二十二次。在一个浅滩，一辆骡车翻了，散了架。还好，没有大的损坏，用几段绳子绑一下，用一两根旧钉敲一下，就修好了。赶骡人惩罚那头骡的方式十分好笑。他把骡当作人，发起怒来就骂它的妹妹。不管是人还是骡，是马还是猪，只要得罪了中国人，他就会作践冒犯他那个人妹妹的名声，什么难听的话都会骂出来。赶骡人一边骂，一边低声下气地恳求我不要扣钱。他从咒骂到乞求，转换自如，令人惊讶。如果那头骡的妹妹真的犯了什么错，所受到的惩罚还未想出来，但它一定不会被轻饶。述说它的罪行的脏话，自然不宜在此诉诸文字。

我们到达寨岭（Chai Ling）。那里唯一的空房间里，一张热炕占了一大半，闷热得令人窒息，无法安睡。我只好身披星星，睡在院子中的骡车里，倒也十分凉爽。

次日是7月8日。早晨，辉煌的日出，唤醒了我们。空气是那么的清新，我不由得步行了大半的路程。赶骡人掩饰不了惊讶，一点也不能理解。他们竖起大拇指，大声夸奖我神勇。

"瞧老爷子！走得多健！"

"一看就是个走惯长路的。"

"瞧那身板！这里的主子哪有？"

其实只不过走了三十几里路，但中国绅士想都不敢想会有这样的壮举。

我们中有个昆虫学家。那天，我们都疯狂地捕捉昆虫。在一棵枣树下，发现了形形色色的昆虫，大家都激动起来，甚至那些赶骡人也来了兴趣，但又不敢用手去抓。

今天的山路走得很爽。到达目的地，找到"昌德"客栈。院子很大，一群群赶牲口的、赶骡的，赤身裸体，相当壮观。我们都住下来，非常舒适。

第二天一早下山，经关隘，抵达古北口。古北口依然那么迷人。我住在镇外的老住所。自然要在那里逗留一天，让旅伴有机会在长城上漫步。他们都在忙着捡砖头，采蕨叶，收集长城上的各种纪念品。

我碰到了一个很有趣的人。他是个中国老人，姓李，就行业而言是个草药医生和博物学者，就所选职业而言是个养鸡专家，就心灵方面而言是个精通手相的术士。他给我讲了许多有关不同植物和根茎的有趣细节和特性，但我不知它们的英文名称，所以无法转述。有些植物可以用来解热，有些可以用来驱寒。蜥蜴内服，对牛马有剧毒。他讲了不少时间，然后要看我的手，还真吓了我一跳。他对我讲了有关我和我家人的事，这些事，除了我们自己，没有几个人知道。一个贫穷的乡下人，住在远东一个偏远小镇附近的山下，怎么可能知道？我们都拭目以待，看看他所讲的有关将来的事是否同样正确。他对手上的纹路的讲解，与欧洲以前的解读不同。他向我解释他的理论，但用的是诗体言辞，加上行话，听不太懂。后来，他邀请我去他家。他家小巧精美，藤蔓经过修剪，在门前构成了一个藤架。他在这里生活，怡然自得，很少进城，除非是去卖草药、卖鸡鸭。我跟他一出现，便有一群光着腚的小孩跑出来迎接他，向他们父亲的客人问候。

我曾希望能走到热河，那里有皇家行宫和狩猎营地。但有个旅伴罢工，只得赶回北京。好在热河只有两天路程，下次有机会再去不妨。

二十八　大觉寺和黑龙潭

1866 年 8 月 4 日，于大觉寺。

三个星期前，从蒙古回来，发现整个世界，也就是组成我们世界的另三四个外交官，都非常聪明，到乡下去了。早在 2 月份，我就已经定下了这个"大觉寺"，于是抓紧时间来这里。北京离这里很远，自然很不方便，但值得多走些路。

大觉寺比其他欧洲人居住的寺庙远五十里路，在此不会受到无所事事的人们打扰，这便是其有利之处。人们厌烦了，也不会来此烦别人。

搬到山里来住，不是一件轻而易举的事。我们得把整个家搬来，带来几乎所有的家具。您要是知道我的搬家队伍有多么庞大，一定会笑我的。总共有十四辆车，满载各种可移动的东西，包括公使馆的整个养禽场。一路上，从鸡笼里不断发出咯咯声，还有一头母牛和小牛。您一定会觉得奇怪，做梦也想不到，从城里到乡下，还要随身带着鸡鸭、奶牛。

这又是一个例证，说明在中国，事情常常颠三倒四。离城越远，各样东西就越宝贵。因为乡下没有市场，没有竞争，卖羊腿的人，可以随心所欲地要价，因为他知道，不付他的价，你就只能空手而归。

来这里的路，经过海淀，一路风景秀丽。海淀是个小村子，只有一家小客栈，住着几十个北京来的人，赤露着上身。他们出来郊游，带着筷子、大米、茶叶和极小的烟管。

我们沿着铺着碎石的道路，经过圆明园和万寿山，或者说是遗迹，经过葱茏的玉米地，经过风景如画的村庄，经过无数的寺庙道观。由于雨水冲刷，路变成了沟渠。路上的水太深，马车夫只好抓阄，决定谁得扒光衣服，下去看看车能不能过去。

经过八个小时的旅程，顶着毒辣的太阳，到达大觉寺，天已经完全黑了。我的棕色矮脚马"矮子"，曾经驮着我走过几千里路，第二天竟然死了，死于中暑，可见那天的太阳多么毒。这样的证明，令人心痛。不幸的小家伙！"矮子"是个极好的宠物，像狗一样十分喜欢我。死之前，我去它的马厩，它把头倚在我的肩上，望着我，神情是那么的可怜。中国兽医善解人意，说它是昨天被牵着走的时候中的暑。"矮子"是匹身强力壮的矮脚马，以前从不生病患疾，走完两千多里路，还能小跑着进北京，仿佛只是出去做了一次晨练。自9月份以来，由于种种原因，我已经失去了三匹马。真是霉运当头！

大觉寺是北京附近最美的寺庙，夏天寓居最为适宜。寺建于林中，苍松、翠柏、冷杉、白杨，环绕寺周。一股清泉，川流不息，流经各个庭院。阵阵微风，携着丝丝凉意，绵绵不断。朋友们在他们的寺庙里抱怨又闷又热，而我们在这里尽情享受清新的空气。

一位中国文人对大觉寺的历史作了记载，翻译如下：

"辽代，距京城七十里地，有一座寺庙，称'灵泉寺'。明朝宣德[①]年间，得以修缮，更名为'大觉寺'。寺内共有四殿：一为天王殿，二为如来佛殿[②]，三为药师佛殿，最后一座宝殿有楼，内是大慈大悲的观音菩萨[③]。四殿之后，有水池，池中有喷泉。喷泉之上是石雕的龙头，泉水从龙口喷出。水池前有座宝塔，左右各有一棵古老的冷杉，据说这两棵冷杉绝不会超过宝塔的高度，故此地称作'松塔止'。天王殿外，两边各有一块石头，一块称'龙石'，一块称'虎石'，因形似而名。'龙石''虎石'前，有石桥一座，两边各有一个水池。池中均有喷泉、荷花、金鱼。池边有棵龙爪树，貌似张牙舞爪的狮子，故又名'狮树'。寺坐西朝东，寺南有处皇家住宅，名'四宜堂'。堂内安置着一把龙椅。花园里种有

---

① 明宣宗朱瞻基（1397—1435），明朝第五位皇帝。
② 即大雄宝殿。
③ 应指无量寿佛殿。

两棵牡丹、两棵玉兰。堂后有'栖云轩'。'栖云轩'前种植毛竹和冷杉。毛竹翠艳，冷杉暗绿，交织如林。仲夏避暑，首屈一指，林林总总，赏心悦目。"

上面的描绘出自我的一位姓刘的朋友之手，由我翻译而成。刘先生漏了此地一处精华。我们就住在栖云轩，轩后有个精致的假山，上面爬满一簇簇绒毛似的绿草、青苔、蕨类、石松。沿着假山走下去，有个人造盆地，那里冷杉枝条交织成网，遮阴蔽日。一股清凉的泉水，滚滚而来，带来松针的清香，让我们可以淋浴、池浴，一天两次，尽情享受。泉边有个小小的亭子。一天，乾隆皇帝与大臣们议政，受此地灵气激励，圆满完成议程，便命名此亭为"领要亭"。

不知以上的描述，能否让您对这个优美的地方有所了解？这里的一切，足以引诱人们出家当和尚，遁世绝尘，冥思遐想，探索遥不可及的涅槃之美妙。我并不期望您能理解涅槃的意思。不知或许更好。类似去教会的老妇，听到"美索不达米亚"，知道是个赞美词。美中不足的是，蚊子和沙蝇嗡嗡的叫声，把人拉回不愉快的现实之中。

作为皇家寺庙，它本该享受朝廷津贴。但这所寺庙获得大量捐赠土地，足以维持自己，不需朝廷资助。这所寺庙，比附近绝大多数寺庙都富裕。虽然没有金碧辉煌，但外表舒适、殷实，场地与建筑都维护得当。院子里，到处张贴告示，告诫来本寺造访的"亲朋好友"，不可损坏建筑、树木，不可摘花，不可伐竹。有则告示这样写道："君子自律，违者处罚。"

全寺上下，共有僧俗五十来人。方丈本人觉得这里枯燥乏味，因而留在北京独自享乐。他的副手是个颇具魅力的和尚，身上干干净净，鞋子一尘不染，人也十分聪慧。他来看我，跟我说佛，一谈就是几个小时。

这所寺庙，宗教气氛浓郁，拜佛念经，击鼓敲锣，似乎从未间断。除了月初和月中以及其他节日，法事都由弟子们操持，和尚则悠哉悠哉，无所事事。显然，他们命中注定，干渴而无法抑制。但既然有道清香的泉水为他们四季流淌，那就不值得可怜了。

我想，您或许会问我，那位鞋子一尘不染的朋友，尊姓大名是什么？那样的话，您就犯了个严重错误，违背了您优良的教养。一个人剃发成僧，便切断了尘缘，包括自己的家庭，不再沿用其姓名。让他回忆自己的姓，是没有教养的表现。不过，一个和尚，无论怎样想抛弃尘世的种种虚荣，认为与这个世界接触是如何荒唐，却偶尔还是免不了名字，因为完全没有称谓，实在有所不便。所以，和尚就取两个字为法名，但无论如何不会是他的真名。您可以问他的"上下"如何称呼？"上下"指的就是法名的两个字，一个在上，一个在下。我这位朋友的"上下"是"法阔"（Fo Kwo）。在中国，不可询问和尚的名字，也不可问及道士的年龄，尽管这些是人们初次见面常问的问题。

这里的四周，如同寺庙本身，也很迷人。田地精耕细作，灌木众多，村庄绿树成荫，风景如画。山岭形态优美，晚霞中格外绚丽。唯一缺乏的是水，而水在中国的这个部分到处缺乏。村民的房屋美不胜收，屋檐长而低矮，每家都有个小小的菜园，高黍为篱，上面攀爬葫芦和其他匍匐类蔬菜。通常还有个黍稷秸盖的棚，四周爬着藤蔓。傍晚，农人坐在棚下喝茶，一副心满意足的神情。

这里佛寺道观众多。昨天，我攀登上一个极高之处。那个地方很陡，中国人称之为"墙山"。顶上有座非常漂亮的小寺，分层建筑。若非寺本身很小，或许应该说是建在依次递高的台地上。说起台地，让我想起莱茵河畔层层叠叠的葡萄园。

寺里的僧人都去北京游玩了，有两个工役客气地请我喝茶。作为回报，我把雪茄都给了他们。这些人住在高山顶上，生活一定非常奇怪！他们习惯于待在家里，似乎并不想下到山下的平原。至于去北京，只有无所事事的和尚才会有那份闲心。

您想象不到，他们生活在多么愚昧的状态之中。中国和尚脸上的那副痴呆相，除了西藏喇嘛，再也找不到有其他人可以与之相仿。和尚、喇嘛与白痴之间没有失去直接的联系。我的朋友"法阔"非常聪慧，是个例外。

这里所有的邻人，无论僧俗，对我们都很有礼。他们都会停下来跟我们聊天。至于喝茶，只要我愿意，可以淹死在茶缸之中。不过，这里的女人像野鹿一样，沉默寡言，不善交际。但有个村子，那里有几个女人非常标致。

我从村头骑马进村，只见女人们都背着孩子，迈着畸形的小脚，匆匆逃进屋去。假如我赶上她们，她们会怒目相加，仿佛我真的是她们所称呼的魔鬼。我在中国期间，总共只有三个女人跟我说过话。在那些罕见的几次交谈中，都是些满脸皱纹的老妇。当然，我没有把乞丐计算在内。

这里的女人不喜欢我们。她们总是第一个喊我们"鬼子"。我几乎认为，她们真的相信，我们身上有什么可怕的东西，或者觉得，我们什么坏事都干得出来。不过，我想，去年我曾告诉过您一些她们对我们的看法。

7月20日，法夸尔前来与我会合，还从八大处俄国人避暑营地带来了伯格耶夫医生。八大处是靠近北京的一组寺庙，各国公使团大都在那里避暑。法夸尔和伯格耶夫医生看到此处风景优美，十分欢喜。法夸尔是个颇有造诣的艺术家，画了几张素描，很美。

7月25日是中国的农历十五，也是佛教朋友的黄道吉日。平常的日子，都是徒弟们敲锣打鼓，无休止地吟诵经文。但到了初一、十五，平时吞云吐雾、品茗琥珀色茶水的高级僧人，抛弃悠闲与尊贵，套上黑黄两色僧袍，亲自上阵，与弟子们共同操持法事。

有个人陪我们外出走走。他告诉我们，那天他放假，要带我们去个村庄，说那里有热闹看。我们却之不恭，便跟着他走。到了那个村庄，在一个偏僻的小巷里，看到有个打谷场上搭起了一个小小的舞台。等待开演之前的那一会儿，整个村子的人都有机会把我们看个够。后来，一个人上了台，拿着一个小鼓、三副快板、三面锣。他身后跟着三个女人，一老二少，都是丑八怪。演出以敲锣打鼓开场，整个戏班子卖命地敲打，锣鼓喧天，足足敲打了五分钟，我们只好把手指塞入耳孔。我们给了那些可怜的戏子一块大洋，赶紧开溜。但村民们看得非常高兴。这些戏子大老远的从京城来，应该很有名气。马里奥① 和格里西② 到外省演出，面对乡村观众，表演也不及这些人卖力。

天气炎热，酷暑难当。不知您是否还记得，唐宁街外交部旧址，有扇玻璃窗上，用金刚钻刻下的那首四行诗？

身为誊抄员，

讨厌的职业；

欢乐或幽怨，

誊抄无昼夜！

树荫下的温度计指着摄氏 37.7 度，旁边放着一盆水、一条毛巾，以备擦手之需，空白的纸上还垫了一叠吸墨纸，在

---

① 马里奥（Mario，1810—1883），19 世纪最著名的意大利歌剧男高音歌唱家。
② 朱莉亚·格里西（Giulia Grisi，1811—1869），19 世纪著名的意大利歌剧女高音歌唱家。

这种状况下，誊抄公文确实是个令人讨厌的职业。

我发现，不会说汉语的英国人与中国人客套时，反应有点不可捉摸。有时，中国人的客套让他们很感兴趣，便停住脚步，通过翻译与当地人闲聊。而另一些时候，尤其是对此有点兴趣，回答就会十分简短。

我们今天正走着，经过一群农民，其中有个中国人像往常一样客气地对我们说：“歇一歇吧！”

外国人：“他在鬼叫什么？”

中国人以为没听见，又喊道：“歇一歇吧！”

外国人：“别在那里鬼叫！”

我说：“他只是让你坐一下。”

外国人蛮横地说：“那也用不着大吼大叫！”

那个中国人对他的朋友们说：“那位绅士不够安静。”仿佛说的是一匹不听话的马。

他的朋友们同意他的说法：“是啊，这些洋人！确实是些蛮子，不可理喻！不可理喻！”

那些村民若是知道我能听懂他们的话，一定会恪守礼仪，不说出他们的真实看法。但我没有插嘴，就是想听听他们会说什么。

8 月 16 日，一位新人加盟公使团。他就是我的老朋友迪克·康纳利①，前来出任二秘。在一众同僚之中，迪克性格最

---

① 迪克·康纳利（Dick Conolly）。

为爽朗①。

次日，我和迪克骑马去看大名鼎鼎的黑龙潭。黑龙潭供奉的是黑龙，始建于明朝，康熙年间修缮过。大殿气势宏伟，三层结构，屋顶铺设黄色琉璃瓦。黑龙王子在此安居，尽显尊贵。六位随从环侍在侧：一个是怪兽，执掌雷声；一个是女人，管辖闪电；一个是文书，手拿纸笔，记录下雨的指令；另外三个则看不出具体职责。寺中僧侣，只见到一位，邋遢得很，满口大蒜味。此处的黑龙，如同中国各处的龙一样，是掌管水的神灵，因此必有一方水池，供其戏水。那位僧人真该下池洗洗！

乡下的人们，性情和蔼，讲究礼貌。那天，我们在山上闲逛，走过隐藏在山中的一个村子，几个村民走过来，给我们送来又甜又脆的梨子。有位老人，显然在当地有头有脸，正在门外准备祭品，以期驱邪避恶。他搭了个祭台，上面摆着各种瓜果。祭台前有条纸做的大船，内置假人。这条纸船将会被焚烧。鞭炮燃放之后，祭拜便告完成。

那天正好是阴历七月十五，是亡灵的节日，类似万灵节②。每年的这一天，虔诚的中国人到祖先坟前烧香祭拜。这种祭祖习俗，导致了多明我会和方济各会为一方，耶稣会为

---

① 不幸的是，迪克和法夸尔均水土不服，死于热病。——作者原注

② 万灵节（All Souls' Day）是天主教的一个节日，纪念已逝世的信徒，即生前受过洗礼但有轻微罪过而被认为是在炼狱中进行涤罪的亡魂。一般在11月下旬，"万圣节"的前一天。

另一方，在康熙年间，开始旷日恶斗 ①。

这一天还有盛大的庆祝活动，向城隍致敬。城隍是个逝世的大臣或将军，由皇帝钦点，成为每个城镇或者某个城区的守护神。人们对这些守护神崇敬万分，纷纷去城隍庙许愿，甘受指使。例如，一个人此生是个马夫，便会自愿在来世做城隍的马夫。人们抬着城隍的神像在城里四处游行，指望城隍可以搜出恶鬼。

还有个掌管亡灵的阴天子，他的神庙也是人们这一天常去的地方。人们搭起戏台，请来和尚念经，向亡灵分发食物，或许可以使那些横死的亡灵从炼狱 ②中释放出来。午夜时分，人们在纸船中安放巨大的纸质人像，盼望亡灵可以渡过"奈河" ③，然后默默焚烧纸船，庆祝活动至此结束。"奈河"类似"冥河" ④。这个庆祝活动名为"盂兰节" ⑤。我的老师解释说，那艘船上有个佛教菩萨，名为地藏王，他给亡灵分发碗和花，作为赦免他们罪孽的凭证，这样他们就可以渡过河，到达对岸的天堂。

---

① 请参阅"序言"。——作者原注
② 炼狱是天主教用来描述信徒死后灵魂暂时受罚的地方。
③ "奈河"是佛教所说的地狱中的河名。民间传说：人死亡后魂都要过奈河桥，善者有神佛护佑顺利过桥，恶者被打入血河池受罪。
④ 冥河是古希腊神话中的地名，在冥界，围绕着地狱。
⑤ 阴历七月十五，佛教称为"盂兰盆节"（简称"盂兰节"），道教称为"中元节"，民间俗称"鬼节"。

二十九　中国京剧

1866年9月7日，于北京。

不久前，北京的古玩大贾"韩掌柜的"请我去看戏。这里的京剧院名气很大，得为您介绍一二。

外城中，京剧院众多。京剧院所在地都标有一些脸谱、人体模型、龟形龙像，或其他怪兽的图像。其实并不需要任何标记来指示它们的所在，因为那里整天都传出铿锵的喧闹声，自然会指引人们。京剧是靠饭馆维持的，饭馆老板雇个戏班子来唱上几天，因此，剧团不停地换地方。

进入京剧院，得先穿过一条长廊，通到一个高挑宽敞的大厅。灯光从大厅顶上投射下来，楼座环绕。楼下正厅摆着桌子，人们围桌而坐，喝茶，吃甜点，或者面前放着装有炒瓜子的纸包。这是穷一些的人们坐的地方，有钱有势的人在楼上雅座，楼上有些部分隔成单独包厢。大厅的一头，有个戏台，没有布景，也没有道具，两边敞开，有两道门通往化妆室，用帘子隔开。乐队坐在台后，大约五六个人，每个人都摆弄数种乐器，根据音乐要求，轮换使用。主要乐器是小提琴①、琵琶、单簧管②、长笛、口琴，还有各种类型的锣鼓、铙钹。为了简便起见，我说的是小提琴等，但您知道，中国的小提琴与欧洲的不同，就像留着长辫子的中国人不同于戴高顶礼帽的欧洲人。

戏剧状态相当原始、粗糙。悲剧都是昂首阔步、装腔作势。演员用低音吼叫，声音仿佛发自靴子里，或者用假嗓子尖叫，让你牙齿发酥。所有的台词用的都是吟诵的方式，大半还被锣鼓声淹没。悲剧使用的语言，是文言文，晦涩难懂。仿佛觉得这样对北京人还不够难，演员全都使用苏州方言作为舞台语言。这样的结果，即使受过良好教育的中国人，也很难听懂故事情节，除非事先看过剧本。不过，不懂剧情似乎并不影响观众们欣赏，那些观众，十之八九，不能比我告诉您的更多。

由于没有布景，缺少道具，观众得运用丰富的想象力。一位女士走上戏台，身后跟着一个随从。那个随从穿着北京苦力的便装，在她两边各举起一面旗子，上面画着轮子和云朵，代表她乘车在云中行驶。一个武士挥舞着鞭子，表示他骑着马。下马时，他用一只脚尖旋转，并且抛下马鞭。再上

---

① 应指京胡。
② 应指唢呐。

马时，他用另一只脚尖旋转，重新拾起马鞭。

下面给您讲讲这出悲剧的故事情节，那是"韩掌柜的"向我讲解的。

身穿白衣的是位武士，身穿红衣的是个叛贼，两人长期争斗。红衣叛贼总是占上风，他的独舞非常精彩，脸部表情吓人。他的脸上涂着红、蓝、白色条纹，强化了表情效果。红衣叛贼让全国上下惊恐不安，而代表全国的是五个老人和两个小孩，都穿着白衣。白衣武士与红衣叛贼在戏台上表演了一系列打斗，他们的动作，即使是英国最好的哑剧演员也难以模仿。

之后，白衣武士在一张太师椅上坐下，一条腿盘在身下。观众看到这个姿势，就明白是武士独自一人在树林里睡觉。睡梦中，武士看见父亲的亡灵显灵，教他一个计谋，还给了他一把刀，有了这些，或许就可以智取红衣叛贼。

梦境是这样表现的：武士从椅子上站起来，表演与父亲幽灵见面的场景，然后又像之前那样坐下。他父亲的幽灵念了一段独白，相当冗长，看来扮演武士的演员的感受与我相同。他感到有点口渴，便喊要喝茶。一个伙计端了一杯茶给他。他面对观众喝茶，漱喉咙，然后把最后一口水吐出，丝毫不顾忌是在演戏。后来，他的幽灵父亲走了，武士又把一条腿垫在身下，然后醒来。

最后一场战斗中，打了好几轮，武士凭借父亲的刀最终获胜。叛贼被杀死，走出戏台。得胜的军队由四个气喘吁吁的老人组成，班师回朝。表演凯旋走进京城大门的是两个下人，举着两根棍子，上面挑着一块蓝色棉布门帘，中间开了一个口子。

悲剧演员的服饰十分华丽。他们服装挺括，上面绣花、嵌金丝，非常值钱。面具和脸谱，画得离奇古怪，奇丑无比。胡须和假发，做工粗糙，造型笨拙。

演完两三段古装戏后，穿插了一场闹剧。到了此刻，演出确实需要活跃一下。那些闹剧不难看懂。不过，我还是不能理解有些作家，他们对中文一窍不通，却说北京的喜剧演员才艺出众，把整出剧演得明了易懂。我自己明白，尽管演员的技艺值得喝彩，而我也能够听懂不少道白，但有时候还是非我能力所及。

闹剧用的是地道的北京土话，对话通常是说的，很少用歌曲形式。女人的角色由男孩扮演。那些男孩模仿中国女人小脚走路的步履，忸怩作态，演得惟妙惟肖。他们身段柔软，如垂柳般优雅。他们在靴子底绑上小脚，为了让人信以为真，效果还真不赖。那些男孩都是从南方买来的，从小当作学徒训练。戏班子的班主不给他们发薪水，但城里中国人办酒席，他们会去效力，可赚很多钱。没有轮到演出，也会去有钱人的包厢，传播一些后台的流言蜚语，给他们逗乐。

闹剧都比较低级趣味，不宜描述。为了让您有所了解，就简略地举个例子。美狄亚 ① 在公众面前什么都做得出来，所以我给您讲我看过的一出闹剧的情节，用的是包德勒的家庭版本 ②。

有个富家公子姓王，他的一生被一个名叫玉堂春的女子毁了。然而奇怪的是，尽管他的钱都已挥霍一空，那个女子依然对他念念不忘。而他已身无分文，羞于靠近她，便遁入空门。那出剧的开场，玉堂春有段长长的独白和唱腔，悲叹他的离去，悲叹自己孤寂难挨。就中国音乐来说，相当美妙。接着上台的是个滑稽演员，演技出众，有趣极了。他告诉玉堂春她的心上人在哪里，以及他的可悲处境。玉堂春决定去看他，赠送他三百块大洋，让他进京赴考。于是，她即刻启程。戏台上摆了一张桌子，上面有五件供品，代表寺庙。玉堂春假装到庙里进香，一见到心上人，两人同时发出一声长长的尖叫，扑到对方怀里。接下去的场面，绝对有必要拉上帘幕。剧终，玉堂春给了王公子三百块大洋。王公子进京赴考，不一会儿又走上台来。他考得非常出色，获得高官。

---

① 欧里庇得斯的著名悲剧《美狄亚》中的女主角，古往今来最著名的复仇女性，也是所有受背叛、嫉妒所苦的女性的守护神。

② 托玛斯·包德勒（Thomas Bowdler，1754—1825），英国内科医生。小时候，父亲常把莎士比亚剧本念给他听。长大后，他才明白，原来父亲在朗读时有意略过一些段落，或者加以修改，因为觉得在内人和孩子们面前读不太适宜。所以包德勒觉得有必要出版一种家庭版本，一种可以在全家面前朗读而不会觉得尴尬的版本，相信很多家庭都有这种需要。包德勒退休后对莎氏全集加以"净化"，删除了一切他所认为淫秽的词句，于1818年出版了十卷本《莎士比亚》家庭版。

观众中有时也有女孩，但比较罕见。果真如此，那些荤段子就不演了。在那些场合，节目单上只有战争剧或历史剧。不可否认，那些演出绝对正派，也绝对乏味。

北京最好的戏院，楼下正厅后座的门票卖一吊钱（约八个便士），楼座贵一些，而私人包厢要十二吊钱。前面讲到过，这一切都是餐馆老板的投机买卖，因此演出期间叫卖茶点声不断。有个人拿着一根长竿，四处走动，不停地寻找买主，如同在埃文斯的音乐餐厅里①表演的乔尔先生②。

热天，楼下正厅的人们会脱掉上衣，赤膊坐着看戏，从中午一直看到晚上 7 点。看完戏后，他们包上剩下的水果、瓜子，带回家去，他们好像总也吃不够似的。

我去过三四次，那里嘈杂喧闹，烟雾腾腾，至多只能待几个小时。此外，出于礼貌，我会吃些果脯，但吃多了会影响晚餐食欲。

我在这里的时间不多了。我告诉我的老师我要走了，他哼哼哈哈的，坐立不安，最后鼓起勇气说道："先生，我有个最后的请求。西方的教师精通医学，有许多秘诀。我没有孩

---

① 埃文斯的音乐餐厅，位于英国伦敦柯芬园（Covent Garden）国王大街（King Street）43 号，是 19 世纪初伦敦著名的欣赏音乐的场所，那里提供的娱乐形式，后来演变成现在的音乐厅。

② 乔尔先生（Herr von Joel），生卒不详。据说是个德国人，当年在埃文斯的音乐餐厅是个名角，善于口技，模仿鸟叫惟妙惟肖，吸引了大量顾客。后来他年纪大了，便在埃文斯的音乐餐厅里叫卖雪茄。

子，实为一大憾事！人无子嗣，一生悲苦！我们拜求观音菩萨，亦是徒然，内人至今不孕。先生，不知您可否给我一些药丸或者符咒，可以消弭这种晦气？小恩小惠，可以言谢。如此大恩大德，无法言表！"

人们如此热衷玄学的名声！但我只能坦诚自己不精于此道。

下个星期一，我将启程前往日本。再见了，北京！

附录：清朝官员遴选制度

任何国家的文献，在记载崇高情操方面，都比不上中国。若是根据孔夫子、孟子、老子的教导来管理国家，人们该会多么幸福啊！每张口中、每支笔下，都是最高尚的道德伦理和政治原则。

中国孩童，从上学的第一天起，就开始学习拖着调子诵读圣人最崇高的道德古训。学习是获得财富的唯一道路，是抢劫、投机、勒索的最冠冕堂皇的方式。官位每升一级，抢劫百姓、欺诈国家的机会就会倍增。其增长比率堪比钻石，每增加一克拉，价值就翻倍。某些清朝高官聚敛的钱财，一定富可敌国。

以甲午战争为例。中国士兵，若是指挥得当，受到较好的待遇，是非常优秀的战士。曾国藩和僧格林沁麾下那些勇士，曾于1860年死守八里桥，抵御英法联军。三十几年之后，他们的后代竟轻而易举地被日本人从固若金汤的旅顺口撵出来，简直令人难以置信。

但是，没有食物，没有武器，没有弹药，哪支军队还有战斗力？食物、武器、弹药、军饷，全都进了官员的腰包。卫戍部队无法有效还击，还能站在那里任人宰割吗？

我从高层了解到，在鸭绿江那场著名的海战中，中国方面只有三发炮弹可以发射，其中一发炮弹击中日本旗舰，使它失去战斗能力，冒烟遁去。有些军事专家援引此次战役，把它当作未来海战的一个实例。将清朝某些高级将领的银行簿册，作一战前、战后的比较，或许是一项有趣的研究。

清朝官员[①]来自两类人：一是世袭的贵族，二是名义上通过科举而往往是靠捐钱获得官职的人。

世袭贵族是皇亲国戚，分五个等级：公、侯、伯、子、男。人们习惯把这些爵位分别译成"duke""marquis""earl""viscount"和"baron"。

皇族中最高的等级是亲王。亲王，即我们所说的有血缘关系的王子。有时，这种头衔是世袭罔替。而另一些时候，这种头衔会逐代降级，变成"贝勒"和"贝子"，再变成"公爵"，皇家成员的头衔降到此为止，不再下降。[②]

与此同理，公爵的头衔有时世袭，有时公爵的儿子成了侯爵，侯爵的儿子成了伯爵，以此类推。继承爵位的必须是

---

① 由于找不到更确切的词，只好沿用葡萄牙语的旧词（mandarins）。——作者原注

② 公、侯、伯、子、男五种爵位是古代皇帝对贵戚功臣的封赐，其制历代有所不同。

合法妻子所生长子，不可是妾生。虽然中国存在一夫多妻的现象，但除了皇帝之外，任何人都只能有一个合法妻子，在她有生之年，他不可有第二个合法妻子。贵族的次子们，甚至是皇族，没有与生俱来的头衔。但皇族的次子们通常都会被任命为官，以此获得头衔。贵族的特权不可用钱购买，至少在理论上如此。

长房的代表，倘若自己没有孩子，可以从偏房中过继孩子，那个过继的孩子就可以继承爵位。有时，偏房的兄弟发了财，会贿赂长兄过继自己的孩子，排挤合法继承人和他的子嗣。

如同英国一样，在中国，皇帝是恩泽之源。只有皇帝可以授予贵族头衔，而伴随贵族头衔而来的是封地。一般来说，分给公爵、侯爵的土地方圆不超过一百里；分给伯爵的土地不超过七十里；分给子爵、男爵的土地不超过五十里。

中国贵族中，最出名的是"八大家"。这些人是八位亲王的后裔。当年，那八位亲王放弃王位之争，追随君主一路从满洲杀来。他们的爵位世代不变。1860年战争中名声显赫的怡亲王[①]，即是他们的代表人物。一年之后，恭亲王发动宫廷政变，怡亲王失宠，被"赐白绫"，让其自缢。

---

① 康熙第十三子胤祥，封怡亲王，是除铁帽王之外，又一"世袭罔替"亲王。此处应指第六任怡亲王载垣，曾为"顾命八大臣"之首，1861年被慈禧太后强令自缢，他的王位和王府也被剥夺。

北京的皇族和世袭贵族，无疑是阻止欺诈和腐败的很有价值的工具。但是，他们只不过沧海一粟。欺诈和腐败如同一只巨大的章鱼，用它的触角扼杀整个帝国。官员多如牛毛，上至显赫的总督，下至微小的吸血鬼（相当于英国的教区小吏），或是通过所谓的贡院的考生，或是出钱购买官位之人。通过后一种方式成名的，没什么好说，一切简洁明了。但科举制度则非常复杂，值得关注。

下面有关清朝官员是怎样生成的描写，基于本人1871年发表于《麦克米兰杂志》的一篇文章，而那篇文章大部分译自一名中国进士的原文：

中国男孩，到了六至八岁，脱离女人的溺爱，进学堂启蒙，机械地学习读写。先生教他和同学们一起，拖着难听的调子诵读经典名段，在浅褐色的薄纸上临摹方块字。这个初学阶段持续两年或再长一些。初学阶段结束后，学童升级，先生指导他理解所读文章的意思。此时，先生把书发给他，当然是著名的"四书""五经"了。先生给他不厌其烦地讲解书中每一段所暗含的哲理，以及不同的解释，直到他不但熟读课文，而且熟记每一位先生的讲解，能够在言谈之中脱口而出。学生达到这一程度后，便可以放飞，让他开始自己写文作诗。他得刻苦阅读，模仿最佳范文。人人皆知"唐诗晋字汉文章"。本人谦卑地认为，学生即使要仿效，也要保持相当的距离。

年轻人的作文开始写得中规中矩，能够满足先生挑剔的眼光，便是略有小成。当他的语言能够精确地表达自己的思想，一个字也不会用错地方，这时他就可以准备参加秀才考试。秀才相当于学士学位。

秀才考试的主考官是翰林的官员，由皇帝钦点。每省派一名主考官，在其主持省份的主要城市举办考试。

北京位于直隶省，省会顺天府理所当然地成为考试地点。主考官来了，趾高气扬，住在城里的贡院。到了指定日期，考生们从各个州、县，以及直属顺天府的城镇赶来，挤满贡院，根据所属城镇就座。考生到齐之后，主考官从"四书"中选两个作文题目，再选一个主题让考生作诗。每个考生都要写两篇文章，十二首格律诗。不过，考生有足够的时间完成，因为考试从早上四点开始，一直到晚上六七点钟才交卷。考后两天，公布考试名单。主考官根据成绩写下通过考试的考生名单，把它交给监考。监考恭敬地把名单举过头顶，走到门外，张贴在大门对面的墙上。接着的场景是，人心激动，考生里三层外三层围住大门，焦急地在名单上寻找自己的名字。此情此景，如同牛津发榜，隔洋再现！

一位当地人说："谁要是通过了，谁就有资格自称秀才。欣喜之下，天上人间万物，在他们眼里，都显得那么可爱。"

考上秀才的人，翘首以待，热切盼望领受镶顶珠①官帽的那一天。不幸落第者只好随遇而安，来年再考。

即使到此，秀才的麻烦依然没有过去，因为还有第二次考试，将他们分为三等。头等的享有特权，有资格得到荣誉头衔，进而获得最好的文官任命。

对于这些佼佼者，还有一项殊荣可以攀摘。每隔十二年，每镇一名秀才会得到"拔贡"②身份。"拔贡"身份也会授予为头等秀才举办的一场考试中的佼佼者。在这种情况下，"拔贡"的身份会授予头等秀才中聪明过人、品行端正、年纪最轻的那位。

任命某些低级官员时，皇帝会召具有"拔贡"身份的人进宫，再考一次，然后分为三等。头等的被任命为铜质顶珠官员（即七品、八品、九品官员），二等的外派到地方小镇做知县，剩下的只有资格做公开考试的辅助人员。

简而言之，一个人通过了第一级考试，就有可能得到上述的身份和官职。博取举人的身份则要艰难得多。

应试举人，几年一考。根据规定的时间，所有意欲晋升的秀才，与一班所谓的"监生"一起，战战兢兢地准备应考。

---

① 总共有九种顶珠，每一种代表一品官阶，每一品又分正、从两等。文官优先于武将。——作者原注

② 拔贡，科举制度中由地方贡入国子监的生员之一种。清朝制度，初定六年一次，乾隆中改为十二年一次，每府学二名，州、县学各一名，由各省学政从生员中考选，保送入京，称为拔贡生，简称拔贡。经过朝考合格，可以充任京官、知县或教职。

"监生"是通过捐纳的办法取得这种称号的。

举办举人考试那年的8月6日，皇帝颁布一道圣旨，任命考官。共有三名主考官、八名副考官，以及一众下属人员。考生进来时，那些下属人员对他们逐个搜身，看看是否偷带书本、笔记，或者其他作弊工具。此外，还有一队兵士，类似秘密警察，监视考场里的一举一动。考生的所有文章都交与誊录员另抄一份，以防考官认识考生笔迹，徇私舞弊。专职任命的人员将誊录本与原本进行核对。除了这些人，还有一百八十位役吏监督所有细节。

举人考试分三场进行。8月8日，第一场考试开始。考生分为四组，每组一个院落。每个院落的门口站着两个兵士，满汉各一人，他们的职责是勾画考生名单，给每个考生分发一卷纸，分配考棚号码。每个考生把带来的食物、被褥搬到自己的考棚里。考棚的门会锁上，考生在里面一个人关上三天三夜。到了晚上，所有考生都关进去之后，每道院门都贴上封条，不许任何人出入。

第一场考试的内容取自"四书"，每人写三篇文章、一首诗。第一个考题是皇帝亲自选定的，或者是人们认为来自皇帝，其他的考题由主考官选择。上海出版的英文报刊《循环》①曾经刊登在武昌举行的考试所选择的考题内容：

---

① 《循环》（*The Cycle*）是一份英文周刊，于1870年5月7日在上海创刊，何时停刊不详。

甲、取自孔子《论语》：

子游为武城宰，子曰："女得人焉尔乎？"曰："有澹台灭明者，行不由径，非公事，未尝至于偃之室也。"

乙、取自《中庸》：

博学之，审问之，慎思之，明辨之，笃行之。

丙、取自《孟子》：

子路，人告之以有过，则喜。禹闻善言，则拜。

每篇文章不得短于三百字，亦不得超过八百字。

诗词的主题是：一个人在自然美景中流连忘返，浑然不觉四季已经轮回一周。

这些内容就是用来验证一个人是否睿智和博学。倘若在这些方面出众，便有资格统治他人！达到这种水平，极其艰难。或许，即使无法达到，世界也不会因此贫乏多少。

考题选好，得到皇帝批准，便封在一个箱子里，交与宫里的一位主事太监看管，然后再转交到主考官手上。主考官让人把考题刻在木板上，进行印刷。

8月10日，考生把文章交上来，便可离开考场。

受卷官收到考生习作后，仔细审查，看看是否有不规范之处。如果发现哪篇文章违反规定的格式，便判为不及格，同时把那名考生的名字从名单上划掉，不再有资格参加下一场考试。如果文章符合规范，便送到誊录所，用朱笔誊录，然后依次送到对读所、弥封所。弥封所把原卷子上的编号贴在誊录的试卷上，然后送往监临处。监临把试卷分发给十八名低级阅卷官员。

这十八名饱学之士对手中的试卷，斟词酌句，细心研判。看到佳作，标上"荐"，送还监临总管。监临总管把这些佳作转交给三位主考官。主考官觉得不满意的，就扔进废纸篓，但这些考生依然算是通过了第一场考试。主考官觉得满意的，标上"中"，意即达标，但一场考试便可获得举人称号的考生，人数极少。

第二场考试于 11 日举行，内容是根据"五经"摘录的句子写五篇文章。

第三场考试于 14 日举行，就有关文学、政治经济学，或者科学通论等五个问题，作出建言。

根据《循环》周报，在武昌举行的第二场考试，其第一个问题是有关古典文学批评的，第二个是有关历史上的问题，第三个是有关屯垦戍边的政策，第四个是有关前朝选录官员的各种方式，第五个是有关建昌府（Ching Chan Fu）的古今地理、汉水与长江的河道，以及洞庭湖的历史。对这五个问题，每个回答都不得少于五百字。

通过考试者的名单定下之后，考官还会收到新的推荐，这种事时有发生。倘若被推荐的考生文章真的出类拔萃，可名列"副榜"。"副榜"，即"助理举人"之意。如果"副榜"已满，那位考生便会"单录"（Tan Lu）。"单录"只是一种荣誉，不可借此在朝廷晋升官位，但可以在某些部门任职。

在武昌考试期间，一名贡院低级官员将试题泄露给一位考生，经查核属实，立惩不贷。那名官员被斩首，考生发配边疆，代笔撰文的一旦捕获亦斩。

在此援引《循环》周报那篇文章作者的评论："中国当局惩处舞弊者如此迅速而公正，令人甚感兴趣。倘若这些宝贵的士大夫谋害了某个不幸的外国人，督抚大人必定会说，罪不罚众。"更可能的是，他会声称找不到罪犯，或者弄几个死囚顶替。

或许，某个考生资质平庸，而贿赂的钱不够，或者干脆没有。果真如此，单凭不行贿一事，即显示其缺乏担任高位的能力。那位考生没有认识到，他想跻身之内的那个阶层持有特权。他给了贡院的官员一个机会，使他们对履行职责有了点廉价的热情，对他则是大为不利。

三场考毕，核实中举名单之后，贡院监临上书皇帝，恳请钦定发榜日期。

发榜日期通常是 9 月 10 日。庆祝发榜的第一天，在"至公堂"摆上一张桌子。三位主考官和两位监临在桌旁就座，道貌岸然。桌子两边，对角线地排列着十八名低级阅卷官员。按那位中国作家的说法，如"大雁展翅"。每个人都穿着官服。这些博学睿智之人，齐聚一堂，见证试卷拆封，耳闻中举名单宣读。

第二天一早，破晓之前，中举名单被卷了起来，置于一顶用五彩绸缎装饰的花轿里。游行队伍聚集起来，领头的都举着旌旗，如同婚礼一般，铜锣开道，锣鼓震天，丝竹悠扬。主考官和下属紧跟在抬着宝贵名单的花轿后面，一直走出龙门。把贡院的大门称作"龙门"具有寓意。中举的考生，凭借学识，得以脱胎换骨，从而声名鹊起，官运亨通，如同鱼儿从海面一跃升空，完善其身，变为天龙。贡院监临护送中举名单至省城城门外，然后悬挂在特地搭建的高台之上。

至此，中举名单终于公开发布。新科举人遵循礼节，前去拜访主考官和阅卷官员。拜访期间，饮酒庆贺，然后去剧院看戏。看的是历史剧，枯燥乏味。聊以解闷的，一是低级趣味的闹剧表演，二是嗑瓜子、吃蜜饯糕点、喝茶。

尽管政府不遗余力，采取各种措施，想要保证公平，杜绝作弊，但中国人足智多谋，会千方百计寻找法律漏洞，满足私欲。虽然判卷结束之前，考生的名字不为人知，但考生会使用暗号，让阅卷官知道是谁写的。例如，事先商议好，行贿的考生在文章的头尾使用某些特定的词句。另一方面，假如誊录官、对读官没有收到贿赂，可以轻而易举地让考生的文章变调。没有考生上诉的机制。送到阅卷官那里的朱笔誊录本，被当作考生的原文。誊录官心术不正的话，一笔就可以毁掉一篇好文章。

应试第三级最高学位，即进士（相当于博士），与考举人

（相当于文科硕士）没有本质上的区别。不同之处在于，考举人在省会举行，而考进士只在顺天府举行。应试进士的考生，得从全国各地前往顺天府。旅途艰难漫长，费用不菲，自然也会限制进京赴考人数。

进士发榜之后，还有最后一场考试，在北京的皇宫里举行。新科进士，根据这场最后考试的成绩，分为三甲。一甲只包括前三名，分别称作"状元""榜眼""探花"。这三名或许可以译为剑桥大学数学荣誉学位甲等考试第一名、第二名、第三名。二甲，七到十名，余下的都是三甲，约两百多名。

这场最后的考试的后半部分，新科进士依次晋见天子。天子亲自任命他们担任朝廷各级官员。"状元"通常封授"翰林院修撰"，而"榜眼"和"探花"则封授"翰林院编修"。所有的进士都会获得某种任命，但能否保住官位，得看他们是否显示出为官的能力，而要证实这一点，最可靠的方式就是慷慨解囊。

一位中国文人写道："从前，人们只要考上秀才，就一定可以在朝中获得一官半职。如今，买官的人太多，一个人的功绩变成用钱袋来衡量，以致恪尽职守之人被挤出其位。因此，许多才子，若能维持生计，有志清修，便宁愿隐姓埋名，甘为布衣，也不愿为官，与那些人同流合污。中国具有真才实学的人士避而远之，在朝为官的只能是那些不学无术之徒。

人们不满日盛，叛乱多发，又有什么可奇怪的呢？"

这些话出自一位现代学者之口，带着一丝酸葡萄的意味。

道教创始人老子在公元前 500 年就指出，中国的教育体制和政府体制已滑向虚荣、空洞。圣人曰："绝圣弃智，民利百倍。"中国哲学家之中，老子倡导见素抱朴，与基督教规范最为接近。孔夫子与老子会晤之后，对弟子说："鸟，吾知其能飞；鱼，吾知其能游；兽，吾知其能走。走者可以为罔，游者可以为纶，飞者可以为矰。至于龙，吾不能知，其乘风云而上天。吾今日见老子，其犹龙邪！"①②

自老子那个年代以来，情况是否已经得到改善？很难说。

---

① 比较一下对所罗门智慧的描述。《圣经·旧约》"列王记上"第 4 章 29 节至 34 节：神赐给所罗门极大的智慧聪明和广大的心，如同海沙不可测量。所罗门的智慧超过东方人和埃及人的一切智慧……他作箴言三千句，诗歌一千零五首。他讲论草木，自黎巴嫩的香柏树直到墙上长的牛膝草，又讲论飞禽走兽、昆虫水族。天下列王听见所罗门的智慧，就都差人来听他的智慧话。——作者原注

② The Speculations of the Old Philosopher Lao Tsu, translated by John Chalmers. London, Trubner and Co.——作者原注

《古代哲学家老子沉思录》，约翰·莫里斯译，伦敦特吕布约公司出版。这显然是综合翻译的老子思想/语录，很难还原到具体的中文著作。

九州出版社好书推荐

【历史现场】

《中国近代史》，蒋廷黻 著

《激荡的中国》，蒋梦麟 著

《1911，一个帝国的光荣革命》，叶曙明 著

《1919，一个国家的青春记忆》，叶曙明 著

《山河国运：近代中国的地方博弈》，叶曙明 著

《千古大变局》，曾纪鑫 著

《喋血枭雄：改变历史的民国大案》，张耀杰 著

《沈志华演讲录》，沈志华 著

《周恩来在巴黎》，［日］小仓和夫 著，王冬 译

《生命的奋进》，梁漱溟 熊十力 唐君毅 徐复观 牟宗三 著

《高秉涵回忆录》，高秉涵 口述，张慧敏 孔立文 撰写

《人间世：我们时代的精神状况》，余世存 著

《危机与转机：清末民初的道德、政治与知识人》，段炼 著

【历史与考古】

《中国史通论》，［日］内藤湖南 著，夏应元 钱婉约 等译

《历史的瞬间》，陶晋生 著

《玄奘西游记》，朱偰 著

《瓷器与浙江》，陈万里 著

《中国瓷器谈》，陈万里 著

【钱家档案】

《楼廊闲话》，钱胡美琦 著

《钱穆家庭档案》，钱行 钱辉 编

《温情与敬意》，钱行 著

《两代弦歌三春晖》，钱辉 著

【饮食文化】

《中国食谱》，杨步伟 著，柳建树 秦甦 译

《故乡之食》，刘震慰 著

《南北风味》，王稼句 选编

《南北风味二集》，王稼句 选编

【怀旧时光】

《北平风物》，陈鸿年 著

《北平往事》，王稼句 选编

《人间花木》，周瘦鹃 著，王稼句 编

《把每一个朴素的日子都过成良辰》，晏屏 著

《读史早知今日事》，段炼 著

《念楼书简》，锺叔河 著，夏春锦 禾塘 周音莹 编

【书话书影】

《书世界·第一集》，Bookman 主编

《鲁迅书衣录》，刘运峰 编著

《中国访书记》，［日］内藤湖南 等著

《蒐书记》，辛德勇 著

《学人书影初集》（经部），辛德勇 编著

《学人书影二集》（史部），辛德勇 编著

《学人书影三集》（子部），辛德勇 编著

《学人书影四集》（集部），辛德勇 编著

【JNB 笔记书】

《红楼群芳》，［清］改琦 绘

《北京记忆》，［美］赫伯特·怀特 摄影

《鲁迅写诗》，鲁迅 著

《胡适写字》，胡适 著

【长河文丛】

《旅食与文化》，汪曾祺 著

《往事和近事》，葛剑雄 著

《大师课徒》，魏邦良 著

《书山寻路》，魏英杰 著

《旧梦重温时》，李辉 著

《四时读书乐》，王稼句 著

《汉代的星空》，孟祥才 著

《从陈桥到厓山》，虞云国 著

《寂寞和温暖》，汪曾祺 著

《城南客话》，汪曾祺 著

《天人之际》，葛剑雄 著

《古今之变》，葛剑雄 著

【大观丛书】

《活在古代不容易》，史杰鹏 著

《快刀文章可下酒》，邝海炎 著

《时光的盛宴：经典电影新发现》，谢宗玉 著

《你不知道的日本》，万景路 著

《私家地理课》，赵柏田 著

《壮丽余光中》，李元洛 黄维樑 著

《一心惟尔：生涯散蠹鱼笔记》，傅月庵 著

《悦读者：乐在书中的人生》，祝新宇 著

《民国学风》，刘克敌 著

《大师风雅》，黄维樑 著

【历史地理】

《中国历史地理·第一辑》，辛德勇 主编

《史地覃思》，陈桥驿 著，范今朝 周复来 编

《山海史地圭识》，钮仲勋 著，钮海燕 编

《山河在兹》，张修桂 著，杨霄 编